刘劲 段磊◎著

# 新加坡模式

Singapore Model

中国经济出版社
CHINA ECONOMIC PUBLISHING HOUSE

·北京·

## 图书在版编目（CIP）数据

新加坡模式 / 刘劲，段磊著 . -- 北京：中国经济出版社，2024.5（2025.8 重印）
ISBN 978-7-5136-7737-0

Ⅰ.①新… Ⅱ.①刘…②段… Ⅲ.①经济发展 – 研究 – 新加坡 Ⅳ.① F133.94

中国国家版本馆 CIP 数据核字（2024）第 078288 号

责任编辑　杨元丽
责任印制　李　伟
封面设计　任燕飞

| | |
|---|---|
| 出版发行 | 中国经济出版社 |
| 印 刷 者 | 北京艾普海德印刷有限公司 |
| 经 销 者 | 各地新华书店 |
| 开　　本 | 710mm×1000mm　1/16 |
| 印　　张 | 16.5 |
| 字　　数 | 200 千字 |
| 版　　次 | 2024 年 5 月第 1 次 |
| 印　　次 | 2025 年 8 月第 4 次 |
| 定　　价 | 88.00 元 |

中国经济出版社 网址 http://epc.sinopec.com/epc　社址 北京市东城区安定门外大街 58 号　邮编 100011
本版图书如存在印装质量问题，请与本社销售中心联系调换（联系电话：010-57512564）

版权所有　盗版必究（举报电话：010-57512600）
国家版权局反盗版举报中心（举报电话：12390）　　　服务热线：010-57512564

# 前言 Preface

新加坡的成功举世瞩目。1965年建国之初，新加坡的国内生产总值（GDP）不足10亿美元，是实打实的一穷二白。到了2022年，其GDP已达4668亿美元，增长约466倍，人均GDP突破8万美元，居全球第6位，超过了美国。除经济上的成就外，新加坡还建立了世界上最高效、廉洁的政府，井然有序的社会制度，花园一样的城市，方便、快捷的交通，国际一流的医疗和教育体系。同时，新加坡的老百姓拥有世界领先的健康状况和人均寿命，居者有其屋，老有所养，解决了很多国家难以解决的严重社会问题。

新加坡的成功对中国有着特殊的借鉴意义，因为新加坡和中国有很多相似之处：都是以华人为主的亚洲国家，文化传统同生一根，人均自然资源的占有缺乏竞争优势，国有企业占比高，经济发展起点低，都曾是殖民地、半殖民地的第三世界国家……借鉴新加坡的经验要求我们首先得理解新加坡成功的核心驱动因素，其次剔除那些无法复制的成分，最后保留那些可以复制的成分。这正是我们研究新加坡、写作本书的目的。

由于李光耀及其领导的新加坡政府对新加坡的发展起到了直接的、决定性的作用，在我们的研究中，底层假设是在新加坡观察到的现象都有一个从思维体系到国家政策，再从国家政策到实际现象的逻辑线。我们能客观观察到的是国家政策和实际现象，但我们更感兴趣的是其背后的思维体系。思维体系是根本，是"道"；具体的政策是应用，是"术"。道之所以是道，是由于它具有广泛性、普适性，而术是道在特殊环境中的应用，有更多的独特性。所以，从学习的角度来讲，道的可借鉴性很强，但术必须与环境结合起来才合理。虽然中国和新加坡有很多相似之处，但是两国之间的区别也是巨大的，比如，中国的规模就比新加坡大得多，人口是新加坡的200多倍；又如，新加坡位处马六甲海峡，它是整个东亚、东南亚的交通要道，是新加坡可以利用的重要经济资源。所以新加坡的很多东西是学不来的。

在我们对新加坡的政治体制、经济体制、发展模式及交通、教育、医疗、住房、养老等国家治理体系中的方方面面逐一分析之后，我们发现，新加坡的成功之道可以简单地总结为一种超级理性主义：用我们更加熟知的语言来讲，超级理性主义就是"科学方法""一切从实际出发""实践是检验真理的唯一标准""不管白猫黑猫，能抓住老鼠就是好猫"。

新加坡超级理性主义的独特之处在于：①理性思维在政策制定中的根本性和普遍性。在全球其他国家和地区，理性思维多多少少都有应用，但在新加坡，我们往往看到的是理性思维无处不在的应用和在决策中的绝对主导地位。②拒绝对任何哲学、理论的盲目崇拜，一切从现实世界出发，以解决问题为最重要的政策评判标准。③对市场的深刻理解，认识到市场是解决经济问题的最好方法，所以有第一性地位，同时认识到市场不能解决所有问题，积极的政府参与可以弥补市场的不足。④深刻理解人性，认识到人性中的自私、短视、无知是普遍存在、根深蒂固的，而克服这些缺陷的最好方法是激励机制的合理设立和严格执行。

有了超级理性主义，新加坡的成功就很容易理解。无论是交通、教育、医疗、住房、养老，还是政府组织架构、国有企业的治理、产业发展、税收政策等，实际都是超级理性主义的具体应用。因此，在阅读本书时，读者可以依次序读完前4章，然后根据兴趣跳读后面的章节。在第12章我们分析新加坡成功经验对中国的借鉴意义。虽然新加坡的超级理性主义是非常值得我们学习的，但国情的不同导致有些重要的经验层面的东西很难在中国获得同样的成功。

本书是集体的智慧和团队协作的结果。我们的同事陈宏亚参与了第7章到第11章的研究和撰写，张凤婷参与了第1章到第5章的研究和撰写，于艾琳参与了第6章到第11章的研究和撰写，樊远婷参与了第1章、第3章、第11章的撰写。没有她们的努力，本书是不可能诞生的。

"他山之石可以攻玉"，希望我们对新加坡的研究能为中国的改革开放、国家治理提供有用的借鉴经验。

# 目录 Contents

## 第 1 章　独特的地理位置决定了独特的发展模式　/ 001

岛内资源匮乏 …………………………………………………… 003

得天独厚的地理位置 …………………………………………… 004

凭借"要塞"优势大力发展港口业务 ………………………… 005

凭借"要塞"优势、税收政策和贸易协定发展转口贸易 …… 008

港口贸易带动其他产业发展 …………………………………… 011

横向比较，同与不同 …………………………………………… 014

小结 ……………………………………………………………… 016

## 第 2 章　新加坡的全球化定位　/ 017

高瞻远瞩的全球化定位 ………………………………………… 018

打造优良的营商环境，吸引大量跨国企业 …………………… 025

打造宜居生活环境，积极吸引国际人才 ……………………… 032

双语政策为新加坡的全球化战略增添优势 …………………… 036

小结 ……………………………………………………………… 037

## 第3章 "税收洼地"模式是其全球化定位的重要构成　/ 039

新加坡的"税收洼地"战略 …………………………………… 040

世界上其他的"税收洼地" …………………………………… 044

"税收洼地"模式的争议及全球的协调应对 ………………… 051

小结 …………………………………………………………… 054

## 第4章 超级理性主义　/ 057

超级理性主义之于社会制度 …………………………………… 060

超级理性主义之于经济和民生 ………………………………… 062

超级理性主义之于对平等、人的差异的深刻洞察 …………… 064

超级理性主义之于对人性的深刻洞察 ………………………… 066

超级理性主义之于勇气 ………………………………………… 067

超级理性主义的烙印 …………………………………………… 068

小结 ……………………………………………………………… 069

## 第5章 超级理性主义在政府治理中的应用　/ 071

高效廉洁的政府——"胡萝卜＋大棒" ……………………… 073

政府治理中的权力结构设计 …………………………………… 081

司法制度：效率与监督的平衡 ………………………………… 088

媒体与舆论监督 ………………………………………………… 093

小结 ……………………………………………………………… 094

## 第6章 超级理性主义在国有企业中的应用 / 095

为什么建立国企？ ······ 097

国有企业的效率问题 ······ 099

国企管理对策（1）：政企分开 ······ 103

国企管理对策（2）：保证董事会的高水准和独立性 ······ 105

国企管理对策（3）：经营完全市场化 ······ 109

国企管理对策（4）：薪酬体系完全市场化 ······ 113

国企管理对策（5）：竞争中性原则 ······ 116

小结 ······ 117

## 第7章 超级理性主义在城市交通中的应用 / 119

用合理的城市规划降低交通的总需求 ······ 120

公共交通服务刚需，自驾车是奢侈品 ······ 123

用市场机制匹配资源 ······ 129

小结 ······ 132

## 第8章 超级理性主义在教育中的应用 / 135

新加坡教育的投入产出比很高 ······ 136

新加坡教育产出效率高的原因 ······ 138

吸引人才的移民政策比教育更重要 ······ 142

因材施教，用分流来提高教育效率 ······ 144

基于全球化定位的、以英语为第一语言的双语政策 ………… 150

基础教育是刚需，由政府提供；高端教育是奢侈品，由市场提供
…………………………………………………………………… 153

小结 ………………………………………………………………… 156

## 第 9 章 超级理性主义在医疗体系中的应用 / 157

个人责任是控费的核心因素 ……………………………………… 160

用分级医疗体系满足不同层次的医疗需求 ……………………… 165

政府设立宏观机制，微观层面最大限度地利用市场 …………… 170

通过收入和市场划分，对低收入群体进行医疗补贴 …………… 176

全球主要医疗体系的常见问题 …………………………………… 179

小结 ………………………………………………………………… 181

## 第 10 章 超级理性主义在养老和储蓄中的应用 / 183

养老金改革难题是全球性问题 …………………………………… 184

新加坡很早就设计了个人完全积累制 …………………………… 188

个人是第一责任人 ………………………………………………… 190

公积金账户由政府管理 …………………………………………… 197

新加坡政府对底层的救助 ………………………………………… 202

小结 ………………………………………………………………… 203

## 第11章　如何做到"居者有其屋"　/ 205

成绩斐然,"居者有其屋" ········· 207
亮眼成绩单背后的"组合拳" ········· 212
形成闭环体系必备的配套措施 ········· 224
新加坡组屋制度还需要承担社会责任 ········· 231
私人住房市场作为组屋的补充:民生的归民生,市场的归市场
········· 233
专题:新加坡和中国香港的房屋市场对比 ········· 238
小结 ········· 242

## 第12章　新加坡经验的借鉴意义　/ 245

# 第 1 章

# 独特的地理位置决定了独特的发展模式

新加坡自 1965 年建国以来，经济发展取得举世瞩目的成就，国内生产总值从最初的不足 10 亿美元增长至 2022 年的 4668 亿美元，人均 GDP 达到 8.3 万美元，超过美国，高居全球第 6 位。新加坡在经济发展上堪称世界上最成功的国家之一，其在国家治理方面也被认为有独到之处。

我们应该怎么解读新加坡的成功？本书首篇文章主要解析新加坡优越的地理位置对其经济发展的巨大影响。

新加坡建国近 60 年以来经济发展取得举世瞩目的成就：1965 年建国之初，国内生产总值（GDP）不足 10 亿美元。经过 30 年的高速发展，1995 年 GDP 达到 878 亿美元，人均 GDP 增至 2.4 万美元，超过英国，从第三世界国家跃升为发达国家；2007 年人均 GDP 超过 3.5 万美元，超过日本，傲居"亚洲四小龙"之首。2022 年 GDP 已达 4668 亿美元，人均 GDP 达到 8.3 万美元，高居全球第 6 位，位列美国之前（见图 1.1）。

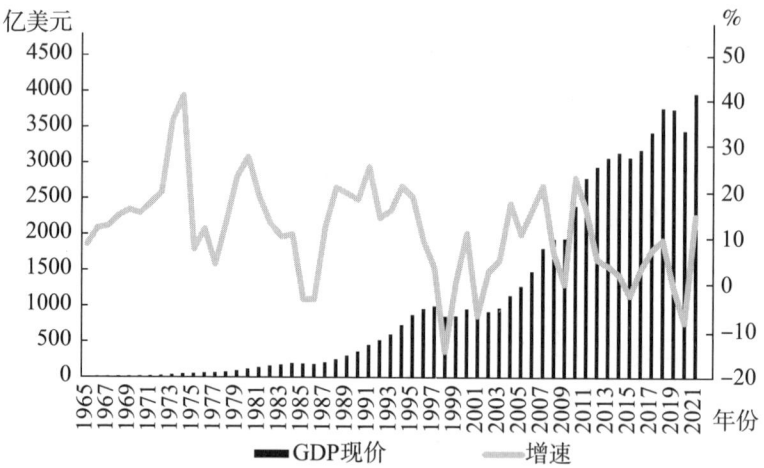

**图 1.1　1965—2021 年新加坡 GDP 及增速**

资料来源：新加坡统计局。

从资源匮乏、一穷二白的小岛发展成为亚洲最富裕的国家之一，新加坡的成功绝非偶然。既有天时（全球化时代），又有地利（得天独厚的地理位置），还有很关键的人和（根据独特的国情制定匹配的发展战略、高效的治理政策等）。其中，有些因素由于国情和时代的独特性，不可迁移、复制；但有些因素值得深入研究和借鉴。

本章着重讨论新加坡独特的地理位置为其发展奠定的基础、带来的机遇，其他因素将在后续章节中陆续讨论。

## 岛内资源匮乏

新加坡的自然资源并不丰富,甚至可以说极度匮乏。新加坡四面环海、国土面积小,建国初始陆地面积仅581.5平方千米,经过多年填海造地,目前陆地面积增加25%至728平方千米(截至2021年),约为中国香港陆地面积的65%。

在狭小的国土内,石油、天然气、煤炭、金属、其他矿产等天然资源稀少,很难发展工业;土地也不适合发展农业,因为土壤贫瘠(缺乏矿物质)、气候炎热潮湿、水资源短缺。

淡水资源的匮乏不仅影响农业的发展,也令人民的生活难以维系。新加坡的人均水资源排名全球倒数第二[1],严重不足,因为其既没有大的河流、湖泊,又缺乏地下水。目前,新加坡160万立方米/日左右用水量中的40%~50%进口自马来西亚的柔佛河(新马两国目前生效的供水协议签订于1962年,协议规定新加坡可以每日从柔佛河抽取115万立方米,有效期100年)。

脱离马来西亚独立时,这个幅员狭小、资源匮乏的小岛能否独立生存下去一度受到质疑。李光耀曾坦言新加坡独立的无奈以及国家生存的艰难:"新加坡的独立是强加在它的头上的……一个独立的新加坡根本无法生存下去。"[2]

---

[1] 吕建伟,屈泽龙,孙大洋,等.探析新加坡水战略经验[J].水利科学与技术,2020,3(4):52-54.
[2] [新加坡]李光耀.风雨独立路:李光耀回忆录(1923—1965)[M].北京:外文出版社,1998:1-13.

## 得天独厚的地理位置

得天独厚的地理位置帮助新加坡突破了自然资源匮乏的发展限制。

马六甲海峡是世界上最繁忙的海上航道之一,其位于马来半岛与苏门答腊岛之间,是连接太平洋和印度洋的最主要通路,从欧洲、中东、南亚到亚洲东部或澳大利亚的船只均需从此经过,其是欧洲、非洲、亚洲、大洋洲的海上交通枢纽,战略位置十分重要,堪称海上"要塞"。根据美国战略与国际研究中心(CSIS)的计算,每年3.5万亿美元的全球贸易额通过马六甲海峡并穿越南中国海,其中包括中国海上贸易额的2/3、日本海上贸易额的2/5和全球贸易总额的近1/3。这些贸易量通常包括全球约1/4的海运石油总量[1],以及全球向中国和日本出口的液化天然气的1/3。

马六甲海峡长达1000千米,由新加坡、马来西亚和印度尼西亚3国共同管辖。新加坡和马来西亚位于马六甲海峡东侧,印度尼西亚位于西侧。但新加坡无疑更为幸运,其所在的海峡东侧深水航道更多、码头岸线更长,更适合建港口。而西岸大多数是沼泽和浅滩,珊瑚礁多,大船不易靠岸。与同侧的马来西亚相比,新加坡独占马六甲海峡南端出口,并且码头岸线更长、建港条件更佳:新加坡港的码头岸线长度超过21000米,而马来西亚的巴生港只有约9000米;同时新加坡港具有更好的船舶最大吃水深度条件。

不仅是航海,新加坡的地理优势同样体现在航空方面:以其为中心飞行

---

[1] EIA.World oil transit chokepoints [EB/OL]. (2019-10-15) [2023-06-05]. https://www.eia.gov/international/analysis/special-topics/World_Oil_Transit_Chokepoints.

7小时可覆盖亚洲各主要城市，是联系亚洲、欧洲、非洲、大洋洲的航空中心。新加坡樟宜国际机场目前拥有130多个直飞国际航班，与全球100多个国家和地区通航，是亚洲最重要的航空枢纽之一。2019年樟宜机场在全球最繁忙的货运机场中排名第四（全球约4.17万个机场[①]），2022年在世界国际交通最繁忙机场中排名第六[②]。这些成绩说明了新加坡在全球航空业的重要地位。

## 凭借"要塞"优势大力发展港口业务

在经济全球化背景下，新加坡借助独特的地理优势大力发展港口业务。2022年全球国际海运港口报告显示，新加坡港与世界上120多个国家和地区的600多个港口建立了200多条航线。新加坡境内共有5个港口，其中新加坡港一度是世界上最繁忙的港口（直至2010年被中国上海港超越后稳居第二），每年接靠船舶13万艘次、处理超过3亿吨的货物。2021年新加坡港集装箱运输量为3749万标准箱[③]，超过全球集装箱运输总量的1/5[④]，2004—2021年港口集装箱运输量年化增长3.4%[⑤]。

---

[①] 数据来自Central Intelligence Agency。

[②] Airports Council International. International travel returns: top 10 busiest airports in the world revealed [EB/OL]. (2023-04-05) [2023-06-05]. https://aci.aero/2023/04/05/international-travel-returns-top-10-busiest-airports-in-the-world-revealed/.

[③] World Shipping Council. The top 50 container ports [EB/OL]. [2023-06-05]. https://www.worldshipping.org/top-50-ports.

[④] "2021年全球货运量168.2百万标准箱" S&P Global Market Intelligence. Containerized trade outlook by GTAS forecasting – June 2022 [EB/OL]. (2022-06-13) [2023-06-05]. https://www.spglobal.com/marketintelligence/en/mi/research-analysis/containerized-trade-outlook-by-gtas-forecasting-june-2022.html.

[⑤] 新加坡海事港务局（MPA），https://www.mpa.gov.sg。

新加坡港不仅地理优势突出，而且优秀的制度设计和高效的管理在全球范围内享有盛誉。在 2022 年的《新华·波罗的海国际航运中心发展指数报告》中，新加坡港以 94.88 分高居榜首，远超第 2 名的伦敦（83.04 分）和第 3 名的中国上海（82.79 分）；与此相比，新加坡港的竞争者马来西亚巴生港未进入前 20 名（2021 年仅得到 50.4 分）。这种领先显然不只是港口天然条件带来的，还体现了新加坡在港口建设水平、海事专业商事服务[①]（包含船舶经纪、海事法律和仲裁、海事保险、船舶融资等）和综合营商环境水平（经济自由度、关税税率、营商便利性等）等方面的巨大优势。

港口建设方面，新加坡港作为世界领先的国际航运中心，拥有集装箱泊位 67 个、码头起重机 205 个，均是巴生港的 1 倍以上；货物设计容量更是巴生港的 2.3 倍[②]（见表 1.1）。此外，新加坡港设备先进，如新加坡的巴西班让码头配备了世界上最先进的集装箱装卸桥，可容纳世界上最大的集装箱船[③]，同时远程操控系统使每个操作人员可同时控制 6 台起重机，效率极高。新加坡港还不断推进港口的数字化和智能化，利用先进的 IT 技术和管理系统，提升了港口的效率和安全性。新加坡港物流效率极高，港口承诺集装箱船舶不压港，而且装卸时间一般不超过 10 小时；相比之下，巴生港则时有货柜装卸系统耗时、港口基础设施落后导致货物压港的新闻。根据世界银行 2018 年发布的全球物流绩效指数报告，新加坡高居第 4 位，而马来西亚则列第 41 位。

---

① Maritime Professional Business Services, MPBS.
② 新加坡国际港务集团官网，https://www.globalpsa.com；巴生港务局官网，http://www.pka.gov.my。
③ 通用运费网. 新加坡港 [EB/OL].（2019-08-08）[2023-06-05]. https://www.ufsoo.com/port/singapore/.

表 1.1　2021 年马六甲海峡沿岸主要港口重要指标对比

| 港口 | 国家 | 岸线长度 / 米 | 集装箱泊位 / 个 | 集装箱运输量 / 万标准箱 |
| --- | --- | --- | --- | --- |
| 新加坡港 | 新加坡 | 21033 | 67 | 3749 |
| 巴生港 | 马来西亚 | 9000 | 33 | 1372 |

海事专业商事服务是港口整体竞争力的重要表征，新加坡有着庞大而专业的海事服务系统。首先，新加坡航运经纪人员的专业程度和服务水平较高，新加坡国立大学、南洋理工大学和新加坡理工学院 3 所著名学府都开设了海事学科培养高端航运人才。其次，新加坡拥有先进的一站式仲裁设施——麦士威议事厅和多家权威仲裁机构，为海事贸易提供有效的纠纷调解方案。相比中国香港国际仲裁中心、伦敦国际仲裁中心、斯德哥尔摩商会仲裁院 3 个国际仲裁中心，新加坡国际仲裁中心的案件平均仲裁费用最低，平均时长最短，最具竞争力[①]。另外，新加坡保险市场高度发达，市场主体众多，有超过 30 家保险公司在海事领域提供保险或再保险服务。新加坡金融管理局（MAS）数据显示，2021 年新加坡海上保险业务收入达 4.5 亿美元，占总保险收入的 9.6%。新加坡在高级海事人才、仲裁、金融等领域多翼齐飞，赋能港口经济发展，巩固了其国际领先地位。

营商便利性方面，在世界银行发布的经营便利指数（2020）中，新加坡高居第 2 位，其中市场准入、执行合同和税收条款三个方面分别排第 4 位、第 1 位和第 7 位；马来西亚总排名为第 15 位，在这 3 项排名中仅列第 126 位、第 35 位和第 80 位。新加坡在市场准入方面的优势主要体现在开放的投

---

① CMS Law-Now. Costs and duration: a comparison of the HKIAC, LCIA, SCC and SIAC studies [EB/OL]. (2018-03-19) [2023-06-05]. https://cms-lawnow.com/en/ealerts/2018/03/costs-and-duration-a-comparison-of-the-hkiac-lcia-scc-and-siac-studies.

资环境、透明的政策和高效的审批流程上。这有利于吸引国际投资者进入新加坡市场，为经济发展提供资金支持。在执行合同方面，新加坡的法律体系健全，司法程序公正透明，保护了各方当事人的权益。这有助于维护市场秩序，增强投资者信心。

税收条款方面，新加坡的税收制度简单明了、税率较低，为企业和个人提供了较好的税收环境。这有助于降低企业运营成本，营造良好的营商氛围。这些软件条件既帮助新加坡提升港口的吸引力，也为其吸引跨国资本和发展金融中心等提供了有力支持。

## 凭借"要塞"优势、税收政策和贸易协定发展转口贸易

虽然有如此优质的港口和相关服务，但新加坡面积狭小、资源匮乏、人口少（截至2022年，新加坡总人口达545万，其中公民和永久居民约占73%），仅依靠国内的需求来进口或凭借国内的资源和生产能力来出口显然都是非常有限的。而新加坡的货物和服务进口达到其GDP的1.5倍，货物和服务出口则高达GDP的1.7倍，其中的重要原因是新加坡有规模庞大的转口贸易。

优越的海上航线枢纽位置和全球领先的港口软硬件条件是新加坡发展转口贸易的基础。转口贸易指的是商品进入一个国家或地区，经过加工或简单的整理后再出口到其他国家或地区的贸易活动。新加坡港的庞大规模和高效率使其成为转口贸易的理想枢纽。在这种贸易模式下，新加坡先从全球各地进口大量商品，为这些商品提供加工、整理、仓储和运输等服务，然后将这些商品出口到其他国家。

低关税是新加坡发展转口贸易的重要策略和吸引力来源。全球国家和地

区间的关税税率往往不同，如果两个国家之间的关税税率较高（假设A国出口B国关税是25%），而它们和第三国之间的关税税率较低（A国出口C国、C国出口B国关税分别为5%和7%），则通过第三国的贸易公司进行转手交易往往可以适用更低的关税。新加坡把自身定位为自由贸易港，只对极少数商品（如烟草和酒类）征收进口税，综合而言，新加坡的所有产品加权平均适用关税仅为0.1%（2021年）①；新加坡对出口商品一律免税，并且那些出口额达到一定限额的公司，还可申请减免出口收益的所得税税金。而邻国马来西亚除主要商品（如原油及棕榈油）外，几乎所有货物均须支付出口关税，根据货物类别不同适用税率为0~15%。

此外，新加坡拥有亚洲最广泛的自由贸易协定（FTA）网络，目前共签署了27项多/双边自贸协定②。除与中国、美国、欧盟、印度、日本、英国等国家和地区签署了15项双边自贸协议外，还加入了东盟、欧盟等12项区域性自由贸易协定，如海湾合作委员会—新加坡自由贸易协定（GSFTA）③、全面与进步跨太平洋伙伴关系协定（CPTPP）④、区域全面经济伙伴关系协定⑤（RCEP）等，还有2项正在协商的协定：欧亚经济联盟—新加坡自由贸易协定（EAEUSFTA）⑥、太平洋联盟—新加坡自由贸易协定⑦。基于这些自

---

① 数据来自世界银行数据库。
② 数据来自新加坡企业发展局。
③ 全名是"海湾阿拉伯国家合作委员会—新加坡自由贸易协定"，海湾阿拉伯国家合作委员会由巴林、科威特、阿曼、卡塔尔、沙特阿拉伯和阿联酋6个国家组成。
④ 2018年12月正式生效，已签署成员国包括英国、日本、加拿大、澳大利亚、新西兰、新加坡、马来西亚、越南、文莱、墨西哥、智利、秘鲁12国。
⑤ 2022年1月正式生效，成员国有文莱、柬埔寨、老挝、新加坡、泰国、越南6个东盟成员国和中国、日本、新西兰、澳大利亚4个非东盟成员国。
⑥ 欧亚经济联盟是由俄罗斯、白俄罗斯、哈萨克斯坦、吉尔吉斯斯坦、亚美尼亚5国组成的贸易组织。
⑦ 太平洋联盟成员国包括智利、哥伦比亚、墨西哥及秘鲁4个拉丁美洲国家。

贸协定，贸易公司和投资者可以享受包括关税减让、进入特定领域的优先途径和更快进入市场等多重优惠。比如，CPTPP 关税取消率高，将对 99% 的品种逐步取消关税，特别是对 99.9% 的工业制品取消关税；RCEP 规定 10 年内 15 个成员国 90% 以上货物贸易将实现零关税；EAEUSFTA 全面生效后，新加坡将对欧亚经济联盟 90% 的出口取消或降低关税，在 10 年内这个比例将提高到 97%。相对而言，马来西亚在自由贸易协定签署方面较为保守。其仅与日本、巴基斯坦、新西兰、印度、智利、澳大利亚和土耳其 7 个国家签订了双边自由贸易协定。

凭借自由贸易港定位和广结自贸协定，新加坡成为亚洲最重要的转口贸易中心。2022 年，新加坡的转口贸易额达 3803 亿美元，占其货物出口总额的 53.6%（见图 1.2）。根据 2018 年数据，其转口贸易的前三大目的地分别为中国香港（16.6%）、中国内地（13.6%）和近邻马来西亚（10.7%），美国位居第五（6.1%）①。

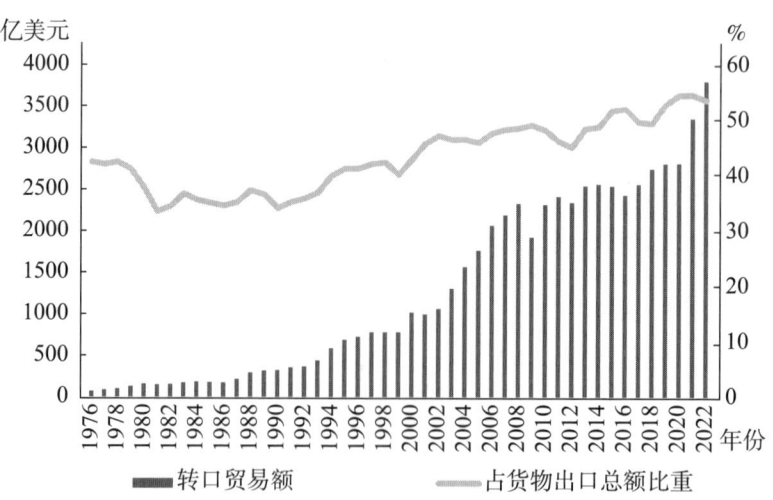

图 1.2　1976—2022 年新加坡转口贸易额及占比

资料来源：新加坡统计局。

① 数据来自新加坡统计局。

## 港口贸易带动其他产业发展

发达的港口贸易进一步带动了其他产业发展，如海事专业商事服务、物流、石油化工产业、制造业和金融服务等，最直接受益的是海事专业商事服务、物流及相关服务。

新加坡是世界领先的海事中心，优质港口和转口贸易吸引了超过5000家海事机构和企业在新加坡开展业务，其中包括140多个国际航运集团和各种海事服务提供商，雇用近17万名员工，贡献了约7%的GDP，形成了高端航运产业集群，如船舶加油、船舶经纪、船舶融资、海事保险，以及海事法律和仲裁等。

港口与航运公司通过紧密合作，建设卓越的基础设施，打造高度连通、密集的海运和物流网络。众多物流链企业在新加坡经营业务：世界前二十五大物流企业中，有2/3将其区域总部设立于此。作为新加坡经济的重要支柱，运输和仓储业贡献了新加坡2021年约6%的GDP，提供了20多万个工作岗位。新加坡的远景目标是发展成为集海、陆、空、仓储于一体的全方位综合物流枢纽中心。

石油化工产业方面，新加坡位于马六甲海峡的出海口，西边连接着世界上最大的石油产地和供应地——波斯湾地区，东边是东亚众多成品油消耗大国，地理位置的优势为炼油业的发展奠定基础。二战后东亚经济崛起，日本、中国台湾、韩国每年都要经由马六甲海峡进口大量的石油，中国改革开放后又有了更多的石油转运需求。马六甲海峡因此成为全球第二大石油运输海上"要塞"，仅次于霍尔木兹海峡，2015年通过马六甲海峡的石油达到1550万桶/日，约占全球海上运输石油总量的26%。新加坡从石油转运枢纽起步，在转口贸易的关税优势刺激和政府产业政策的引导下进军石油化工产业。2021年新加坡原油加工能力超过130万桶/日，精炼石油行业产值约290亿美元，占GDP的7.3%，石油化工产业成为新加坡经济的重要支柱之一。尽管境内没有原油资源，但凭借其地理位置和低关税优势，新加坡如今已成为世界三大炼油中心之一、第六大成品油出口国和亚洲石油产品定价中心。

转口贸易的加工需求为制造业发展提供了契机。1965—1973年，新加坡采用简单的加工制造模式，坚持出口导向战略，利用港口优势进口原材料，在港口加工后再出口，大力发展纺织品、成衣、电子消费品、电子零部件等劳动密集型产业。其间，经济发展年均增速约12%，并解决了建国时的失业问题，社会实现充分就业。同时，新加坡政府采取了一系列政策措施来扶持制造业（特别是高端制造业）的发展，包括通过税收优惠和财政奖励手段招商引资、促进产业升级、刺激创新和研发、培养相关人才等。现在新加坡是全球第四大高科技产品出口国，重点发展技术密集、高附加值的产业集群，涵盖航空航天、半导体、化学和生物医学等领域。其中，电子工业是新加坡传统产业之一，主要产品包括半导体、计算机设备、数据存储设备、电信及消费电子产品等。2022年新加坡制造业附加值达1009亿美元，占GDP的24.5%（全球排第20位）；电子工业产值1530亿美元，占制造业总产值的45.6%；半导体制造占新加坡所有电子制造业的80%，占全球半导体市场的11%，占全球半导体设备制造业的20%[1]。生物医药业是新加坡近年重点培育的战略性新兴产业，2022年产值达143亿美元，占制造业总产值的4.3%

---

[1] The International Trade Administration. Singapore advanced manufacturing [EB/OL]. (2022-08-28) [2023-06-05]. https://www.trade.gov/market-intelligence/singapore-advanced-manufacturing.

（见图 1.3）。

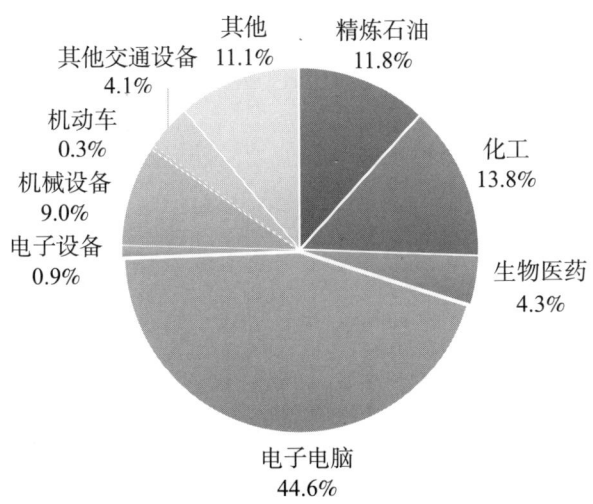

图 1.3　2022 年新加坡制造业产值构成

资料来源：新加坡统计局。

金融业务的起步和发展也离不开贸易中心的加持：繁荣的贸易创造了大量的授信、结算、保险、租赁交易等金融需求。以此为基础，新加坡凭借自由港、法律环境和时区（上午可与中国香港、东京、悉尼，下午可与伦敦、苏黎世、法兰克福，晚上又可与纽约等资本市场进行沟通和交易）等优势逐步发展成为亚洲主要的金融中心。英国智库机构 Z/Yen 2022 年 3 月发布的"全球金融中心指数"显示，新加坡排名居全球第六和亚洲第三[1]，不仅在国际金融、贸易融资、海事金融、保险、财务运作方面占据领先地位，还是名列前茅的全球外汇中心、资产管理枢纽和人民币离岸结算中心。新加坡金融管理局积极与瑞士联合银行、摩根大通、渣打银行、花旗集团等企业合作，

---

[1] Z/Yen Group. The global financial centres index 31 [R/OL]. (2022-03-31) [2023-06-05]. https://www.longfinance.net/documents/2902/GFCI_31_Report_2022.03.24_v1.0.pdf.

打造外汇交易生态。以 2022 年 4 月统计数据为例，新加坡外汇市场的日均交易额高达 9090 亿美元[①]，继续保持仅次于英国和美国的世界第三大外汇中心的地位，交易额占全球外汇市场的 9.5%。此外，2021 年新加坡资产管理规模达 5.4 万亿新加坡元[②]，在管金额中的 78% 来自境外，且 90% 均投资于海外，新加坡已经成为名副其实的全球资产配置中心。新加坡于 2016 年开始积极开发以人民币计价的金融产品，2022 年 4 月新加坡离岸人民币外汇交易占全球的 15%[③]，比两年前提高了 3 个百分点，仅排在中国香港（28%）和英国（22%）之后。

## 横向比较，同与不同

凭借"要塞"式的地理位置在全球化的时代成为贸易枢纽，围绕贸易发展多种产业，进而带动经济腾飞，这是一条符合逻辑、顺其自然的道路。和新加坡类似，迪拜也由这种模式发展而来，被称为中东的"新加坡"。

阿联酋的迪拜位于波斯湾东南海岸，邻近霍尔木兹海峡，处在亚、非、欧三大洲交会点。而霍尔木兹海峡是连接中东地区重要石油产地波斯湾和阿曼湾的狭窄海上通道，也是阿拉伯海进入波斯湾的唯一水道。它是世界上最大的海上石油贸易要塞点，全球约 1/3 的原油运输途经此地。20 世纪六七十年代阿联酋进行石油资源大开发，大力投资与交通运输业有关的基础设施

---

[①] 新加坡外汇市场委员会. Survey of singapore foreign exchange volume in april 2022 [DB/OL]. [2023-06-05]. https://www.sfemc.org/statistics/.

[②] 新加坡金融管理局. Singapore asset management survey 2021[R/OL]. [2023-06-05]. https://www.mas.gov.sg/-/media/mas/news-and-publications/surveys/asset-management/singapore-asset-management-survey-2021-1.pdf.

[③] BIS. Exchange-traded derivatives statistics [DB/OL]. [2023-06-05]. https://www.bis.org/statistics/extderiv.htm?m=2616.

（其中最重要的便是港口开发和机场建设），大幅提高了迪拜的进出口货物量，将迪拜打造成为重要的货物集散地和再出口中心。迪拜同时期建造了世界上最大的人造港口——吉拜阿里港（Jebel Ali），转口贸易尤其发达，迪拜当局对进出港区的全部货物免税以吸引大量集装箱中转，是中东地区最大的自由贸易港、全球十大最繁忙的货运港之一。

阿联酋是几项全球和双边贸易协定的缔约方，特别是与海湾合作委员会合作伙伴的贸易协定，这些协定极大地刺激了阿联酋的进出口贸易。世界贸易组织（WTO）2022年的统计数据显示，阿联酋的货物贸易出口额位列全球第十四（西亚非洲地区第1位），占比2.4%；进口额位列全球第二十一（西亚非洲地区第1位），占比1.7%。而迪拜贡献了阿联酋约80%的贸易额。2021年迪拜的非石油对外直接贸易额、自由区贸易额和保税仓贸易额分别占阿联酋贸易总额的77.1%、87.3%和99.5%。

凭借优越的地理位置，乘着原油贸易的东风，迪拜过去几十年同样进入了贸易和经济发展的快车道，发展成为中东地区的贸易、服务、金融和旅游中心，被誉为阿联酋的"贸易之都"、中东地区快速崛起的"沙漠奇迹"。1975年迪拜常住人口仅18万，目前接近350万；人均GDP约合4.4万美元（2021年，同比增长18%），根据世界银行的数据，如果放在全球200万以上人口的国家中排名，可以位列第二十三。

虽然迪拜和新加坡的社会制度、法律体系、政府运作的方式大相径庭，但都凭借其独特的地理位置优势取得了不俗的经济成就。所以在分析新加坡的成功要素时，地理位置的"天赋"是不能回避的；此外，新加坡的人均GDP是拥有同样甚至可能更好地理禀赋的迪拜的1.65倍（2021年），是跨国企业在亚洲的总部首选，是全球的金融中心之一，只用地理位置的"天赋"

不能完全解释其如此的成就。除了独特的地理位置的"天赋",新加坡的成功肯定还有其他独特的"后天"因素。

## 小结

新加坡是个城市国家,岛内面积狭小、自然资源匮乏,取得经济腾飞离不开其"要塞"式的地理位置优势。海上交通方面,马六甲海峡是欧、非、亚、大洋四洲的海上交通枢纽,新加坡独占马六甲海峡南端出口,建立港口大力发展海上贸易,继而发展海事专业商事服务、物流、石油化工、制造和金融服务等各种产业。但这些产业的成功实际上依托一个环环相扣的完整体系:精心打造的"新加坡模式",包括其在全球化时代的自我定位(利用外资、跨国企业总部经济)、对经济和政治制度的理性设计、高效的政府和严格的法治、高质量低成本的公共服务等。

显然,独特的地理位置不足以完全解释新加坡的经济奇迹,接下来我们将逐一解析新加坡其他重要的成功要素。

# 第 2 章

# 新加坡的全球化定位

　　想象一下，新加坡的瞩目经济成就在 300 年前的世界是不可能发生的，那个时代没有大量的全球贸易需求，"要塞"式的港口价值不大；那时也没有大量的跨国企业，没有叫作苹果或通用的公司需要选定一个小岛来统筹周边十几个国家数十亿人口的市场；这个小岛上一大半的经济发展是外国公司贡献的；小岛上一些关注着某样东西价格变化的人上午在和远方的中国香港、东京的外国人交易，下午和远在欧洲的伦敦、法兰克福的外国人对接，晚上还不忘和纽约的外国人交流……

前文我们说到，新加坡的发展受国土面积狭小、自然资源稀缺、国内市场有限等诸多先天因素限制。新加坡的经济崛起与持续发展，虽然是借助得天独厚的地理优势，但更重要的因素是全球化时代其自身的全球化定位。新加坡从全球化经济体系中获益甚大，这种获益不仅是像很多国家那样在全球分工的效率提升中获益，也不仅是利用转口贸易在全球贸易体系中获益，而是通过制定一系列高度自由、开放、优惠、便捷的政策来打造优质的营商环境，以吸引大量外资和跨国公司进入，带动其经济发展。

## 高瞻远瞩的全球化定位

新加坡的全球化定位源自李光耀的一手设计，早在建国之初，李光耀就清醒地意识到"新加坡没有腹地"[1]，作为一个弹丸小国，其生存和发展需要高度依赖全球市场。他曾坦言："新加坡和其他小国能取得的成就受到了限制，他们必须清楚自己在世界经济中的地位，新加坡人口少，不太可能孕育出国际制造业巨头或足够的私人企业总裁……别妄想新加坡国内可以创建一个微软或者新力，因为像新加坡这样的地方，要成功就必须依靠外面的世界。"[2] 于是，在全球化背景下，依靠跨国公司的力量，使"世界成为新加坡的腹地，让新加坡成为各个领域的枢纽"[3]，成为新加坡经济发展的重要战略。

---

[1] 新加坡国家档案馆. 李光耀执政方略 [M]. 北京：人民出版社，2015：24.
[2] 新加坡国家档案馆. 李光耀执政方略 [M]. 北京：人民出版社，2015：34–35.
[3] 新加坡国家档案馆. 李光耀执政方略 [M]. 北京：人民出版社，2015：24.

**全球资本汇集、大量跨国企业入驻**

新加坡的经济非常依托全球化,根据新加坡贸易与工业部(Ministry of Trade and Industry Singapore)披露的数据,2022年新加坡的外来直接投资金额达1408亿美元,是全球第三大吸引外来投资的国家(仅次于中国和美国),其外来投资净流入占GDP的比重也非常高,2022年达30.2%,在全球范围内遥遥领先(见图2.1)。新加坡也是全球外商投资在本国经济占比中最高的国家之一,2022年新加坡投资总额中高达93.2%来自外商投资。①

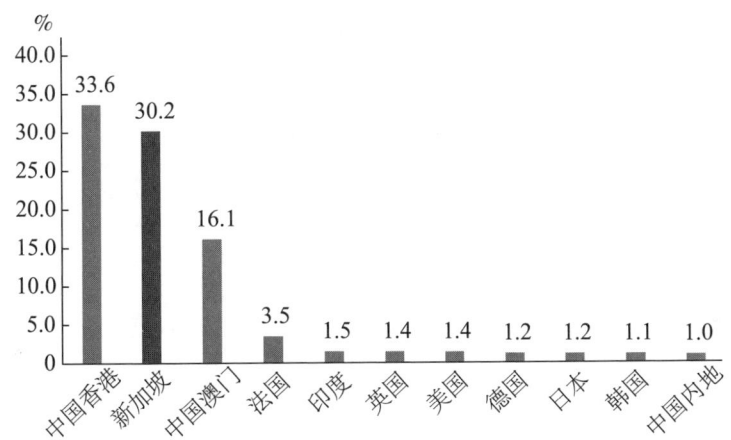

图 2.1　2022年外国直接投资净流入占GDP的比重(部分国家和地区)

资料来源:世界银行(其中中国澳门使用2021年数据)。

从在新加坡的公司来看,外国控股公司占新加坡企业总量虽然只有20%,但雇员数量占到32%,对GDP的贡献占比更是达到69%(2022年)②,可见大型跨国企业对新加坡经济的影响。

事实上,新加坡在吸引跨国公司方面取得了惊人的成绩:目前,有超过

---

① 数据来自新加坡贸易与工业部,https://www.mti.gov.sg/。
② 数据来自新加坡统计局,https://www.singstat.gov.sg/。

7000家跨国公司在新加坡设立营运机构，其中有4200家在新加坡设立亚太总部或其他形式的区域总部[1]，区域总部数量为亚洲城市之冠。从横向对比来看，同为亚洲地区国际化大都市的中国香港吸引了1457家跨国企业设立区域总部，东京、上海和北京在这方面的数字分别为531家、827家和201家。不局限于区域总部的话，入驻新加坡的大大小小的外国公司更是有26000余家，其中10000家以上来自北美、欧洲和日本[2]。

新加坡吸引的跨国企业不仅数量众多，质量也非常高。世界500强公司中有1/3选择在新加坡设立亚洲总部，世界100强科技公司中有80家在新加坡有业务，全球最大的100家跨国公司中有46%把亚太总部选定在新加坡[3]。著名厂商如全球第二大的飞机引擎制造商劳斯莱斯（Rolls-Royce）、全球第三大制药公司诺华（Novartis）、汽车巨头通用汽车（General Motors）等。工业领域的龙头企业如壳牌（Shell）、美国美光（Micron）等均选择新加坡作为战略制造枢纽。爱尔康（Alcon）、安进公司（Amgen）、诺华（Novartis）、辉瑞（Pfizer）、罗氏（Roche）、赛诺菲（Sanofi）等全球知名医药企业均把亚太地区总部或研发中心设于新加坡。全球百大科技跨国公司中更是有59%的企业选择在新加坡设立区域总部[4]，其中不乏微软、谷歌、亚马逊、苹果等科技巨头。

新加坡也是中资企业"走出去"的首选目的地之一。中银集团、海航集团等通过并购在新加坡设立了国际总部；中远集团、振华重工等在新加坡设

---

[1] 区域总部是一个比较宽泛的概念，包括亚太区域总部、大中华区域总部、北亚区域总部等各类区域总部，在不同的统计机构中口径存在差异。
[2] 香港的统计数据来自香港特区政府统计处；北京及上海统计数据来自政府新闻披露；新加坡统计数据来自新加坡经济发展局；东京统计数据来自毕马威咨询报告。
[3] 数据来自新加坡经济发展局官网，https://www.edb.gov.sg/cn.html。
[4] 数据来自新加坡经济发展局官网，https://www.edb.gov.sg/cn.html。

立区域总部；五矿集团、中航油等则将新加坡作为国际大宗商品贸易中心；中石油、中石化、广西柳工、华为等在新加坡设立贸易、财务、研发、物流等各类功能中心……过去几年，越来越多的中国科技公司纷纷布局新加坡。SHEIN 选址新加坡设立国际总部，抖音及 TikTok 早在两年前也在新加坡设立国际双总部。根据新加坡经济发展局的统计，全球顶尖的 100 家软件和服务公司中，超过 80 家在新加坡设立公司，其中来自中国的企业包括阿里巴巴、腾讯、携程、爱奇艺、华为云、商汤科技、依图科技等。

**全球人才会集**

新加坡不仅是大量跨国企业的聚集地，而且是一个会集了全球精英及专业人才的移民大都市（见图 2.2）。根据新加坡人口与人才司发布的 2022 年度人口简介（Population in Brief 2022）数据，新加坡人口中 27.7% 为外籍

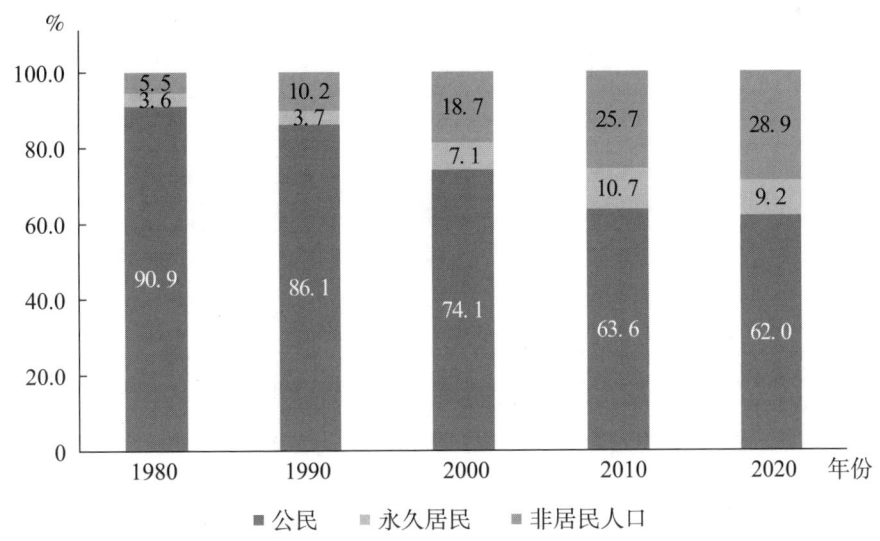

图 2.2 新加坡人口结构变化

资料来源：新加坡统计局。

居民，其中11%的外籍居民持有就业准证（EP）（为在新加坡有工作邀请的外籍专业人士提供的，主要面向经理、行政人员或专业角色，是高级专业人才的证明）。

新加坡的金融、科技、科研等行业的高级岗位是海外移民的"聚集地"。数据显示，新加坡3万多名信息与通信专业技术人员中，30%来自国外，高等院校中56%的教授和讲师是外国人，智力型移民和技能型移民对新加坡的经济增长贡献率高达37%[1]，以研究型人才为例，新加坡所有的研究人员（包含私营企业、政府部门、高校科研院所等）超过30%为外国公民[2]，本国研究员也包括部分获得永久居民身份的移民人才，可见全球人才对新加坡发展的贡献之大（见图2.3和图2.4）。

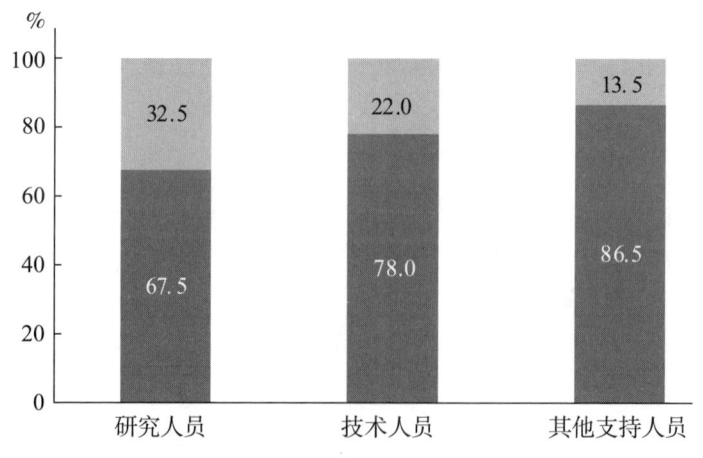

图 2.3　新加坡不同类型研发人员按国别分布

资料来源：*National RIE Survey of Singapore* 2020。

---

[1] 陈永清. 新加坡香港人才资源开发的启示 [J]. 特区实践与理论，2010（1）：42-46.
[2] National Research Foundation, Agency for Science, Technology and Research. National RIE survey of Singapore 2020 [EB/OL]. (2022-11-07) [2023-09-05].https://www.a-star.edu.sg/News/national-survey-of-rie.

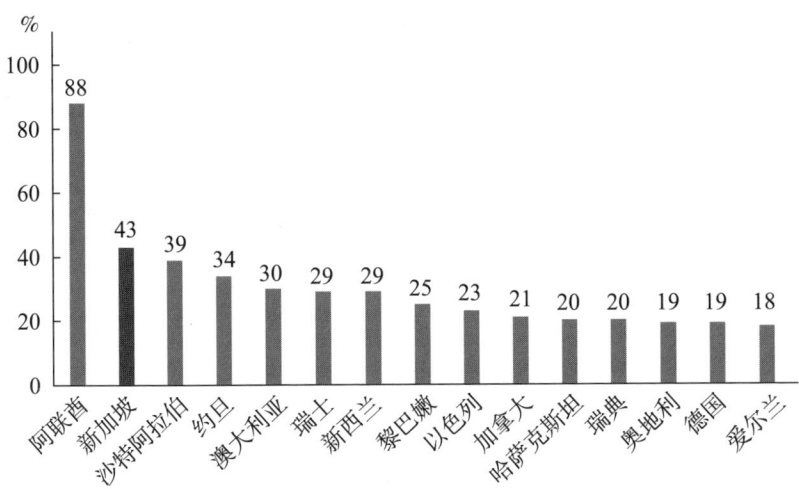

图 2.4　高移民人口占比国家（剔除人口 500 万以下国家）

资料来源：*World Population Review*,① https://worldpopulationreview.com/country-rankings/immigration-by-country.

## 跨国企业与人才带动新加坡经济发展

跨国企业在新加坡设立分支机构、工厂或办事处，为新加坡经济增长提供了重要的推动力。跨国企业通常具备先进的技术、研发能力、管理经验。它们在新加坡投资意味着将这些技术和创新引入当地市场。一方面，新加坡的本土企业可以直接作为跨国企业的供应商或分包商受益；另一方面，通过技术转移，新加坡的本地企业和人才能够学习和吸收先进的生产方法、管理实践和研究成果。跨国企业的投资还直接创造了大量就业机会，提供了各种技能水平和专业背景的工作岗位，帮助新加坡提高人力资源素质和人才竞争力（见图 2.5-2.6）。

---

① 阿联酋、沙特阿拉伯、约旦等中东地区国家境内的移民大多是中东地区人，来自巴基斯坦、埃及、叙利亚、印度等，且多为早期移民。

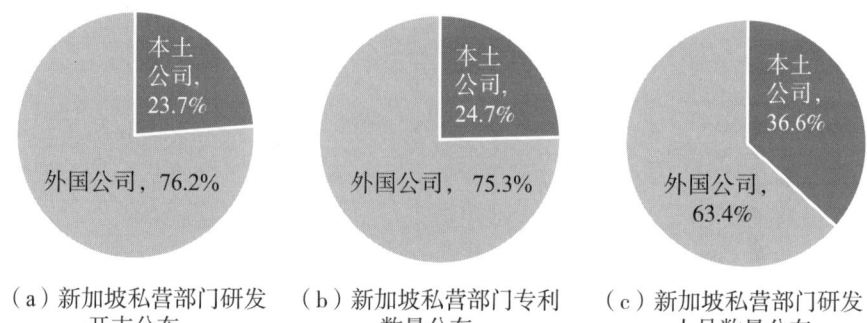

（a）新加坡私营部门研发开支分布　　（b）新加坡私营部门专利数量分布　　（c）新加坡私营部门研发人员数量分布

**图 2.5　2020 年跨国公司对新加坡研发的贡献**

资料来源：*Economic Survey of Singapore* 2022①。

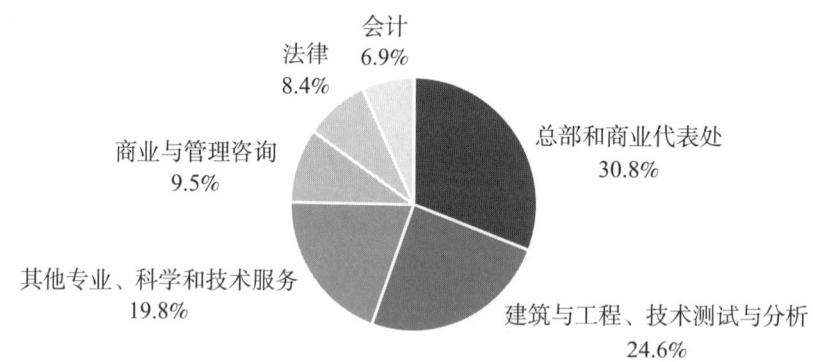

**图 2.6　2022 年新加坡专业服务行业增加值占比**

资料来源：*Economic Survey of Singapore* 2022。

以 2022 年为例，新加坡的跨国公司承诺固定资产投资 118 亿新加坡元，年度业务支出 70 亿新加坡元，这些投资预计将创造 16100 个技术岗位。根据新加坡人力部数据，仅新加坡 10 家最大的跨国公司就为当地创造了约 30000 个专业、经理、行政和技术人员（PMET）职位②。

---

① Ministry of Trade and Industry. Economic survey of Singapore 2022 [EB/OL]. (2023–02) [2023–06–05]. https://www.mti.gov.sg/Resources/Economic-Survey-of-Singapore/2022/Economic-Survey-of-Singapore-2022.
② 数据来自新加坡人力部，https://www.straitstimes.com/singapore/politics/spore-could-lose-investors-firms-and-jobs-for-locals-they-bring-if-it-turns。

新加坡为什么对国际资本、跨国企业和全球的精英人才这么有吸引力？这是因为新加坡以全球化定位为战略，设计了一套一个小岛国家如何在全球化时代获益的机制，吸引跨国企业设立区域总部是其中关键环节。

## 打造优良的营商环境，吸引大量跨国企业

> 新加坡向来是，并将永远作为跨国企业的中间人，我们提供优越的环境和优越的服务。没了这些，我们就完了。①
>
> 我们得时时保持竞争力，灵活且迅速地因应新的实际情况。……我们在过去几十年奠下了很好的优势：……法治制度完善，尊重知识产权；各个领域都随时准备引进最新科技；政府廉洁且高度透明，并时时创造利于经商的环境。②
>
> ——李光耀

在第 1 章中我们说到，新加坡优越的地理位置为其提供先天优势，新加坡国土沿着世界主要的贸易和航运路线，是著名的运转中心和贸易海港，海运和空运业十分发达，是世界交通枢纽属性最强的国家之一。不过，绝佳的连通性只是吸引跨国公司的基础之一。要吸引跨国公司建设总部经济，需要有对跨国企业友好的营商环境，其中包括与英美接轨的可靠法治环境、优惠的税收制度、高效便捷的营商服务、资本和信息的自由流动等。在 2020 年

---

① 新加坡国家档案馆. 李光耀执政方略 [M]. 北京：人民出版社，2015：36.
② [ 新加坡 ] 李光耀. 李光耀观天下 [M]. 北京：北京大学出版社，2015：196-197.

世界银行发布的营商环境便利度排名中,新加坡排名全球第二,仅次于新西兰;而在美国传统基金会(The Heritage Foundation)2022年全球最自由经济体排名中,新加坡综合得分高居第一位。相关内容见表2.1-2.2。

表2.1 不同指标下新加坡在全球、亚洲各国中的排名

| 指标 | 排名 | 来源 |
| --- | --- | --- |
| 全球营商环境排名 | 第1名 | 世界银行《2020年营商环境报告》 |
| 全球最佳营商环境排名 | 第1名 | 《经济学人》智库(The Economist Intelligence Unit)在2023年发布的未来5年最佳营商环境预测 |
| 全球最自由经济体排名 | 第1名 | 美国传统基金会(The Heritage Foundation)发布的2022年经济自由度指数(Index of Economic Freedom) |
| 全球竞争力排名 | 第1名 | 世界经济论坛(World Economic Forum,WEF)《2020年全球竞争力报告》 |
| 亚洲创新指数排名 | 第2名(全球第8名) | 康奈尔大学、欧洲工商管理学院(INSEAD)及世界知识产权组织发布的《2021年全球创新指数报告》 |
| 全球低投资风险国家排名 | 第1名 | 欧元国家风险(Euromoney Country Risk)2019年第三季度国家风险调查(Country Risk Survey) |
| 亚洲国家法治指数排名 | 第1名(全球第12名) | 世界正义工程(World Justice Project)发布的2021年法治指数(Rule of Law Index) |
| 全球人才最具吸引力国家排名 | 第2名 | 欧洲工商管理学院发布的《2021年全球人才竞争力指数》 |
| 全球外国直接投资流入量排名 | 第4名 | 联合国贸易和发展会议(UNCTAD)发布的《2021年世界投资报告》 |
| 全球政府清廉程度排名 | 第4名 | 透明国际(Transparency International)发布的2021年全球清廉指数(Corruption Perceptions Index) |

表 2.2　2021 年部分国家贸易自由度排名比较

| | | 新加坡 | 瑞士 | 美国 | 日本 | 韩国 |
|---|---|---|---|---|---|---|
| | 综合排名 | 1 | 2 | 25 | 35 | 19 |
| 法律规则 | 财产权 | 14 | 12 | 10 | 13 | 20 |
| | 司法效力 | 65 | 1 | 38 | 9 | 40 |
| | 政府诚信 | 6 | 7 | 21 | 18 | 27 |
| 政府规模 | 税收负担 | 30 | 140 | 111 | 151 | 160 |
| | 政府开支 | 19 | 103 | 131 | 136 | 44 |
| | 财政健康 | 66 | 14 | 168 | 142 | 23 |
| 监管效率 | 商业自由 | 17 | 14 | 6 | 29 | 11 |
| | 劳工自由 | 3 | 58 | 4 | 19 | 101 |
| | 货币自由 | 3 | 12 | 36 | 1 | 9 |
| 公开市场 | 贸易自由 | 1 | 5 | 70 | 68 | 86 |
| | 投资自由 | 6 | 6 | 6 | 79 | 79 |
| | 财务自由 | 3 | 1 | 3 | 37 | 37 |

资料来源：Heritage Foundation。

**宽松的准入门槛、有吸引力的税收制度**

新加坡的外资准入政策十分宽松，除少数有关社会安全、公序良俗和环境保护的行业（如国防工业、化学品、赌场等，以及污染高或附加值低的合板业及成衣业等制造业）和涉及传媒（广播、印刷媒体）、住宅产业对外国投资禁止或限制外（需取得有关部门的批准与执照），对外资的进入与运作基本没有限制，给予内资同等待遇。

此外，新加坡是世界上公司税率最低的国家之一，缴税时间成本低，而且有众多的优惠税制吸引众多外商来新加坡投资，新加坡还积极与其他国家及地区签订贸易投资便利化协定（避免双重征税协定、投资保护协定和自贸或经济伙伴协议），广泛的贸易协定网络大幅减轻了在新企业开展国际业务的税收负担，使在新加坡开展跨国业务的总部公司享有极其优惠的税负政策。

低税率、税制简单是众多跨国公司选择在新加坡设立区域总部的一个至关重要的原因。此处暂不展开讨论，我们将在第3章详述新加坡的税收优惠政策及其对新加坡实现全球化战略的重要意义。

**健全的法律架构、高效的司法制度**

> 为了在全球化过程中趋利避害，国家必须确保它们的法律制度能够促进关键因素（产品、服务、资本和知识）的全球流动。法治占据根本性的地位，因为法治能够确保国家的稳定性和可预测性，此外，各国还会形成相似的法律法规管理贸易和投资，这有助于降低交易成本，使经济活动变得更加便利。[1]
>
> ——李光耀

新加坡的法律体系致力于维护公平正义、保护投资者权益、维护商业活动的稳定和可预测性。新加坡的司法系统独立、高效，并享有良好的声誉。法院审理案件的速度快，且对国际商事争议给予了很高的关注，因此在国际商界享有较高的声誉。健全的法律架构、高效的司法制度使新加坡在吸引跨

---

[1] [新加坡]李光耀, [美]格雷厄姆·艾利森, 罗伯特·D.布莱克威尔, 阿里·温尼, 等.李光耀论中国与世界[M].蒋宗强, 译.北京：中信出版社, 2013：105-106.

国公司上具备优势。

法律体系方面，1826年英国政府授权东印度公司对新加坡的主权后，新加坡就开始使用英国的法律体系。建国后在沿袭英国法律体系的基础上做过一些调整（如1995年取消了陪审团制度），总体而言，新加坡的法律体系与欧美高度接轨，获得了跨国公司的信任。

新加坡高效透明的司法制度也备受外国公司赞誉。新加坡的商业纠纷平均解决时间为164天——全世界平均用时最短的国家（见图2.7）。新加坡还拥有全球最完善的争议解决中心，其国际商业法庭（SICC）拥有许多来自不同国家、专门审理国际商业纠纷的法学专家，SICC甚至允许外国律师在该庭的审判和上诉程序中代表其当事人；新加坡国际仲裁中心（SIAC）也是全球排名居首的仲裁机构[1]，且其仲裁程序并未对外国律师或外国律师事务所代表其当事人施加任何限制，充分为跨国公司提供便利并平等地维护其权益。

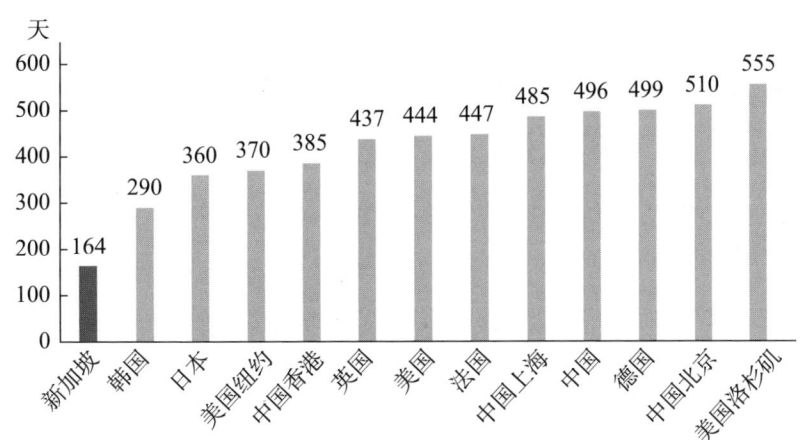

图2.7　2019年部分国家和地区法院商业纠纷平均解决时间

资料来源：世界银行。

---

[1] 英国伦敦玛丽女王大学（Queen Mary University of London）和伟凯律师事务所（White & Case）联合发布的《2021年国际仲裁调查》，是业界权威的国际仲裁调查报告之一。

此外，在法律层面，对于外商企业而言，知识产权的保护尤为重要。新加坡政府一直致力于把新加坡建成重要的区域知识产权中枢，因此十分重视知识产权的保护和鼓励，制定了一系列保护知识产权的法律法规。在新加坡国内受到保护的知识产权有专利、商标、注册外观设计、版权（著作权）、集成电路设计、地理标识、商业秘密和机密信息以及植物品种。新加坡分别制定了详尽而全面的单项法规对这些知识产权进行保护。新加坡还是众多与知识产权有关的公约和国际组织的成员，身为《保护工业产权巴黎公约》以及知识产权多项协定的签署国，新加坡能为企业提供公约规定的各项额外保障。

举例来说，获得一项专利通常需要2~4年，而新加坡是全球人工智能专利批准速度最快的国家。在新加坡的人工智能专利优先计划中，中国电子商务巨头阿里巴巴仅用3个月就获得了人工智能专利[①]。得益于此，新加坡是东南亚国家中拥有最多注册专利的国家。

因此，新加坡知识产权局（IPOS）2019年被《世界商标评论》认为是亚洲最具创新力的知识产权局，世界排名第二。新加坡还在知识产权保护方面被世界经济论坛（2020/2021年度）评选为全球第二。

**高效便捷的服务**

新加坡政府致力于打造透明、简洁、高效的经商制度和流程。新加坡经济发展局是对外招商引资和服务外商的核心机构，在美国、欧洲、日本等世界各地常设招商引资机构，派驻精通招商的专门人才长期搜集、跟踪投资信息，经常走访大型跨国公司或邀请其高管到新加坡参与大型商务论坛，通过采取个性化和精细化的招商措施，尽可能吸引国际投资者到新加

---

① 数据来自新加坡经济发展局，https://www.edb.gov.sg/cn.html。

坡投资。

为便利跨国企业的设立，新加坡政府在1961年就设立了一站式服务机构，使投资者不需要与众多的政府部门打交道。与企业经营相关的一切事务，无论是用电、用水、环保、消防还是土地等，均由一个机构统一完成。在新加坡注册公司，只需要登录新加坡会计与企业管制局（ACRA）网站按要求注册即可。材料齐全的情况下，几分钟就可以完成设立程序。新加坡各类园区还建立了覆盖项目引进报批、项目投产和产品销售、投资后回访等全过程的服务体系，服务内容已经从企业入驻的流程服务拓展到一系列相关配套服务，包括为投资者提供医疗教育、金融法律咨询、娱乐休闲等。

高效便捷的服务沿袭至今，目前，新加坡政府还在不断努力通过简化行政程序和引入数字化解决方案来优化营商环境并提高办公的效率和便捷性。根据世界银行的统计，在新加坡在线注册一家公司只需15分钟，在新加坡设立一家公司所需的平均时间为1.5天，远高于地区平均水平（25.5天），且公司注册成本仅需315新加坡元，最低注册资本仅1新加坡元[①]。新加坡目前已成为全球开办企业效率最高的国家/地区之一。

**资本和信息的自由流动**

资本自由流动是总部经济的必要条件。新加坡在20世纪80年代便取消了外汇管理，外汇可以自由汇入或汇出，资金可以通过分级机构利润、股息、利息、特许权使用费、服务费等各种方式自由汇出，跨国企业的利润汇出无限制且无涉及股息的预扣税，豁免资本利得税（见图2.8）。并且新加坡准许外国跨国公司包括银行、保险公司、证券公司和金融机构在新加坡设立分行

---

[①] 数据来自新加坡经济发展局，https://www.edb.gov.sg/cn.html。

和办事处。

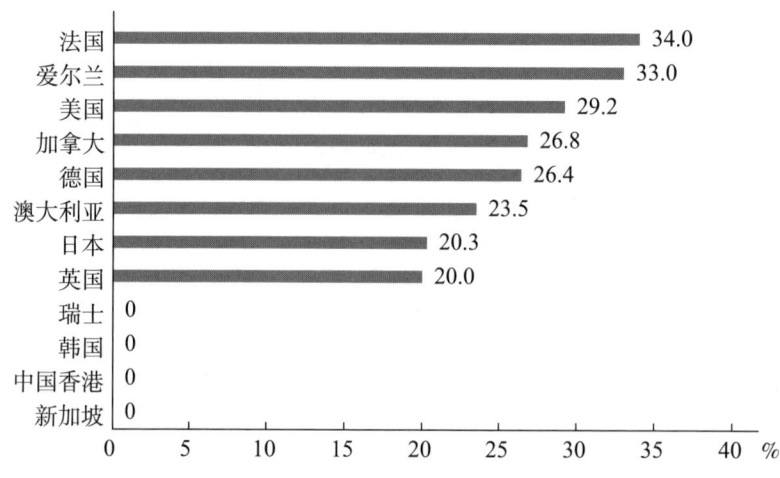

图 2.8 长期资本利得税税率（部分发达国家和地区，最高适用税率）

资料来源：OECD 数据库。

跨境资本的自由流动，在方便跨国企业的同时使得新加坡成为区域和全球资金的停留地和中转站，是塑造其成为区域金融中心的必要因素。新加坡是全球第三大外汇交易市场，在财富管理市场的竞争力方面位居全球第二[1]。

## 打造宜居生活环境，积极吸引国际人才

从全世界搜罗人才对新加坡的持续发展至关重要，如果我们不面对挑战，新加坡将成为一个只有几百万人口的无足轻重的城市。[2]

——新加坡前总理、国务资政吴作栋

---

[1] 德勤. 2021 年德勤国际财富管理中心排名报告 [R]. 北京：德勤中国，2021.
[2] 吴作栋在新加坡国庆群众大会上的致辞，2001 年 8 月 19 日。

为实现其全球化定位，新加坡不仅在吸引外资和跨国公司方面有诸多举措，对于吸纳国际人才，新加坡也有其专业与积极的做法，在相关的措施上，从签证、居留、税务及生活方面都有"一条龙"式的完整配套。在吸引人才方面，新加坡具有环境优美、治安良好、语言障碍小、高薪且税收优惠、护照免签世界第一、国际教育发达、医疗体系完善等各方面的优势。根据欧洲工商管理学院（INSEAD）、人力资源领导力研究所（Human Capital Leadership Institute）和波特兰研究所（Portulans Institute）联合发布的2022年全球人才竞争力指数（Global Talent Competitiveness Index，GTCI），新加坡在全球人才竞争力排名中位居第二，仅次于瑞士。在过去的5年，新加坡蝉联全球人才竞争力排名前三，对国际人才具有极高的吸引力。相关内容见表2.3。

表2.3 2022年全球人才竞争力指数：全球排名前十国家

| 国家 | 综合排名 | | 六大指标排名 | | | | | |
|---|---|---|---|---|---|---|---|---|
| | 全球 | 区域 | 增进（Enable） | 吸引（Attract） | 培育（Grow） | 留才（Retain） | 中阶技能（VT skills） | 高阶技能（GK skills） |
| 瑞士 | 1 | 1 | 1 | 3 | 4 | 1 | 2 | 7 |
| 新加坡 | 2 | 1 | 5 | 2 | 2 | 36 | 3 | 1 |
| 丹麦 | 3 | 2 | 2 | 7 | 7 | 3 | 5 | 8 |
| 美国 | 4 | 1 | 3 | 21 | 1 | 23 | 1 | 9 |
| 瑞典 | 5 | 3 | 6 | 11 | 12 | 4 | 11 | 5 |
| 荷兰 | 6 | 4 | 7 | 10 | 3 | 7 | 12 | 12 |
| 挪威 | 7 | 5 | 8 | 14 | 11 | 5 | 4 | 4 |
| 芬兰 | 8 | 6 | 4 | 9 | 15 | 2 | 6 | 14 |
| 澳大利亚 | 9 | 2 | 16 | 5 | 6 | 10 | 34 | 6 |
| 英国 | 10 | 7 | 13 | 13 | 5 | 12 | 36 | 2 |

资料来源：2022年全球人才竞争力指数报告。

## 全面而完善的配套措施

……更重要的是,我们学会了如何创造条件,让(外国)投资者有信心,让外国人和他们的家庭觉得在新加坡生活很安全。①

吸引人才要有国际眼光,用最高的工资吸引顶尖人才,才能让全球人才带来全球观念。②

——李光耀

从整体商业及生活环境来看,新加坡是外派企业人员眼中生活品质优异的亚洲国家之一。新加坡为外国企业家、投资者和本地商业牵线搭桥,并在其办理入境、居住等手续时提供各种便利。根据全球人力资源研究机构 ECA 国际的调查,新加坡是亚太地区最适合居住的地点之一。

从居住生活的性价比来看,新加坡是全球劳工平均薪酬最高的国家之一,位列亚洲国家之首(见图 2.9)。此外,新加坡对高端人才采取灵活的税收安排,在新加坡居留或者工作少于 183 天的外籍人才最低可适用 15% 的税率,引进人才及其直系亲属和配偶还可享受一定类别的税收减免(如按"在新居留时长"缴税)和一定年限的税收优惠。居住成本方面,新加坡的私人住宅平均价格约为每平方米 1.43 万新加坡元(2022 年 1 月,约合人民币 6.74 万元)③,虽然居于全球各城市房价的高位,但仅为中国香港的一半左右,永久居民还可购买新加坡组屋。

同时,新加坡教育水平领先,国际学校名额充足。总体而言,相比区域

---

① 李光耀在巴黎与道达尔国际咨询委员会会面时的讲话,2012 年 9 月 21 日。
② 李光耀在国庆群众大会上的讲话,1989 年 8 月 21 日。
③ 数据来自居外网统计,https://baike.juwai.com/322362。

内的直接竞争者中国香港，新加坡因其更高的宜居程度对高端人才颇具吸引力。

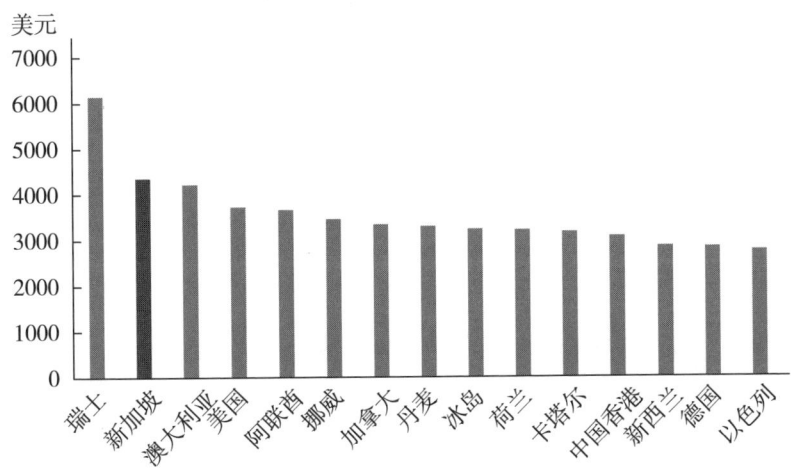

图 2.9　2023 年全球 Top15 国家和地区平均月薪排名

资料来源：CEO WORLD。

**打造花园城市，创造宜居生活环境**

独立后，我千方百计要找出引人注目的方法，以向世人显示新加坡跟其他第三世界国家不一样。最后，我选定了一个把新加坡打造成为清洁又葱翠的城市的计划。我的策略之一是使新加坡成为东南亚的绿洲，达到世界第一的水平，使来自发达国家的商人和旅客，把这里当成到本地区进行商业和旅游活动的基地。①

——李光耀

---

① 新加坡国家档案馆. 李光耀执政方略 [M]. 北京：人民出版社，2015：107-108.

生活环境方面，李光耀在新加坡独立后就提出了"花园城市"的设想，打造"花园城市"不仅是为本国人民创造干净整洁的生活环境，其中也蕴含着李光耀实现国际化战略的规划，他认为"如果新加坡能够变得清洁又绿化，将会更具竞争优势，能吸引外资与旅客"①，目前，新加坡绿化面积占国土面积的45%，绿化覆盖率在80%以上②。绿色宜居的优美环境也成为吸引外籍人才的重要因素之一。

## 双语政策为新加坡的全球化战略增添优势

正是由于新加坡这种独特的双语优势，才使得新加坡在不丢失文化传统及华文这个大市场的基础上又能够与世界自由对话，实现充分的国际化。③

要是我们当初选择用华语，我国经济不可能起飞并达至现在的成就，因为在世界其他地方的第一或第二语言都是英语，而当时中国无法让我们的经济达到这样的水平。就连崛起中的中国也不能帮助我们取得这样的经济成就，是英语让我们取得今日的繁荣。④

——李光耀

除上述的大力吸引国际资本与人才的大量系统的、精心的、具体的制度设计外，新加坡全球化战略成功还有一个不可忽视的原因，那就是语言优势。

---

① 新加坡国家档案馆.李光耀执政方略[M].北京：人民出版社，2015：107.
② 数据来自 apfnet, https://www.apfnet.cn/plus/view.php?aid=4373。
③ 新加坡国家档案馆.李光耀执政方略[M].北京：人民出版社，2015：88.
④ 新加坡国家档案馆.李光耀执政方略[M].北京：人民出版社，2015：79.

语言是文化的载体和沟通的工具，新加坡独立早期就决定在极大的阻力下推行双语政策，其中一个核心的考量就是为其全球化定位增添优势。

新加坡的双语政策是指将英语作为沟通和商务语言，同时保留原本的母语（因新加坡华族占比高，多为华语）作为本土文化和传统的象征。双语政策是新加坡成功的重要基石之一，它对新加坡政治、经济和社会的发展具有重大作用，对新加坡在经济方面实现国际化尤其重要。英语作为国际通用语言，为新加坡提供了与世界各地进行交流和合作的重要工具。通过广泛使用英语，新加坡能够更好地融入全球经济和国际社会，英语的普及也使新加坡的居民能够更容易地与外国人交流合作，成为吸引外国投资和跨国公司的重要优势。此外，掌握华语也是西方资本选择新加坡作为进入中国市场的主要门户的原因之一。双语优势为其连接世界上最重要的经济体提供助力，帮助新加坡在国际经济合作和区域事务中发挥桥梁和中介作用。

## 小结

作为一个小小岛国，新加坡虽然没有丰富的自然资源和庞大的国内市场，但通过制定全球化的发展战略，实施高度开放的经济政策，其成功地将自己打造成一个国际贸易、金融、商业和创新中心。新加坡的全球化定位使其成为跨国公司的总部所在地，吸引了大量国际投资和人才流入，为新加坡带来了资金、技术、管理经验等全方位的支持，使新加坡实现经济腾飞。

新加坡的经济腾飞显然和其在全球化时代扮演的重要角色密不可分，我们可以把这种角色简单地概括为"总部经济"：吸引外资企业、跨国企业把新加坡当作其区域总部、全球总部或者其他性质的重要商业据点，从而为新加坡带来投资、就业、税收、发展金融服务的机会等方面的巨大价值。

发展总部经济需要建立两个方面的竞争优势，一是在企业层面的吸引力：法治环境、政府施政效率、资本和信息的自由流动等营商环境、企业税费等经营成本。二是对高端人才的吸引力：收入水平、生活环境（居住条件、教育条件、城市建设等）。

可以说，新加坡在这两个方面都做得极其优秀，这从全球各大机构的"营商环境""法治指数""清廉程度""贸易自由度""全球人才吸引力"等榜单的排名上可见一斑。

# 第 3 章

# "税收洼地"模式是其全球化定位的重要构成

新加坡是个典型的小国,但如我们在前面章节所讨论的,其在全球经济中的地位非常重要,吸引了大量的跨国公司在新加坡开展业务,甚至将新加坡作为亚太总部或全球总部。核心原因在于新加坡打造了优良的营商环境,而其中的"税收洼地"战略非常重要,值得单独讨论。

在全球化时代，企业、资本、精英人才等在一定程度上可以跨国流动，尤其是跨国企业往往会根据对市场机会、运营成本等的考量在不同的国家间进行业务的发展和资源的分配。从吸引优秀企业的角度来看，国家与国家之间存在竞争关系；国家对企业的吸引力涉及很多方面，如第2章讨论的法律体系、营商便捷度等，除此之外，税收环境也是企业考虑的重要方面。

## 新加坡的"税收洼地"战略

新加坡能吸引跨国公司的一个极其重要的原因在于其多方位的"税收洼地"优势。新加坡的企业所得税税率在过去20年间多次下调，2005年由22%调整为20%，2008年下调为18%，2010年进一步下调为17%并持续至今，这比大部分主要经济体要低：中国的企业所得税税率为25%；美国2018年开始实施《减税和就业法案》，将联邦层面的企业所得税税率从35%大幅降至21%，但各州对企业经营也要征收企业所得税，综合而言，美国的企业所得税税率约为25.8%；日本的综合企业所得税税率为29.7%（其中中央税率为23.2%）；德国的综合企业所得税税率为29.9%（其中中央税率为15.8%，地方税率为14.1%）。相关内容见图3.1。

从更大的范围来比较，新加坡的企业所得税税率也低于经济合作与发展组织（OECD）国家的平均水平（2020年为21.5%）。而亚太地区比新加坡所得税税率低的主要经济体只有中国香港（16.5%）[1]，但是新加坡有多种对企业的税收优惠政策和财务补贴政策，更拉低了实际的企业所得税税率（有

---

[1] 以上税率数据均来自OECD数据库。

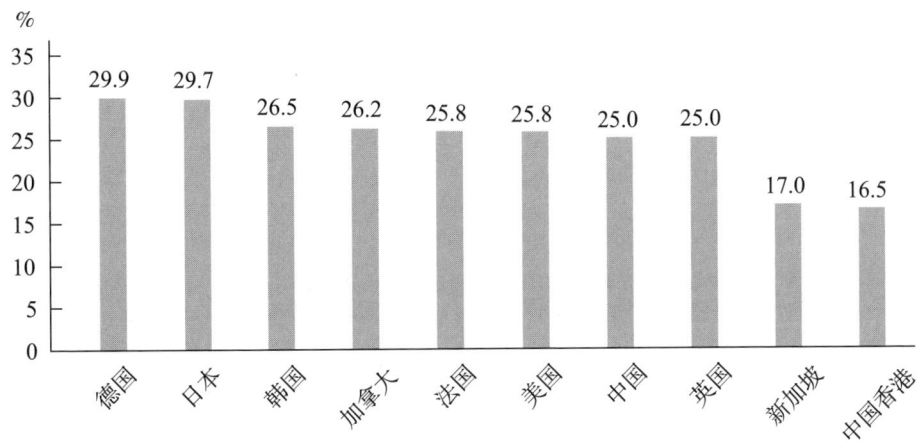

图 3.1 2022 年部分国家和地区法定税率

资料来源：OECD 数据库。

效企业所得税税率）。比如，符合条件的区域或全球性贸易公司可以适用 5% 或 10% 的优惠企业税率；符合条件的金融企业，可享受 5%、10%、12% 或 13.5% 的企业所得税优惠税率；符合条件的财务管理公司可享受 8% 的企业所得税优惠税率；很多公司的研发费用、知识产权收入可享受 100% 甚至更多的税务抵扣和奖励。

对于总部经济来说，新加坡更是有着相当力度的所得税优惠。对于把区域总部设立在新加坡的公司来说，在特定时期内可享受 15% 的优惠税率；而对于把国际总部设在新加坡的企业来说，则可享受 0~10% 的企业所得税优惠税率。优惠幅度取决于新加坡总部在该公司中的重要性，参考因素包括雇员数量、企业的开支和雇员的质量等（见表 3.1）。

表 3.1　2022 年新加坡主要税收优惠及资金补助政策[①]

| 优惠 / 补助计划 | 目的 | 税收优惠 / 资金补助具体内容 |
| --- | --- | --- |
| 区域总部 / 国际总部计划（RHQ/IHQ） | 鼓励跨国企业在新加坡设立区域总部或国际总部 | 区域总部设在新加坡的企业在新加坡以外的符合要求的收入，可享受 15% 的优惠所得税税率，期限至少 3 年，若在第 3 年符合最低要求，则将继续获得 2 年优惠。国际总部设在新加坡的企业，其符合要求的收入可享受 5%~15% 的优惠所得税税率，期限为 5~20 年。具体优惠企业可与新加坡经济发展局进行商谈，经济发展局会根据公司规模和对新加坡的贡献为企业量身定做优惠配套 |
| 全球贸易商计划（GTP） | 鼓励跨国公司在新加坡建立基地以进行或管理其区域性的或全球性的贸易活动 | 在新加坡建立国际贸易活动的跨国公司，其符合资格的有关特定商品（包括电子和电气商品、消费产品、建筑和工业材料、工业产品、能源商品和产品、农产品和散装食用产品、矿产品、机械组件）的收入可享受 5% 或 10% 的企业所得税优惠税率（入门优惠为期 3 年，可申请续期至 5 年） |
| 金融与资金管理中心（Finance & Treasury Centre，FTC）税收优惠 | 鼓励企业提升财务管理能力，将新加坡作为其对地区内关联企业进行财务管理活动的基地 | 企业符合条件的财务管理服务收入可享受 8% 的优惠税率，优惠期为 5 年，可视企业扩大财务管理服务的程度予以延长。企业偿还给银行及受承认网络公司（供 FTC 活动用途）的贷款的利息付款可豁免预扣税 |
| 企业研究奖励计划（Research Incentive Scheme for Companies，RISC） | 鼓励企业在新加坡设立研发中心 | 符合条件的企业通常可获得核准成本的部分费用补贴，拨款幅度则视个别核准成本项目而定。补助范围和最高补助比例包括劳动力成本的 50%、器材和材料发给的 30%、专业服务的 30%、知识产权费用的 30%，以报销的形式支付给获补贴的公司 |

---

[①] 资料来源：新加坡经济发展局、中国商务部《中国居民赴新加坡共和国投资税收指南》。

续表

| 优惠/补助计划 | 目的 | 税收优惠/资金补助具体内容 |
|---|---|---|
| 先锋企业优惠（Pioneer Certificate Incentive，PCI） | 鼓励企业积极从事促进新加坡经济和科技发展的经营活动 | 有先锋企业（包括制造业和服务业）称号的公司，符合规定的可享受至少5年免征公司所得税的优惠待遇（视企业的相关领域扩张情况可予以延长）。先锋企业需在某一行业引入高于新加坡平均水平的技术，且需在此开展其他企业未曾开展的、能对经济发展产生实质性贡献的开创性活动，具体由新加坡经济发展局界定 |

2016年，全球半导体巨头博通被总部在新加坡的安华高科技（Avago Technologies，其是由银湖资本和KKR等财团2005年从安捷伦科技收购的半导体业务发展而来）以370亿美元收购。收购后公司成为新博通，博通的总部也就从美国变为新加坡。由新博通2017年财报可知，该年新博通营收176.4亿美元，税前利润18.3亿美元，而其企业所得税仅为3510万美元。也就是说，该年其实际所得税税率仅为1.9%，远低于新加坡17.0%的法定企业所得税税率。根据其财报披露，其中的大部分差异来自税收优惠（13%），从中可以窥见新加坡低税负对总部经济的强大吸引力[1]。

此外，新加坡还不征收资本利得税，这对跨国公司也有巨大的吸引力，在处置一笔投资收益时，相比在有资本利得税的国家（如美国15%、中国20%、韩国30%、丹麦42%[2]），这些公司的实际所得差异巨大。

在符合条件的情况下，新加坡公司的境外子公司汇回股利时可以免征股利税，这让很多跨国公司乐意将新加坡公司作为资金枢纽，把股利留存在新加坡，避免直接分红回母国总公司缴纳股利税。

---

[1] 2018年博通将总部搬回了美国，恰逢美国2017年税改，企业所得税税率降低，且博通当时计划收购美国另一芯片巨头高通，将总部迁回美国有助于缓解美国政府对国家安全和技术领先地位的担忧，从而促成收购案的通过。

[2] 数据来自OECD数据库。

新加坡还和50多个国家和地区签署了避免双重税收协定（DTA），避免跨国公司被双重征税的问题，降低了企业成本。

在吸引跨国企业的同时，还应提升对跨国企业所需的高端人才的吸引力。所以除这些极具吸引力的企业税收政策设计外，新加坡还设定了优惠的个人所得税税率。新加坡个税实行累计税率制，最高档仅为22%，显著低于美国税改后的37%，以及英国、德国、中国等很多国家选定的最高档45%[1]。举例而言，根据我们的简单测算，对于一个已婚并有一个孩子、年收入为16万新加坡元的中年人来说，考虑养育子女免税额、供养父母免税额等的影响后，其一年大约需要缴纳1.4万新加坡元的个人所得税，这一数字大约是在上海工作的同样收入者缴纳个税的一半。另外，新加坡自2008年起取消了遗产税，这对跨国企业高管等一些高净值人士也有很大的吸引力。

概括而言，新加坡构建了一套税收体系，其在企业税负和个人税负层面相较于其他国家和地区形成了"税收洼地"，吸引跨国企业在新加坡开展业务，也吸引高净值人士来新加坡工作和生活，既搞活了经济，又扩大了税基。此外，新加坡的税收制度简单明确、稳定透明，新加坡税务局（IRAS）给予了清晰的指导和解释，税务申报程序简单、自动化程度高，税务争议的解决通常友好、高效，税务管理方面也非常优秀，减少了企业的税务工作成本，降低了企业税务合规风险，深受跨国公司的欢迎。

## 世界上其他的"税收洼地"

"税收洼地"和低税率不能完全画上等号。有些国家和地区虽然企业所得税税率低，但对外来资本和跨国企业有诸多投资限制，对资本的流动有严格

---

[1] 数据来自OECD数据库。

的管理。这种情况下仅低税率并不能起到高效吸引税基的效果。例如，阿联酋和卡塔尔等国的企业所得税税率比新加坡还要低，但吸引外资的效果远比不上新加坡。

一般而言，要达到"税收洼地"的效果，不仅税率要有吸引力，还要提供第2章重点讨论的对全球化和外来资本友好的环境，包括接轨的法律体系、资本的自由流动等。全球有很多小型国家和地区采取了这一模式，（见表3.2）。

表 3.2 美国国会研究处列出的全球 50 个"税收洼地"[1]

| 加勒比海/西印度群岛 | 安圭拉、安提瓜和巴布达、阿鲁巴、巴哈马、巴巴多斯、英属维尔京群岛、开曼群岛、多米尼加、格林纳达、蒙特塞拉特、荷属安的列斯群岛、圣基茨和尼维斯、圣卢西亚、圣文森特和格林纳丁斯、特克斯和凯科斯群岛、美属维尔京群岛 |
| --- | --- |
| 中美洲 | 伯利兹、哥斯达黎加、巴拿马 |
| 东亚海岸 | 中国香港、中国澳门、新加坡 |
| 欧洲/地中海 | 安道尔、海峡群岛（根西岛和泽西岛）、塞浦路斯、直布罗陀、马恩岛、爱尔兰、列支敦士登、卢森堡、马耳他、摩纳哥、圣马力诺、瑞士 |
| 印度洋 | 马尔代夫、毛里求斯、塞舌尔 |
| 中东 | 巴林、约旦、黎巴嫩 |
| 北大西洋 | 百慕大 |
| 太平洋、南太平洋 | 库克群岛、马绍尔群岛、萨摩亚、瑙鲁、纽埃、汤加、瓦努阿图 |
| 西非 | 利比里亚 |

---

[1] Congressional Research Service. Tax havens: international tax avoidance and evasion [EB/OL]. (2022-01-06) [2023-09-08]. https://sgp.fas.org/crs/misc/R40623.pdf.

### 吸引企业的"税收洼地"

中国香港、爱尔兰也采用类似新加坡的战略,都是通过优越的营商环境和较低的企业所得税税率吸引大量跨国公司入驻,进而带动当地的商业活动。

中国香港和新加坡不仅战略类似,甚至在亚太地区形成了直接竞争关系。中国香港和新加坡在地理位置、历史文化和经济地位上有太多的相似性:都属华人社会,中国香港华人占91.6%[1],新加坡华人占75.7%[2];都是关键的交通枢纽;曾同列"亚洲四小龙";发展至今,还同为国际航空枢纽中心、国际金融中心……都是跨国商业机构在亚太地区设立区域总部或分支机构的首选之地。

在不少机构的各类评比中,中国香港和新加坡竞争激烈,在权威机构英国智库Z/Yen集团发布的"全球金融中心指数"排名中,第3名和第4名一直在中国香港和新加坡之间交替。有些机构还专门对这两个城市进行了比较分析,以向有关商业机构的投资决策提供参考服务。

事实上,中国香港和新加坡在争夺跨国公司区域中心和吸引世界各地的高端人才方面,一直存在激烈的竞争。两地都通过"税收洼地"策略来吸引跨国公司入驻,因此在税收优惠方面的竞争尤为明显、激烈。

两地都广泛地与其他国家签订双重征税协定(新加坡88个[3],中国香港40个[4]),都基本零关税(特定商品除外),也都没有针对企业和个人

---

[1] 数据来自香港民政事务总署统计,https://www.had.gov.hk/rru/tc_chi/info/demographics.htm。
[2] National Population and Talent Division, Strategy Group, Prime Minister's Office. Population in brief 2022 [EB/OL]. (2022-09-27) [2023-06-05]. https://www.strategygroup.gov.sg/files/media-centre/publications/Population-in-Brief-2022.pdf.
[3] 数据来自Acclime,https://singapore.acclime.com/guides/double-tax-agreements/。
[4] 数据来自Guideme HongKong,https://www.guidemehongkong.com/business-guides/supporting-a-business/hong-kong-double-tax-treaties-guide。

的资本利得税。中国香港和新加坡的个人所得税最高档税率分别为15%和22%，远低于主要发达国家。企业所得税方面，2007年新加坡将企业所得税降至18%——与中国香港相同，中国香港紧接着在同年将企业所得税降低至16.5%（见图3.2）。此外，2005年中国香港废除了遗产税，新加坡也在2008年废除了遗产税。

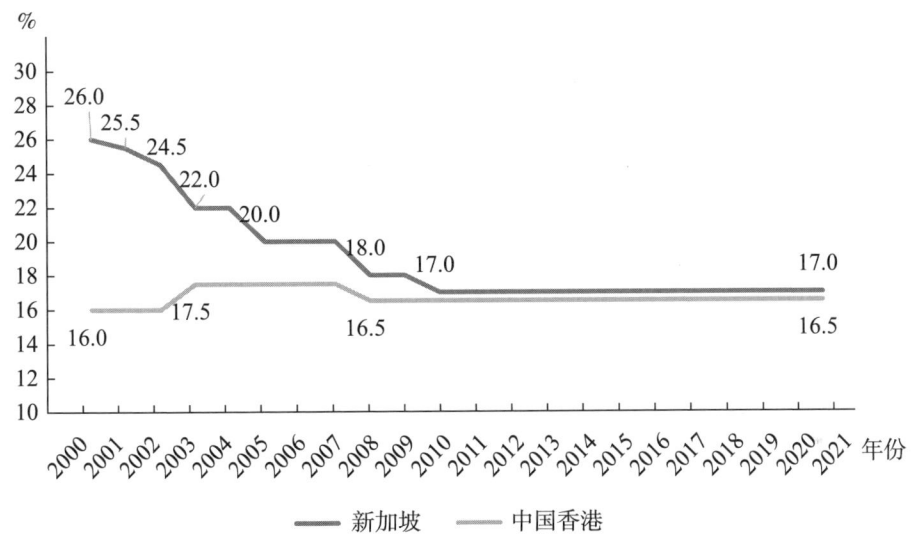

图 3.2　2000—2021年新加坡和中国香港法定企业所得税税率变化
资料来源：OECD数据库。

爱尔兰也是全球著名的"税收洼地"，从2003年开始，爱尔兰的标准企业所得税税率降到12.5%，属发达国家中最低（特殊的企业如制造业和都柏林国际金融服务中心内的金融公司税率保持10%，被动收入①的公司税率为25%）；而且大型跨国企业可以通过爱尔兰的全球双边税收协定获得更低的税率。"税收洼地"效应吸引了很多跨国巨头（如苹果、谷歌、微软和

---

① 涵盖投资收入（如买卖资产的收入）、房地产租金收入、外贸净利润、某些土地交易收入以及爱尔兰石油、天然气和矿产开采收入。

Facebook 等）在爱尔兰设立海外或欧洲总部，也使爱尔兰成为全球飞机租赁中心和欧盟最大的跨境人寿保险提供地。2022 年企业所得税占爱尔兰税收的 27.5%①，相比 2020 年 OECD 平均水平（9%②）高出 18.5 个百分点，其中外国企业缴纳了爱尔兰 86.5% 的企业所得税（来自美国的十大科技、医药跨国企业贡献了爱尔兰企业所得税的 60%③），雇用了 33% 的爱尔兰劳动力，缴纳了工资税的 52%④。爱尔兰凭此优势取得了亮眼的经济表现，2012—2022 年爱尔兰的 GDP 复合增速为 9.9%，远高于欧盟的 1.3%⑤。

然而爱尔兰的"税收洼地"策略引起了美国和欧盟政府的注意，其中最著名的是苹果公司退税案。2013 年美国国会发布报告称，爱尔兰是苹果避税策略的核心，苹果公司在爱尔兰的业务 10 多年来可以享受不到 2% 的所得税税率，从 2009—2012 年避免向美国政府缴税超过百亿美元。2016 年欧盟委员会调查得出结论，2003 年苹果缴纳的欧洲利润所得税税率实际为 1%，2014 年缴纳的实际税率更低至 0.005%⑥。欧盟否定爱尔兰政府与苹果公司的税负协议，裁定苹果公司需补缴税款 130 亿欧元，但爱尔兰政府认为"欧盟委员会针对苹果的裁定出于政治动机，旨在动摇爱尔兰的低企业税率"，随后其和苹果公司进行上诉并成功促使欧盟下级法院撤销裁定⑦。这一事件中，爱尔兰政府的反应令人玩味，体现了"给钱也不要"的态度，因为爱尔兰政府

---

① 数据来自 Revenue Research of Ireland Corporation Tax—2022 payments and 2021 returns (revenue.ie)。
② 数据来自 OECD Corporate Tax Statistics publication fourth edition Corporate Tax Statistics: Fourth Edition (oecd.org)。
③ 数据来自 Irish Times The State's top 10 corporate taxpayers: who are they?—The Irish Times。
④ 数据来自 Revenue Research of Ireland Corporation Tax—2022 payments and 2021 returns (revenue.ie)。
⑤ 数据来自世界银行数据库，https://data.worldbank.org.cn/。
⑥ 数据来自 BBC 新闻欧盟：苹果公司需向爱尔兰补交百亿税金—BBC News 中文。
⑦ 目前，相关的法律程序仍在进行中，2023 年欧盟竞争监管机构向欧盟最高法院欧洲法院提出上诉，请求其推翻下级法院的裁决。

清楚地知道,其"税收洼地"策略带来的价值要远大于130亿欧元。

## 吸引高净值人士的"税收洼地"

除了靠"税收洼地"吸引跨国企业,有的国家则是利用较低的个人所得税或极佳的隐私保护,吸引全球高净值人士移民。典型的国家有瑞士和摩纳哥,瑞士和摩纳哥移民富豪占该国全部10亿美元富豪的一半以上。

以摩纳哥为例,摩纳哥政府不征收个人所得税,因此吸引了数量可观的富裕避税移民。但为获得当地的永久居留权,每年需要停留183天,这就需要购买(或在某些情况下租赁)当地的房产、进行各种消费等,进而拉动了摩纳哥当地的房地产、旅游和相关服务业的发展。除了较低的税率,瑞士制定了金融隐私法律,规定在未经授权的情况下披露客户信息是违法的(除非有重大犯罪嫌疑),并赋予银行独特的自由裁量权。瑞士的银行储藏着世界上最富有人群的财产,2021年瑞士人均财富69.6万美元(成人),全球第一,其次是美国(57.9万美元)和中国香港(55.3万美元)①。另外,瑞士各州可以自行设定税率,某些州的公司税率全球最低,如在楚格州法定税率约为11%,聚集了嘉能可等重量级跨国公司。

## 极端的"避税天堂"

更有一些极端的"税收洼地",也就是我们常说的"避税天堂"。常见的避税天堂包括开曼群岛、百慕大、英属维尔京群岛(BVI)、根西岛和泽西岛等。避税天堂对境外来本地注册的公司均不征税,且监管大多较为宽松,注册简便、隐私性好。这些国家和地区为吸引外国资本流入、繁荣本地经济,

---

① 数据来自 Which countries are the richest based on median wealth per adult?—CEO WORLD magazine。

会在本国或本地区确定一定范围，允许境外人士在此投资和从事各种经济、贸易和服务活动，获取收入或拥有财产而又不对其征直接税，只是象征性地收取少量年费，而对于避税地本身来说，庞大的注册公司基数使得其收取的年费变得相当可观。

以英属维尔京群岛为例，在当地注册成立的公司，最少仅需一位年满18岁的股东，保证公司的绝对个人私有权；当地政府保护股东利益，不需公布受益人身份；公司股东资料无须披露；不需会计师的审核报告；没有任何外汇管制，对于任何货币的流通都没有限制；岛上企业在世界各地均可开立银行账户；注册资本为认购形式，无须实质注入公司。

另一个典型的例子是开曼群岛，开曼群岛是彻底的"税收洼地"，完全没有直接税，即没有任何公司税、所得税、资本利得税、遗产税和赠与税等，但开曼群岛按购买力平价调整后的人均 GDP 接近世界前 10 名的水平。很多中概股公司在开曼群岛注册，与其他避税港相比，开曼群岛对于公司的注册和监管体系更为完整，为全球大部分地区的证券交易所认同，更容易上市，因此对于准备海外上市的公司来说，在开曼群岛注册公司成为海外注册的首选。通过低税率吸引世界各国投资者来此注册公司，开曼政府所获益之处不仅是收取了大量注册费用，还带动了当地的金融业和旅游业的发展。2023 年第一季度开曼群岛财政收入为 1620 万美元，其中公司注册费占比 13%、工作许可证等移民费用占比 6%、基金银行信托合计占比 29%、旅游住宿占比 4%[①]。

这种策略的参与者有一个共同的特点：都是经济规模较小的国家和地区，大国则无法在整个国家运用同样的策略（除非建立特区），因为超低税收必然带来整个国家收支的不平衡。

---

① 数据来自开曼群岛政府官网，https://gazettes.gov.ky/portal/pls/portal/docs/1/13264560.PDF。

## "税收洼地"模式的争议及全球的协调应对

### "税收洼地"模式的争议

这种被很多小型经济体使用的"税收洼地"模式，帮助其在全球版图中立足发展，但这种模式的本质是"税收洼地"国家以低税率从大国手中争夺税源。这种低税率的竞争使得跨国公司可以进行税收套利，它们可以将利润转移到税率更低的国家，达到少缴甚至不缴公司所得税的目的。但很多国家和地区的财政收入因此遭受损失。

据联合国估算，每年全球各国因跨国公司利润转移行为损失的税收达到5000亿~6000亿美元[1]。美国加州大学伯克利分校和丹麦哥本哈根大学的研究发现，由于跨国公司向国际"税收洼地"进行利润转移，德国、英国、法国和美国分别损失了26%、25%、22%和19%的企业所得税收入[2]。OECD的研究显示，美国跨国公司海外利润簿记在"避税天堂"的比例由2000年前后的30%提高到2019年的60%。[3]

一个国家有根据自身情况制定任意税率的权利和自由，企业受低税率吸引来这个国家开业营商看上去也是合理的商业逻辑。但现实世界呈现更复杂的利益影响和博弈：国家之间的税率落差会引发国家间税基侵蚀和利润转移（Base Erosion and Profit Shifting, BEPS），BEPS指跨国公司利用不同国

---

[1] CRIVELLI, ERNESTO. RUUD A. de MOOIJ, MICHAEL KEEN. IMF working paper : base erosion, profit shifting and developing countries[R].Washington, DC: International Monetary Fund ,2015.

[2] Thomas Tørsløv and others, The Missing Profits of Nations, The Review of Economic Studies[R]. [S.l:s.n], 2022. 1499–1534.

[3] OCED. Corporate tax statistics: fourth edition. [R/OL]. (2022-10-17) [2023-05-28]. https://www.oecd.org/tax/tax-policy/corporate-tax-statistics-fourth-edition.pdf.

家或地区的税制差异和规则错配，将利润从高税率国家转移到低税率或无税国家，从而减轻跨国企业的全球税务负担。

税基侵蚀和利润转移行为中最重要的做法是转移定价：跨国公司通过调整关联交易的价格，将利润转移到低税率国家。例如，高税率国家的子公司将商品以低于市场价格出售给低税率国家的关联公司。这里提到的商品可以是一般货品，也可以是服务或知识产权，而服务和知识产权往往定价很复杂，缺乏透明性和明确标准，如一项专利技术的价值评估可以有很大的弹性空间，企业为其确定的许可费是否"公允"也很难判断。跨国公司往往会利用这种复杂性，调整服务和知识产权关联交易的价格，将利润转移到低税率国家。跨国公司还可以在子公司之间发生金融行为，如低税率国家的子公司为高税率国家子公司提供借款，这样高税率国家的子公司支付的利息可以作为税前费用扣除，从而减少其应税利润。此外，BEPS 的常见做法包括对税收协定的滥用以进行利润转移或重复抵免等。

这种税务筹划操作并不一定是非法或不合规的行为，但对这种情况进行区分和监管成本往往极高。"税收洼地"模式会导致企业间税收不公平：跨国公司会受益于低税率和税收优惠，而小型和本地企业可能无法享受这些优惠。

**全球对"税收洼地"的反制行动**

2008 年国际金融危机之后，许多国家面临严重的财政赤字，依靠税收缓解财政压力的需求高涨。在这种背景下，跨国企业的税收套利行为和小型经济体的"税收洼地"现象开始被主要经济体重视起来。

2012 年，二十国集团（G20）洛斯卡沃斯峰会就要求 OECD 就税基侵蚀和利润转移进行研究，以限制跨国公司转移利润。OECD 和 G20 于 2013 年启动了一个全球性的项目，制订了一系列应对税基侵蚀和利润转移的行动计划（BEPS Action Plan），并于 2015 年发布了最终报告[①]。这些行动计划涉及国际税收规则的各个方面，包括数字经济、混合性安排、薄资本化、无形资产、风险和资本重分配、有害税收做法、双边税收协定、避免双重征税、信息交换、多边公约等方面。

近年来，以 G20 和 OECD 推动的全球税收治理在不断升级和落实。2019 年 OECD 首次提出了全球税收治理的双支柱解决方案（Two-Pillar Approach，因此针对 BEPS 的行动也被称为 BEPS 2.0）。支柱一主要是为了应对数字经济、互联网经济的全球化发展，通过协调措施来督导跨国企业将税收合理分配给市场国，即使这些企业在市场国没有传统意义上的常设机构或实体，这一点不是本章的重心，不展开论述；支柱二的核心是设定一个企业所得税有效税率最低标准，以降低跨国企业利润转移和税基侵蚀带来的负面影响。限于篇幅，本章不对规则做具体介绍，概括而言，其目的在于确保年收入高于 7.5 亿欧元的跨国集团在世界各国的最低实际税率不低于 15%。一旦集团在某个国家或地区的有效税率低于 15%，其他相关国家就有机会对不足的部分征税。[②]

值得注意的是，这一方案已经不再停留在纸面倡议，而是进入了落实阶段，2023 年 7 月 OECD 宣布已有 138 个国家签署了双支柱解决方案的成果声明[③]；而欧盟理事会则在 2022 年 12 月正式通过了在欧盟成员国引入支柱

---

[①] 数据来自 OECD 官网，https://www.oecd.org/ctp/beps-2015-final-reports.htm。
[②] 数据来自 OECD 官网，https://www.oecd.org/ctp/beps-2015-final-reports.htm。
[③] 数据来自 OECD 官网，https://www.oecd.org/newsroom/138-countries-and-jurisdictions-agree-historic-milestone-to-implement-global-tax-deal.htm。

二规则的议案，要求欧盟成员国必须在 2023 年底前将相关规则纳入国内法并生效实施。一些国家和地区也已经陆续制定了实施时间表，欧盟、日本、韩国等地将于 2024—2025 年陆续落地部分细则。

新加坡目前约有 1800 家跨国企业收入不低于 7.5 亿欧元，大多数企业的有效税率低于 15%[①]，预料可能会受到直接影响。新加坡也在密切关注全球税收治理改革的动向，现任总理、财政部前部长黄循财曾表示"基于新加坡市场小以及跨国企业在这里的经商活动，新加坡可能损失一些税务收入"[②]，"随着国际税制逐步落实，预计 2025 年之后才能了解其带来的全面影响"[③]。据报道，新加坡政府也在探究推出国内最低实际税率的可行性，以确保新加坡不因跨国企业在本国的实际税率低于 15%，而将自己的征税权拱手相让[④]。

## 小结

在打造新加坡全球化竞争优势和独特地位的过程中，"税收洼地"策略是其中的重要一环：企业所得税、资本利得税等会影响企业的经营成本；高端人才的实际收入也和税收政策高度相关。"税收洼地"作为要素之一，和第 2 章讨论的其他要素结合起来对跨国企业形成极大的吸引力，令这些企业将新加坡作为亚太总部或全球总部的首选地之一。

但是，"税收洼地"策略也逐渐引发关注和争议：因为对跨国企业的争夺

---

① 数据来自新加坡财政部部长 2021 年 7 月 5 日在新加坡国会上的讲话。
② 数据来自中华人民共和国驻新加坡大使馆经济商务处，http://sg.mofcom.gov.cn/article/dtxx/202202/20220203281253.shtml。
③ 数据来自新加坡 2023 财年预算案声明。
④ 数据来自新加坡 2023 财年预算案声明。

在某种程度上是零和博弈，靠创造好营商环境把企业吸引过来是"真本事"，一般不会引起争议；但"税收洼地"策略是通过税率差把原本或潜在分布于其他国家的经济活动吸引过来，甚至这种税率差会"鼓励"一些跨国企业进行利润转移，进一步损害其他国家的税基和更广泛的经济利益。当这种经济现象的规模扩大后，引发了以"全球最低税率政策"倡议为代表的国际税收协调的努力，这对新加坡在全球化经济中的地位将产生何种影响，仍需进一步观察。

# 第 4 章
# 超级理性主义

　　李光耀是一位杰出的政治家，是一位有高度威望的领导者。
　　虽然他的治理范围只在小小的新加坡，但他的影响力是全球级的。这种影响力一方面来自新加坡建国以来了不起的发展成就，另一方面来自他的思想、洞察力、远见以及他直言不讳又常常发人深省的表达。
　　这为李光耀在全球政治经济界赢得了广泛的关注和尊重，人们在很大程度上将其视为一位"智者"，他的很多发言、观点被广泛传播和深入讨论。
　　我们把李光耀思维和智慧的基础概括为超级理性主义，在这种超级理性的思维基础和决策原则上，李光耀形成了他对国家治理、经济发展、全球局势等的判断，并通过制度化的设计和文化传承的影响力深刻地烙印进新加坡发展的方方面面。本章是对这种超级理性主义的讨论。

> 他有一种能力,能够穿透宣传的迷雾,以独特的清晰度来表述我们这个时代的问题以及解决它们的方式。①
>
> ——撒切尔夫人

新加坡的成功离不开李光耀的卓越贡献和其通过制度、文化施加的持续影响,他在新加坡施政的成就和他的远见卓识在全世界都受到了高度认可与推崇。李光耀是"新加坡国父",是新加坡整套政治、经济、社会运行制度的设计师。他的性格特征、世界观、认知体系在新加坡的社会制度构建和发展历程中留下了深刻的印记。他的施政纲领和对具体事务的决策之所以高效而精准,最重要的驱动力在于他远超常人的理性思维:他秉持万事基于现实的理念,拒绝教条,不受任何意识形态的束缚,用最理性、最有效的方法解决问题。

李光耀对现实世界的复杂性有着深刻的理解,坚决拒绝任何固有思维的捆绑。如他所说,"我们不是理论家,不会搞理论崇拜。我们面对的是实实在在的问题,人们要找工作、要挣钱、要买食物、要买衣服、要买房、要抚养孩子……我们可能读到过什么理论,也许半信半疑,但我们要保持现实、务实的头脑,不要被理论束缚和限制住"②。李光耀在不同场合有很多类似的表述,从中可以窥见他非常理性、现实的思维方式,以及他如何用这种思维方式来处理和解决问题。我们把他的这种思维方式概括为超级理性主义。

作为剑桥大学法学专业的荣誉毕业生,李光耀显然不是那类因为无知而藐视理论的狂徒,事实上,综合他的各种经济、民生政策和他的演讲、文字能看出他对学院派的诸多经典理论体系极为了解并有着深刻的理解。但对于

---

① THATCHER M. The downing street years / margaret thatcher[M]. London: HarperCollins, 1993: 815.
② [新加坡]李光耀, [美]格雷厄姆·艾利森, 罗伯特·D. 布莱克威尔, 阿里·温尼, 等. 李光耀论中国与世界[M]. 蒋宗强, 译. 北京: 中信出版社, 2013: 162.

各类理论，他始终以解决现实问题为出发点，进行批判性的思考并审慎应用。他曾说，"我未接受柏拉图、亚里士多德、苏格拉底等人的指导，我只对现实中行得通的事情感兴趣"，"我向来不会为理论所困，理性判断现实情况才是我的指导原则"①。

李光耀——可能是历史上最伟大的国家建设者——一生中一遍又一遍地在说一件事：找出什么是有效的办法并去实践。②

——查理·芒格

这种观点正是超级理性主义的精髓。在中国，这种思维方式有类似的表达方式，如"实践是检验真理的唯一标准"以及"不管白猫黑猫，抓住老鼠就是好猫"。在理念上，新加坡奇迹般的发展与中国备受世界瞩目的改革开放成就有着异曲同工之妙。这两个成功案例都体现了从现实出发，以理性思考，以问题解决为导向的发展策略，这也是超级理性主义思维方式的核心精神。

李光耀和邓小平都是理性的思考者，他们能看到世界的本来面貌，而不是他们希望它是什么样的。他们是务实的领导者，理解经济发展、社会稳定和国家主权的重要性。③

——Tommy Koh（新加坡国立大学国际法中心）

---

① [新加坡]李光耀，[美]格雷厄姆·艾利森，罗伯特·D.布莱克威尔，阿里·温尼，等.李光耀论中国与世界[M].蒋宗强，译.北京：中信出版社，2013：162.
② AARTHI. S Charlie Munger: if you want one mantra, it comes from' Singapore's first prime minister [N/OL]. Yahoo Finance. (2019-05-04) [2023-06-05]. https://finance.yahoo.com/news/berkshire-hathaway-charlie-munger-on-lee-kuan-yew-191152636.html.
③ TOMMY K. Building on Deng Xiaoping and Lee Kuan Yew legacy: today marks 40th anniversary of Deng's historic visit to Singapore[N/OL]. National University of Singapore. (2018-11-12) [2023-06-05]. https://cil.nus.edu.sg/publication/building-on-deng-xiaoping-and-lee-kuan-yew-legacy-today-marks-40th-anniversary-of-dengs-historic-visit-to-singapore/.

李光耀将超级理性主义思维用于指导其工作、生活的各个方面，以及思考国际、国内、家庭、个人的大小事务，包括新加坡的竞争定位、国家治理、人民行动党的建设、对反对党的态度、国际局势分析、社会平等问题，以及个人领导力的提升和遭受批评时的态度等。本章先在几个方面简单讨论以便介绍清楚超级理性主义，后续章节将会更详细地展开其在政府事务、国企、民生等领域的应用。

## 超级理性主义之于社会制度

> 让人惊讶的是，在当代西方世界里，大多数的政府领袖都无须接受特别训练，也不具备什么特别资格。许多人都是因为在电视上显得一表人才和能言善辩而当选。这样的结果往往让选民感到失望。①
>
> ——李光耀

> 有些人渴望看到多党政治和执政党轮替的一天。他们应该去看看泰国和菲律宾的情况。执政党不断更迭，导致贪污腐败和治理不当的现象加剧。尽管美式民主理论提出这是其应有的作用，不受任何束缚的媒体却无法清理贪污腐败。更何况，政府和政策的频频更换，也影响了泰国的经济增长，导致失业率上升和政治不稳定。②
>
> ——李光耀

在李光耀主政新加坡的相当长一段时间里，全球范围内的意识形态争论，

---

① 李光耀向新加坡全国职工总会发表的讲话，1976年7月19日。
② 李光耀于戎巴葛集选区的国庆演讲，2008年8月13日。

尤其是由美苏主导的意识形态之争，都十分激烈。难能可贵的是，凭借"理性判断现实情况"的思维武器，他的决策从未为任何意识形态所束缚。他曾明确表示："我一向尽量做正确的事，而不是政治正确的事。"①"人民行动党之所以能生存，并不是因为它总是坚持己见。如果它死守教条或意识形态，就会与现实脱节。""解决方案是谁提出来的并不重要。只要行得通我们就用。假如他脑子里还有很多点子，那就说服他到我们这一边来。"②

李光耀对政治制度有着理性而务实的看法，他认可西方政治制度的某些成分，比如新加坡的宪法和议会制度都以英国的制度为基础并进行本土化修改，但他不认为西方民主制度是解决一切问题的灵丹妙药，如他所说，"一人一票是一种最为困难的治国方式，人民有时是反复无常的，他们可能会因一时冲动为了改变而改变"③。他认为西方民主只有在社会大多数人是受过良好教育的中产阶级时才适用，而对发展中国家，他"并不相信民主必然会带来发展，民主过于泛滥会让社会变得毫无纪律和秩序，以致不利于发展"④，"除了少数的例外，民主制度并没有为新兴发展国家带来良政善治。民主制度之所以没有推动发展，是因为政府没有实现发展所需的稳定和纪律"⑤。

他对"好政府"的评价反映了他一以贯之的务实风格："我更看重一个诚实、有效和有效率的政府——能够保护人民，让人人有机会在一个稳定有序的社会里自我提升和过上好日子。"⑥评价政治体制优劣的标准，在于"它能否为社会内的大部分人创造改善生活的条件"。

---

① [新加坡] 李光耀. 李光耀谈治国、管理和人生 [M]. 陆彩霞，译. 上海：上海译文出版社，2018：149.
② 李光耀接受《海峡时报》访谈答记者问，1999年8月7日。
③ 李光耀在浮尔顿广场的演讲，1984年12月19日。
④ 李光耀在马尼拉出席菲律宾商业大会时发表的演讲，1992年11月18日。
⑤ 李光耀在东京的演讲，1992年11月20日。
⑥ 李光耀在东京的演讲，1992年11月20日。

## 超级理性主义之于经济和民生

> 我们是一个小国,没有自然资源,没有大市场。我们必须依靠自己的智慧和勤奋,以及与世界各国的贸易和投资。我们必须保持开放和竞争的经济体制,以便能够适应国际环境的变化。①
>
> ——李光耀

> 我们必须吸引外资,因为我们没有足够的本地资本。我们必须吸引外国技术,因为我们没有足够的本地技术。我们必须吸引外国人才,因为我们没有足够的本地人才。②
>
> ——李光耀

李光耀始终把经济列为新加坡发展的第一要务,"经济发展是新加坡的首要任务。我坚信,没有强大的经济,就不可能建立一个公平和正义的社会。我也相信,没有社会正义和平等,就不会有政治稳定或国家安全"③。并且,基于对新加坡禀赋、环境、机会、风险的理性分析,他为新加坡的经济发展制定了筑巢引凤、吸引外资的策略:"我们不可能在一个封闭的世界里生存。如果我们不与世界接轨,我们就会被淘汰。我们必须利用全球化的机遇,把

---

① YEW L K, Ltd M C I P. From third world to first: the Singapore story, 1965–2000[M]. Singapore: Marshall Cavendish Editions, 2012:19-20.

② YEW L K, Ltd M C I P. The Singapore story: memoirs of Lee Kuan Yew[M]. Singapore: Marshall Cavendish International (Asia) Private Limited, 2012:297.

③ ALLISON G, BLACKWILL R D, WYNE A, et al. Lee Kuan Yew: the grand master's insights on China, the United States, and the world[M]. Cambridge: MIT Press, 2020:126.

自己打造成一个国际性的城市。"①

> 市场经济是最有效的经济体制，因为它能够激发人们的创造力和创新力。市场经济也是最公平的经济体制，因为它能够让人们根据自己的能力和贡献来获得回报。②
>
> ——李光耀

在经济发展理念上，李光耀认为，"要使经济得到发展，在政策上必须奉行实用主义，而不是教条主义"③。在社会平均主义思潮冲击和西方福利主义盛行的年代，李光耀清醒地意识到绝对的平均和过分的福利分配将"抑制竞争和力争上游的主动性，这样的社会将会失败"④。他倡导市场经济和竞争机制，"我们发展了一种竞争制度，使得每一个工人、经理人员、企业家和专业人士，能够在一个自由市场的经济制度底下做出最大的努力。我们从来没有试图通过行政管制去抗拒自由市场的力量，我们的小规模经济，也使我们从来不敢尝试采取保护措施，去抗拒外来的竞争"⑤。但即便对于市场机制，李光耀也是采取高度实用主义的态度，"我们不是一个自由市场的信徒。我们是一个自由市场的实用主义者。我们知道市场有时会失灵，需要政府的调节和纠正。我们也知道政府有时会失灵，需要市场的监督和惩罚⑥"。

---

① ALLISON G, BLACKWILL R D, WYNE A, et al. Lee Kuan Yew: the grand master's insights on China, the United States, and the world[M]. Cambridge: MIT Press, 2020：1.
② ALLISON G, BLACKWILL R D, WYNE A, et al. Lee Kuan Yew: the grand master's insights on China, the United States, and the world[M]. Cambridge: MIT Press, 2020：14.
③ 李光耀在非洲领导人论坛上的讲话——《新加坡哪一些经验和非洲有关？》，1993年11月8日。
④ 李光耀在苏黎世社会主义国际理事会会议上的讲话——《社会主义与现实生活》，1967年10月10日。
⑤ [新加坡]李光耀. 李光耀40年政论选[M]. 新加坡：联邦出版社，1993：157.
⑥ YEW L K, Ltd M C I P. From third world to first: the Singapore Story, 1965–2000[M]. Singapore: Marshall Cavendish Editions, 2012：630.

> 民生是我们的首要任务。我们必须保证人民有足够的食物、衣服、住房、医疗和教育。我们必须提高人民的生活水平和幸福感。我们必须尊重人民的尊严和权利。①
>
> ——李光耀

李光耀并不是只追求经济发展的效率，他也非常注重社会的公平和民众的幸福感。在医疗、交通、住房等领域，新加坡都采取了高端市场完全市场化，中低端市场政府通过补贴等方式满足国民需求的模式。但在满足需求的同时，新加坡政府非常注重成本的控制和民众共担责任。"我们相信自由市场经济。但自由市场经济的收益不能以自由放任的方式进行分配。通过税收制度，我们进行收益再分配，使居者有其屋；子女可平等地受到教育（不论贫富，上教学质量一样的学校）；如果你去医院或诊所，你能得到同样的基本医疗服务，但是付不同价格；我们也有面向全民的娱乐设施。"②

## 超级理性主义之于对平等、人的差异的深刻洞察

超级理性主义的核心之一是李光耀对人与人之间差异、平等与不平等议题的直面现实和坦率表达，这构成了他思考众多事务的框架。在这些方面李光耀有时会有一些有点"刺耳"的观点："人类是一个不平等的生物。这是一个事实……所有的伟大宗教、所有的伟大运动、所有的伟大政治意识形态，都说让我们尽可能地让人类平等。事实上，他不平等，永远不会平等。"③但

---

① YEW L K, Ltd M C I P. The Singapore story: memoirs of Lee Kuan Yew[M]. Singapore: Marshall Cavendish International (Asia) Private Limited, 2012：293.
② 李光耀接受《财经》专访答记者问，2006年12月2日。
③ HAN F K, FERNANDEZ W, TAN S. Lee Kuan Yew. The man and his ideas[M]. Singapore: Marshall Cavendish Editions, 2015:30.

这更多表达的是他对赤裸现实的观察：人的天赋、能力、家庭有很大的差异，不应虚伪地装作看不见。实际上他非常重视为新加坡民众建立一个机会平等的环境，同时他希望这个体系能调动人民努力奋斗："我不是一个平均主义者。我不相信结果的平等，而是机会的平等。我不相信福利，而是自力更生。我不相信补贴，而是激励。我不相信救济，而是努力工作。我不相信权利，而是精英制。"①

他认为人生有其与生俱来的随机性和不平等性，因此只能追求机会平等，但无法追求结果平等。"我们想要一个公平的社会，我们想给每一个人提供均等的机会，但在我们的思想深处，从来不会自欺欺人地认为存在两个在毅力、动力、敬业程度、内在禀赋等方面一模一样的人。"②如果在美国，一个政治家如此表述，可能会引起轩然大波。但正是基于这种认知，他提倡因材施教，引入分流教育，使新加坡有一个从成本收益角度来看非常不错的教育体系。

正因如此，李光耀对人才特别重视："我们之所以成功，是因为我们明白，拥有人才是成功的关键。"③他认为应该由精英来治理国家，"如果新加坡让平庸的人来治理，这个国家必定下沉，沦为一座再平庸不过的城市④"。"在好些国家，资质平平的领导人能依靠背后实力强大的团队蒙混过关……新加坡不能不让最优秀和能干的人来执政。"⑤

---

① HAN F K, FERNANDEZ W, TAN S. Lee Kuan Yew. The man and his ideas[M]. Singapore: Marshall Cavendish Editions, 2015:30.
② [新加坡] 李光耀，[美] 格雷厄姆·艾利森，罗伯特·D. 布莱克威尔，阿里·温尼，等. 李光耀论中国与世界 [M]. 蒋宗强，译. 北京：中信出版社，2013：155–156.
③ [新加坡] 李光耀. 李光耀谈治国、管理和人生 [M]. 陆彩霞，译. 上海：上海译文出版社，2018：106.
④ [新加坡] 李光耀. 李光耀谈治国、管理和人生 [M]. 陆彩霞，译. 上海：上海译文出版社，2018：34.
⑤ [新加坡] 李光耀. 李光耀谈治国、管理和人生 [M]. 陆彩霞，译. 上海：上海译文出版社，2018：22.

## 超级理性主义之于对人性的深刻洞察

李光耀对经济、政治、民生等很多方面的思考都离不开一个重要的视角，就是他对人性的高度理性认知。他对人性的看法犀利，以至于有些观点看上去有些残酷或"政治不正确"，比如他说"我认为人性本恶，必须加以限制，制止恶的一面。虽然这样说可能令人沮丧，但我仍然这样认为"①。这深刻影响了他对社会制度、经济发展方式、福利制度、管理等事务的思考方式和方法论，是理解他的超级理性主义的一个重要维度。

出于对人性的理解，李光耀坚持在政府、国企的人才激励上采用市场化的方式，"我们现在怎么防止官员受贿？就是付他们市场水平的薪酬。政府雇用的律师、医生和官员都可以获得相当于私营部门同等级雇员八成的薪酬……所以，在整个东南亚，我们的部长和官员是薪酬最高的，但也是最穷的。不过在新加坡，如果你贪污受贿，就会毁了将来，毁了一生"②。他敏锐地察觉到很多基于理想主义规划的政府最终可能走向虚伪和腐败，"千万不要尝试建立一个廉价的政府，金钱政治只会换来一批无能的国会议员，还有一连串的虚伪和造假，最后演变成欺诈和腐败"③。他认为人都是有欲望的，回避这一点是虚伪的。这种欲望在一定程度上可以刺激人们的积极性，但如果不加以管理和控制，也可能导致腐败和其他不良行为。因此，他主张采用市场化的方式来激励政府和国企的人才，也就是提供与私营部门相当的薪酬，

---

① [新加坡] 李光耀, [美] 格雷厄姆·艾利森, 罗伯特·D. 布莱克威尔, 阿里·温尼, 等. 李光耀论中国与世界[M]. 蒋宗强, 译. 北京: 中信出版社, 2013: 154.
② 李光耀接受《财经》专访答记者问, 2006年12月2日.
③ 李光耀最后一次在新加坡国庆日前夕以总理身份发表的国庆献词, 1998年8月8日.

以吸引和留住人才。当然，与之配套的是严厉的反腐败律法并严格执行。

也因为对人性的洞察，李光耀对福利制度很警惕，"提供免费医疗服务的理想和人类的实际行为是互相抵触的，在新加坡肯定如此。提供良好的保健服务，但是同时要求人们负担一些费用，以确保它不致被滥用又能控制成本"①。在医疗、养老等民生领域的制度设计中，他都非常注重要让老百姓担负起相应的责任以控制成本，"政府会从旁给予一些帮助，但每个人必须负起各自生活的责任。""政府会协助你买房子，并填补你的中央公积金户头。你若想把这笔钱花了，那是你的自由，但如果你退休后身无分文，你得自己承担这个可怕的后果。"②因为他坚信过度的福利可能会导致社会的懒散和依赖心态，因此，他主张政府应该在提供必要的支持和保障的同时，鼓励和促使公民通过自己的努力改善生活。与之相配套的是，新加坡推行有强制储蓄属性的公积金制度，其底层逻辑也是基于李光耀对人性缺点的认知和担忧。

## 超级理性主义之于勇气

在超级理性主义框架下做出有价值的思考和判断是一回事，付诸实践是另一回事，因为这些思考和判断有时候是不受大众欢迎的。表达和践行这些判断需要勇气，尤其对于政治人物而言。实际上，勇气是超级理性主义形成闭环的应有之义。

李光耀具有坚定的意志和非凡的勇气，这不仅是他性格的一部分，也是

---

① [新加坡]李光耀.经济腾飞路：李光耀回忆录（1965—2000）[M].台北：世界书局，2000：114-119.
② [新加坡]李光耀.李光耀观天下[M].北京：北京大学出版社，2015：83.

源自"超级理性"的锻造。他之所以能不畏艰难、不惧人言,坚持自己的信念和原则,是因为他拥有高度自洽的理性思维框架。

他的勇气既体现在他发表观点时的直言不讳,更体现在他对公共政策的决策和执行上。他不畏批评和反对,坚持他认为正确和必要的政策。例如,在打击腐败、推动经济开放和改革、实施严格的社会秩序和规范等方面,都展现了他的坚定性和勇气。"但到头来,你得做出很困难、让人很不开心、很不受欢迎的决定……"①

## 超级理性主义的烙印

李光耀的超级理性主义通过制度的固定和文化的传承持续地影响着新加坡的发展,后续章节将展开详述,此处仅以超级理性主义对人民行动党的影响为例。

李光耀的上述理念深刻地影响了其参与创立的人民行动党,比如人民行动党的四条核心价值观分别是"诚实""多民族""任人唯贤""自力更生"。人民行动党极其务实,同时有很明显的精英主义色彩。其精英主义的一个简单体现是人民行动党对党员的发展以及党内的选拔机制,其在发展党员方面注重质量,而不追求数量。

人民行动党从不公布其党员数量,有研究认为其党员数量为5万多人,这个数字尚不到新加坡人口的1%。人民行动党通过持续考察优秀学生(如获取总统奖学金和武装部队奖学金的学生)和热心参加支部活动的年轻义工等群体,从中发展其认为德才兼备的年轻人,并且在入党审核过程中,会特别

---

① 李光耀新加坡国庆大会演说,1988年8月14日。

注意排除掉那些希望利用党员身份谋求自身工作发展的人。

党内的选拔也非常严格，人民行动党党员分为普通党员和干部党员，干部党员才有资格参选人民行动党中央执行委员会（人民行动党党内最高决策机构）成员，代表人民行动党参选议员。据估计仅有约5%的普通党员可以成为干部党员。成为干部党员需要被认定为真正对党忠诚并且做出特殊的贡献，还需要经过中央委员推荐、资深政治家面试、选拔小组对话甚至心理学家强化考试等程序，再经中央执委会投票通过。

## 小结

总之，李光耀超级理性务实的思考和行为方式深刻地影响了新加坡方方面面的制度设计。新加坡的廉洁、高效、严谨、以小博大、以东方传统无缝对接西方体系都是这种超级理性主义的表现。我们在后续章节中会分别从政府治理、国有企业、交通、教育、医疗、养老、住房等领域详细展开讨论这种超级理性主义是如何深刻地影响了新加坡的制度和发展。

#  第 5 章

## 超级理性主义在政府治理中的应用

  对新加坡政府治理的评价一直存在两极的观点,褒扬者从结果上认可新加坡的治理成就:优良的法治水平、较高的人民素质、高执行力而清正廉洁的政府。批评者则诟病威权式治理下,民主和自由不是其社会运行的基石。实际上,这是李光耀超级理性主义的典型体现:摒弃政治正确的各种"主义",追求实用。用集中的、精英式的治理保障效率,同时引入一系列约束机制……

新加坡是一个介于东方和西方之间的国家。其经济全面依赖全球化，其政治体制的框架来自西方，是法治社会，有"三权分立"，定期进行议会选举，同时进行了大量的东方式改造，形成了"新加坡特色的资本主义"。除瞩目的经济成就外，新加坡一直以政府的高效和廉洁闻名。新加坡在世界经济论坛（2020）的政府绩效排名中列第1位；在国际反腐败组织透明国际[①]发布的全球清廉指数历年数据中，新加坡一直稳居前5位；2021年世界正义工程发布的国家法治指数，新加坡列全球第12位，居亚洲之首。

新加坡没有全盘照搬西方的体制，而是把西方体制中适合自己的方面借鉴过来，并与东方传统相结合，这是超级理性主义的典型体现。西方民主制度的核心是"权力的制衡"，这一机制的好处是令政府不容易犯很大的错误：制衡机制确保了政府的决策过程更为审慎和透明，因为各个权力机构相互监督、互相制约。这样的安排有助于防止权力集中、滥用和腐败，维护公共利益和人民权益。但这种制度安排往往会令政府的治理失去一定的效率，由于权力的制衡，政府在采取行动时可能会面临更多的挑战和阻碍，决策过程变得缓慢，需要更多的协商和讨论，以达成共识。这种制度安排常常也让政府难以做正确的事情，由于决策过程中不同主体的广泛参与和意见多元化，政府也面临着各种观点和利益的冲突，可能会造成决策来自平衡各方意见的结果或者来自大多数人的错误意见。

看到这一点，李光耀认为更合理的方式是让社会精英起到更大的作用，而由社会精英组成的政府应该有更大的自由度去做正确的事情，如其所言，"代表广大民意的政府，不等于事事顺从民意。我们并不想成为不得民心的政

---

① 该指数是由国际反腐败组织透明国际发布的，旨在衡量各国政府机构、公共服务机构和公共部门的廉洁程度。

府,或是做一些不受欢迎的事。但如果非做不可,我们就一定去做"①。

所以,新加坡的制度设计者们以英国的议会制和英国宪法为蓝本,并在此基础上做出调整,设计了一套有极强的李光耀式理性主义色彩的新制度:注重施政效率、精英人才的作用、政策的稳定和延续、东方传统的纪律,但同时需要有行之有效的检查和制衡机制。

## 高效廉洁的政府——"胡萝卜+大棒"

> 如果新加坡让平庸的人来治理,这个国家必定下沉,沦为一座再平庸不过的城市……这是一个弹丸小国,没有任何天然资源,从历史角度来看,它处在一个多变的地区。这片土地需要有超凡的领导人……诚然,世界上没有其他国家像新加坡这样付给部长如此高薪,但世界上确实也没有其他岛屿取得和新加坡一样的发展——耀眼、整洁、安全、没有贪污、犯罪率低……这一切并非偶然发生的,靠的是一套需要领取高薪的部长才有办法构建而成的生态系统。每一次减薪,会让放弃自己的专业或银行事业的部长牺牲更大。一些人最终会告诉自己:"我不介意做个半任或两年半,就当是国民服役吧。但再久一点,我就得说:谢谢,不必了。"最终的结果是,政府将形同旋转门,人员流动将变得太频繁,既缺乏对事物课题的深入了解,又找不到从长远的角度去思考问题的动力。②
>
> ——李光耀

---

① 李光耀在新加坡国会上的演讲,1997年2月23日。
② [新加坡]李光耀.李光耀观天下[M].北京:北京大学出版社,2015:180-181.

新加坡对政府官员的管理是李光耀的超级理性主义价值取向的典型体现。李光耀希望打造一个高效廉洁的政府，而他认为高效廉洁的政府必须得由优秀人才、精英组成。"我们之所以成功，是因为我们明白，拥有人才是成功的关键。"① "我知道人才是做好一项工作最宝贵和最关键的资源，不仅仅是在最顶层，而是层层都要有人来支撑。"②

**严格遴选**

为了吸纳优秀的人才，新加坡公务员有着严格并且开放的选拔制度，新加坡公务员的选拔是一个高度竞争和专业化的过程，旨在确保最优秀的人才被选入政府部门工作。新加坡公务员选拔制度强调公正、透明，以及基于能力和素质。

为保证公务员考试和选拔工作的公开、公正和公平，国家专门成立了独立于政府的公共服务委员会，负责公务员的招聘、审查、任用、纪律处分等事宜，并从外部对政府进行监督。每一个公务员在正式被录用前都要经历几道极其严格的选拔程序。新加坡公务员选拔标准非常严格，包括学术成绩、领导能力、专业经验、沟通能力等方面的评估。申请人必须有学士学位或以上学历，并且具备相关的专业技能和经验。此外，被聘用人员的个人爱好、财产状况、犯罪记录、家庭情况、社会背景等都是评估考察项目。在录用程序上，主要采取面试考核的方式，很少进行笔试，面试以各种类型的心理测试为主，重点考察应聘者的道德品行、综合素质和发展潜能。

在选拔录用后，公务员还有长达两年的试用期，第一年试用期结束后，

---

① [新加坡]李光耀.李光耀谈治国、管理和人生[M].陆彩霞，译.上海：上海译文出版社，2018：68.
② [新加坡]李光耀.李光耀谈治国、管理和人生[M].陆彩霞，译.上海：上海译文出版社，2018：68.

候选人会再次接受面试及筛选。第二年，通过第二次面试的候选人将开始其在政府部门的常规工作，并开始参加社区活动，与社会基层接触。两年期满，工作有成效，并经考核合格，方可成为正式公务员，否则取消公务员资格。

**高薪揽才**

怎么把精英吸引到政府部门？能否靠家国情怀？对于这一点，李光耀有着非常理性的认识："在大多数国家，从政者表面上所领的薪酬看似很低，但他们通过别的方式得到回报，像是佣金、回扣、赞助和其他好处。在美国，他们可以在离任后通过自己的关系网或给别人当顾问来得到回报。我们不应效仿这样的做法……我们研究出一套切合实际的制度，尽可能让薪金接近市场标准。但这对很多人来说还是比到外面工作赚得少，而他们所失去的个人隐私是无法补偿的。千万不要尝试建立一个廉价的政府，金钱政治只会换来一批无能的国会议员，还有一连串的虚伪和造假，最后演变成欺诈和腐败。"[①] 新加坡的策略有两点：第一，官员收入完全透明、显性，没有任何隐形的福利和补贴；第二，用等同或略低于市场的薪酬来吸引优秀人才到政府，即参考商业社会中处于官员类似地位的企业管理者的薪酬，如大公司的董事长、CEO。李光耀认为，这项政策能防止贪污，并补偿从政者离开私人企业所做出的牺牲。

这种薪酬政策的结果是，虽然新加坡规模还没有纽约市大，但官员的薪酬在全球排第一。全球领导人中薪酬最高的就是新加坡总理，年薪高达161万美元，是美国总统的4倍多（见图5.1至图5.2）。

---

① 李光耀最后一次在新加坡国庆日前夕以总理身份发表的国庆献词，1990年8月8日。

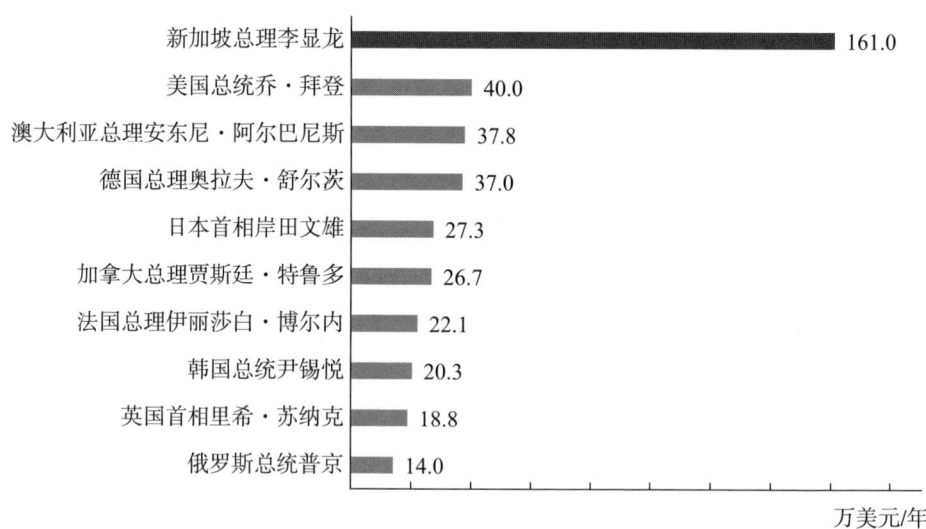

**图 5.1　2022 年部分国家领导人薪酬**

资料来源：CNN、The Guardian、世界银行。

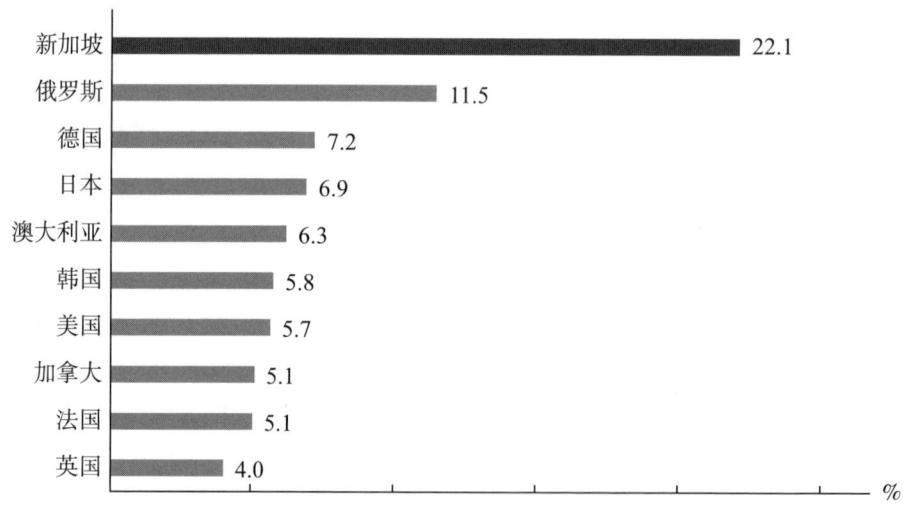

**图 5.2　部分国家领导人薪资 / 该国人均 GDP**

注：人均 GDP 使用 2021 年数据。

资料来源：CNN、The Guardian、世界银行。

不仅是总理，新加坡其他高级公务员工资也很高。比如，政务部长或其他顶级公务员年薪在 110 万新加坡元（约合人民币 593 万元）左右，常任秘书为 60 万 ~70 万新加坡元（合人民币 323 万 ~377 万元），中级公务员则为 10 多万新加坡元（约合人民币 54 万元）①。这些薪酬参考了顶级人才在新加坡社会市场化的薪酬水平，比如初任部长的薪酬是对标新加坡薪酬水平最高的 1000 人的薪酬中值的 60%，比初任部长更高职位的薪酬则乘以一个系数，如副总理的系数是 1.70，总理的系数是 2.00。底层逻辑是总理和副总理为新加坡万里挑一的人才，而低一级的初任部长是千里挑一的，中级公务员一般年轻些，应该是年轻人中的才俊。超 G 级公务员薪酬为薪酬制定的基点，其制定标准为先筛选人才定位上大约对应私营企业部门主管的六类职业的 32 岁新加坡人士，把几类职业中该年龄段的薪酬排名前八的样本挑选出来，组成一个 48 人的样本，排名第 15 位的薪酬即取为公务员中行政级别为超 G 级公务员的薪酬，其余级别根据系数进行调整。相关内容见表 5.1。

表 5.1 新加坡行政管理类公务员职级与薪酬等级

| 行政级别 | 行政级别说明 | 薪酬等级 | 与 MR4 级薪酬比较比率 |
| --- | --- | --- | --- |
| 总统 | 总统 |  | 1.40 |
| 总理 | 总理 | PM | 2.00 |
| 副总理 | 副总理 | DPM | 1.70 |
| 特 IV 级 | 部长及以上级别的政务官 | MR1 | 1.60 |
| 特 III 级 | | MR2 | 1.40 |
| 特 II 级 | | MR3 | 1.20 |
| 特 I 级 | | MR4 | 1.00 |
| 超 B 级 | 高级公务员 | SR5 | 0.85 |
| 超 C 级 | | SR6 | 0.70 |
| 超 D 级 | | SR7 | 0.52 |

① 数据来自 seedly 统计，https://blog.seedly.sg/civil-service-salary/。

续表

| 行政级别 | 行政级别说明 | 薪酬等级 | 与 MR4 级薪酬比较比率 |
|---|---|---|---|
| 超 E 级 | 普通公务员 | SR8 | 0.38 |
| 超 G 级 | | SR9 | |
| 高级局长助理 | | R10 | |
| 局长助理 | | R11 | |
| 助理秘书 | | R12 | |
| 高级行政助理 | | R13 | |
| 行政助理 | | R14 | |

资料来源：*White paper：Salaries for a Capable and Committed Government*（2012 年）。

我们的粗略测算表明，新加坡部长的薪酬和当地样本上市公司 CEO 的薪酬基本是可比的，比值为 75.6%；日本和中国香港的这一比值分别为 17.2% 和 13.2%；美国则只有 1%。这种相当市场化的薪酬显然对人才的吸引力比其他国家和地区的情况要强出一个数量级来（见图 5.3 和图 5.4）。

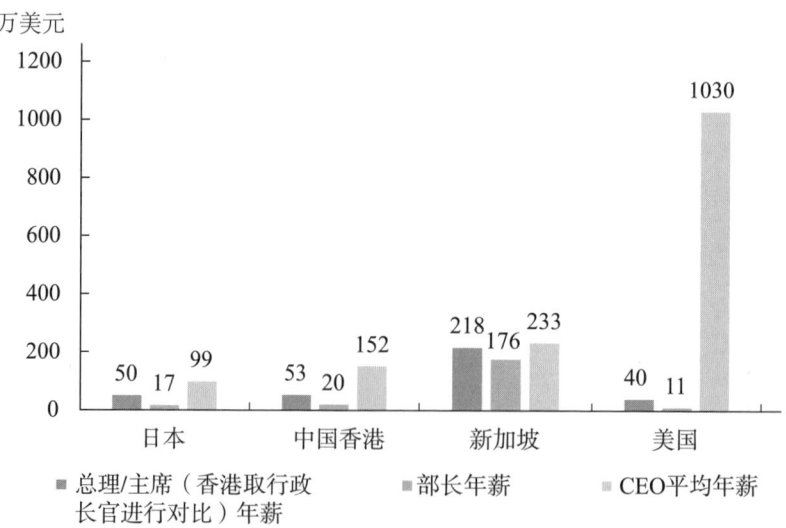

图 5.3 部分国家和地区总理/主席、部长与私营部门 CEO 薪酬对比

资料来源：福布斯 A 股 CEO 薪酬榜、新加坡《联合早报》、IMF《2016 年人均收入排名》等。

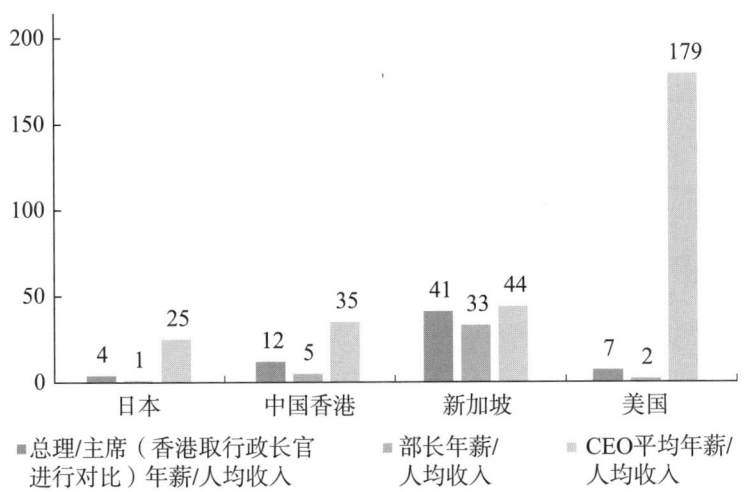

**图 5.4　部分国家和地区总理/主席、部长及 CEO 年薪与该国和地区人均收入比**

资料来源：福布斯 A 股 CEO 薪酬榜、新加坡《联合早报》、IMF《2016 年人均收入排名》等。

值得一提的是，在很多国家会把部长的薪酬以非现金的福利形式（如房屋、汽车、度假、免费医疗服务等）来掩饰。而新加坡采取了完全透明的"裸薪"制度，哪怕高层如部长，也不会配专车和专职的司机。在新加坡，部长们除享有免税汽车津贴外，并没有住房、假日等额外津贴，还得自行缴纳水电费、电话费，自行承担医疗费用等。吴作栋曾举例说，如果很不幸，李显龙的直肠癌复发的话，他也得自付医疗费。此外没有什么特别的福利待遇。新加坡总理以下，国家都不配给公车和专职司机，他们日常办公都是坐自己购买的汽车，自己花钱买汽油和维修汽车，自己出钱购买房子（包括李光耀本人）。即便是国家总理，也要自己缴纳商业养老费和医疗保险费。

**铁腕护廉洁**

有了"胡萝卜"，新加坡政府官员管理的另一面是"大棒"。新加坡政府制定了严格周密的公务员管理制度，对于贪污渎职者来说是严刑峻法。例如，规范公务员行为的《公务员守则和纪律条例》《公务员指导手册》，包括严格的考录制度、财产申报制度、品德考核制度、监督制度等。还制定了专门用于惩治贪污贿赂犯罪的《预防贪污贿赂法》和《没收贪污贿赂利益法》。

新加坡公务员在被录用后需接受政府的品德考核，主要有两种方法：一种是个人品德记录。政府每年发给工作人员一本笔记本，以记录个人品德，工作人员必须随身携带笔记本，并将自己的活动随时记下来。主管官员如发现其记录内容有问题，应及时将这项记录移送专门设立的反贪污调查局进行审查。另一种是行为跟踪。反贪污调查局依法有权对所有公务员，特别是新参加工作的公务员进行行为跟踪，对他们的日常生活进行暗地调查。一旦发现某个公务员有违规行为，将采取措施严肃处理。这些品德考核措施能够最大限度地确保对公务员的全程监督，随时随地对公务员的言行起到警示作用。

新加坡的反贪污调查局直属总理办公室，被赋予了广泛的权力，该局负责调查一切公共部门与私有部门的贪污案件，并享有特别侦查、无证搜查、强行搜查、无证逮捕等权力。

此外，为了给公务员退休后提供可靠的生活保障，新加坡政府制定了完整的《中央公积金制度》，规定所有参加社会工作的人员，包括政府公务员、企业职员都必须参加公积金制度。要求每人按每月工资额的20%扣缴公积金，而政府和企业也按该职工月薪的20%缴纳公积金，工作时间越久，积蓄越多。如果在职期间廉洁奉公，没有贪污腐败等违法行为，退休后全家生活富裕，安居乐业。一旦在职期间有贪污受贿等不法行为，不仅会被开除公职或判刑，还会被没收所有公积金，致使晚年失去生活保障，不仅在政治上身败名裂，而且在经济上倾家荡产。因此，公积金制度成为新加坡政府高薪养廉的强大保证。

政府内部的约束机制不仅来自制度和法律，道德教化也非常重要。对于官员来说，最好的教化当属领导人以身作则。立威源于律己，李光耀曾说："我是政府总理，我可以造就出许多个百万富翁、亿万富翁，但我自己绝不能成为富翁。"[1] "除非你身体力行，否则便无法维持这种社会，换句话说，你的作风必须是开明的，你自己必须具有容忍之量。"[2]1995年，李光耀和李显龙就曾因购房折扣问题成为调查对象，一国总理也会被调查，可见行之有效的反贪机制与领导人以上率下不无关系。

因此，新加坡政府的廉洁程度在全球范围内一直处于领先地位。根据2021年发布的全球清廉指数，新加坡排名全球第四，仅次于新西兰、丹麦和芬兰，排名亚洲第一。此外，新加坡政府在国际社会中也享有良好的声誉和信誉。国际上多个机构和组织也对新加坡的清廉度和反腐败工作给予了高度评价和认可。例如，世界银行将新加坡评为全球最易营商的国家之一，新加坡也是亚太经济合作组织（APEC）反腐败和透明度倡议的发起成员之一。

## 政府治理中的权力结构设计

### 权力结构：沿袭英国，进行本土化调整

新加坡的政体结构基本沿袭英国的议会民主制框架：国会为全国最高权力机关，由大选产生，全体选民以一人一票和相对多数制（First-Past-The-

---

[1] 李光耀就部长级薪金在议会发表的讲话，2000年6月30日。
[2] 李光耀就部长级薪金在议会发表的讲话，2000年6月30日。

Post）选出国会议员；有多个合法政党存在，大选时由政党推出人选参加竞选，也可以有不归属任何政党的独立候选人参选；在大选中赢得国会半数以上议席者为执政党，由执政党的当选党魁担任总理，由总理从国会议员中委任部长等要职；国会主要有3项功能和权力，即立法、监督政府、监督财政预算。

但新加坡的制度设计者对这个框架做了一些调整，包括设置了全民选举总统作为名义国家元首、在英式的相对多数制选举方式上融合了比例代表制和其他元素、独特的集选区制度等。

这些调整背后往往和李光耀理性、全局的思考有关。比如，总统的设置是为了在新加坡政治体系中增加一个具有检查和平衡作用的砝码：行政权力有限，但在一些关键问题上能制衡政府，防止犯下大错。"总统是由人民选出来执行一项具体职务的，那就是阻止不称职的政府有恶性之举，但他不能干预政府的运作。"①

新加坡总统为名义上的国家元首，原经议会产生，1992年国会颁布民选总统法案，规定自1993年起总统由全民直接选举产生，任期由4年改为6年，在任期间不得拥有政党党员身份。总统和议会共同行使立法权，总统有权否决政府财政预算和公共部门职位的任命；可审查政府执行内部安全法令和宗教和谐法令的情况；有权调查贪污案件。总统在行使主要公务员任命等职权时，必须先征求总统顾问理事会的意见。

**选举制度：强者恒强**

新加坡国会实行一院制，国会议员分为民选议员（任期5年）、非选区议

---

① 李光耀接受《海峡时报》访问，1999年8月7日。

员（任期5年）和官委议员（任期2年半）。其中，民选议员从全国各选区中由公民选举产生；非选区议员从得票率最高的反对党未当选候选人中任命，最多6名，从而确保国会中有非执政党的代表；官委议员由总统根据国会特别遴选委员会的推荐任命，任期2年半，以反映独立和无党派人士意见。现有的议会（于2020年大选选出）共有104名议员，其中包括93名民选议员、2名非选区议员和9名官委议员。

民选议员由民选直接产生，来自全国各个选区，各党派均可参选。新加坡有20多个注册党派，进行5年一度的议会选举，而人民行动党从1959年选举上台后就持续执政60多年，并且在议会中保持着压倒性的优势（见图5.5）。

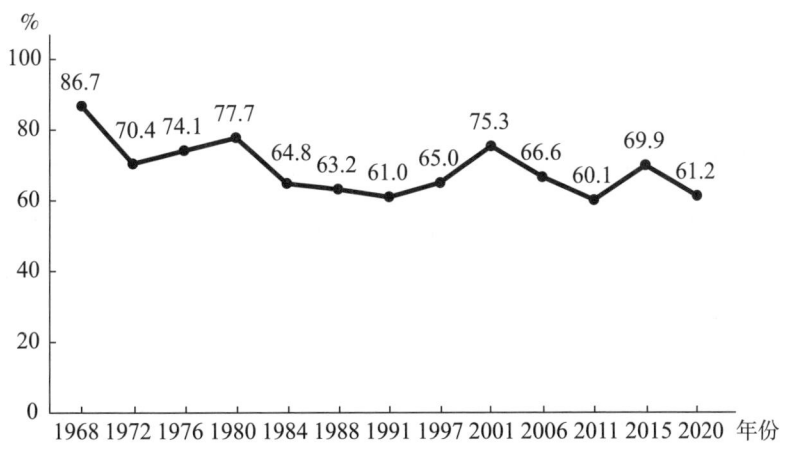

**图5.5　人民行动党在历届国会选举中的得票率**

资料来源：根据孙景峰《新加坡人民行动党执政形态研究》（人民出版社，2005，第116页）及新加坡人民行动党官网统计资料等整理。

为什么会产生这样的结果呢？一方面，人民行动党政绩卓著，领导新加坡实现了巨大的繁荣，且人民行动党有李光耀作为领导人，他的智慧、决策力是人民行动党取得卓越成就的重要原因之一。另一方面，人民行动党的长期执政也和其选举制度有关。

新加坡的选举采用相对多数制，这意味着在每个选区，获得最多选票的候选人将赢得该选区的全部席位。这种"赢者通吃"的制度，更有利于具有广泛的支持基础和组织网络的人民行动党获胜。此外，新加坡选举制度在1991年进行了改革，把全国分为"单选区"与"集选区"。单选区顾名思义选举1名议员，集选区即4~6名候选人需要组团搭档参选，并且必须包括1名少数族裔。集选区的选民不能选举单一的候选人，只能选举一组候选人。得票最高的一组候选人当选，共同进入议会。

无论是相对多数制还是集选区制度，对执政党无疑都是非常有利的，人民行动党精英众多，选区的社区工作也一向做得优秀，所以在每个选区都有一定的群众基础。反对党有时候凭借个别极其优秀有声望的候选人，在该选区是有胜算的，但几个候选人搭档参选后则很难和人民行动党竞争，甚至在有的选区反对党根本无法推出足够的人员参选。

以2020年大选为例，新加坡全国分93个国会议席，其中14个属于单选区，另外79个属于集选区，候选人人数分布如表5.2所示。从表5.2中可以看出，人民行动党在候选人数上有着绝对的优势，没有一家反对党推出超过国会半数议席的候选人，加上集选区制度的安排，"人丁单薄"的反对党无法物色到足够人才组成竞选团队，加之在相对多数制下，人民行动党以61.2%的得票率获得89.2%的议席，人民行动党优势明显。

表 5.2 新加坡 2020 年大选情况

| 政党 | 参选席位 | | | | 竞选比例*/人 | 得票率/% | 得议席数/% | 得议席率/% |
|---|---|---|---|---|---|---|---|---|
| | 单选区/人 | 集选区/人 | | 总数/人 | | | | |
| | | 4人 | 5人 | | | | | |
| 人民行动党 | 14 | 6 | 11 | 93 | 100.0 | 61.2 | 83 | 89.2 |
| 新加坡工人党 | 2 | 1 | 3 | 21 | 22.6 | 11.2 | 10 | 10.8 |
| 新加坡前进党 | 5 | 1 | 3 | 24 | 25.8 | 10.2 | — | — |
| 新加坡民主党 | 3 | 2 | 0 | 11 | 11.8 | 4.5 | — | — |
| 国民团结党 | 0 | 0 | 2 | 10 | 10.8 | 3.8 | — | — |
| 人民之声 | 1 | 1 | 1 | 10 | 10.8 | 2.4 | — | — |
| 革新党 | 1 | 0 | 1 | 6 | 6.5 | 2.2 | — | — |
| 新加坡人民党 | 1 | 1 | 0 | 5 | 5.4 | 1.5 | — | — |
| 新加坡民主联盟 | 0 | 0 | 1 | 5 | 5.4 | 1.5 | — | — |
| 红点同心党 | 0 | 0 | 1 | 5 | 5.4 | 1.3 | — | — |
| 人民力量党 | 1 | 0 | 0 | 1 | 1.1 | 0.3 | — | — |
| 独立候选人 | 1 | 0 | 0 | 1 | 1.1 | 0.0 | — | — |

注：*即该执政党竞选席位占全国总席位的比例。
资料来源：根据新加坡政府网站 Elections Department 多篇相关报道整理。

作为一个民主制度国家，李光耀并不迷信于一人一票、政党轮替执政，反而会利用制度设计保证政府和政策的持续性。在设计之初，李光耀就对此有其独到的见解——民主制度并不一定会带来良政善治[1]，人民需要的是好的政府及其带来的经济发展。

---

[1] 李光耀在东京出席"朝日新闻创造二十一世纪论坛"时发表的演讲，1992 年 11 月 20 日。

> 我并不相信民主必然会带来发展。我相信，一个国家更需要建立的是纪律而非民主。民主过于泛滥，就会让社会变得毫无纪律和秩序，以致不利于发展。一个政治体系优劣的试金石，是它能否为社会内的大部分人创造改善生活的条件，以及它是否能在给予最大限度的个人自由的同时，也保障社会内其他人的自由。①
>
> 有些人渴望看到多党政治和执政党轮替的一天。他们应该去看看泰国和菲律宾的情况。执政党不断更迭，导致贪污腐败和治理不当的现象加剧。②
>
> ——李光耀

另外，我们应该注意到，新加坡的政治选举确实存在民主性和竞争性，新加坡存在20余个党派的多党竞争，尽管反对党力量薄弱，不足与人民行动党相抗衡，但各个政党仍然可以宣布自己的政治纲领，能够与人民行动党为争夺选票而竞争，并对人民行动党形成一定的压力。选民也可以自由地支持任一党派，大多数国会议员必须得到所在选区多数选民的支持。在这种"防御性的"选举制度的设计下，反对党虽没有实力和人民行动党正面竞争，但起到了监督的作用。如果人民行动党不犯大错，就能保持执政的连贯性；但如果犯了大错，就会在选举结果中体现出来，会让人民行动党不得不反思，进而纠错。

### 人民行动党本身：精英且务实

当然，如前所述，人民行动党本身的卓越政绩是其能长期执政的根本保障。而人民行动党的强大在于其广纳全社会精英的人才选拔机制，以及其独

---

① 李光耀在马尼拉出席菲律宾商业大会时发表的演讲，1992年11月18日。
② 李光耀于戎巴葛集选区的国庆演讲，2008年8月13日。

特的去政治化、去意识形态化。人民行动党不讲主义，它的目标不是坚持或实现任何主义，而是"建立一个公平公正的社会，让进步的好处广泛惠及所有人"（人民行动党的使命）。这种理念既不依赖任何具体的政治理论，也不依赖先天灌输的信仰，是一种非常务实的思想，与李光耀的超级理性主义一脉相承。

　　人民行动党之所以能生存，并不是因为它总是坚持己见。如果它死守教条或意识形态，就会与现实脱节。每当形势一有变化，我就会问"让我们看看有哪些选择，有什么解决方案？"解决方案是谁提出来的并不重要。只要行得通我们就用。假如他脑子里还有很多点子，那就说服他到我们这一边来。①

——李光耀

　　从内部结构和队伍建设来看，人民行动党有其长盛不衰的原因。人民行动党定位于精英政党，党员人数并不多，虽然从未公开有多少党员，但据估算只占全国总人口的1%左右②。在党员队伍建设方面，人民行动党认为质量比数量更重要，因而其在发展党员上注重质量，不盲目追求数量的扩张。各阶层人物要想入党，必须本人申请，同时要有介绍人。而且仅有大约5%的党员经过努力③，对党做出特殊贡献，同时要由一名中央委员推荐，再由中央执委会投票通过，并经进一步考验后，才有可能成为正式干部党员，干部党

---

① 李光耀接受《海峡时报》访问，1999年8月7日。
② 杨学军. 新加坡人民行动党成功的基石在哪里 [R/OL]. （2017-01-23）[2023-05-28]. http://www.d-long.com/eWebEditor/uploadfile/201701231026576754795.pdf.
③ 杨学军. 新加坡人民行动党成功的基石在哪里 [R/OL]. （2017-01-23）[2023-05-28]. http://www.d-long.com/eWebEditor/uploadfile/201701231026576754795.pdf.

员有权选举和被选举中央执行委员会；普通党员表现好，可以晋升为干部党员。由于考核标准甚严，大约只有 1% 的普通党员晋升为干部党员。①

群众是政党执政的社会基础，党与群众的关系如何，在很大程度上决定着党的兴衰存废。为加强与基层民众的联系，人民行动党在每个选区都至少建立了一个党支部，在较大的选区甚至有几个党支部，以此来争取选民对人民行动党的信任和支持。目前，人民行动党有超过 80 个基层党支部。人民行动党建立了议员接待选民、议员访问选民、部长定期访问选区的制度。每个议员每周必须安排一定时间接待选区民众上访，上至总理、部长，下至一般议员无一例外。在议员每周一次接待民众的活动中，民众就日常生活中的各种问题向议员提出诉求，能够当场回答和解决的问题就地解决；对于那些有悖法律和政策的问题，则由议员向民众做出具体解释，做好说服工作。议员和部长访问选区时，可通过访问了解普通居民的生活和需求争取选民的支持。重要的是，通过帮助解决涉及选民切身利益的问题，有效地化解了基层社会中存在的矛盾和冲突，防止了国家宏观政策实施过程中利益受损群体对政府和社会的不满。

## 司法制度：效率与监督的平衡

### 立法：过程公开透明

司法制度分为立法与执法两个层面。国会（议会）是新加坡的立法机关，由民选的议员及总统特别委任的非民选官方议员组成。但长期以来人民行动

---

① 杨学军. 新加坡人民行动党成功的基石在哪里 [R/OL].（2017-01-23）[2023-05-28]. http://www.d-long.com/eWebEditor/uploadfile/20170123102657 6754795.pdf.

党占据了议会的绝对多数,目前新加坡议会有89%为人民行动党议员,议会议长自1970年以来也由人民行动党议员担任。也就是说,新加坡的立法与行政是高度一致的,其独立性一直饱受争议。

不过,就法律制定的公开度和透明性而言,新加坡的做法的确值得褒扬。在提出和审议法案的过程中,相关部委对提出的法案进行说明,议员可以对此开展讨论,各部门在辩论时,普通民众可以旁听,很多辩论在媒体上也有全程实时报道,政府还会定期将国会辩论集出版。国会在立法时,一般会针对某个特定的提案成立一个专门的委员会,该委员会由社会各界人士组成,委员会在研究提案的过程中,会让公众或者相关团体在一定时间内进行反馈,然后整合意见对法案提出建议或做出修改。这样层层讨论与公众监督的方式保证了立法的严谨与透明。

**执法:一定程度地独立于行政**

执法方面,在理论上,根据新加坡《宪法》及其相关法律,法院具有美国最高法院那样广泛的司法审查权力。新加坡高等法庭在1994年的Chan Hiang Leng Colin v Public Prosecutor一案中指出:"法庭既有权力也有责任保证《宪法》的条文得到切实遵守,也有责任宣告任何以立法或行政的方式行使权力的行为无效,只要该行为超过了宪法所授权力的界限,或者与宪法的禁止性规则相抵触。"在实例中,新加坡高等法庭曾以维护《宪法》为名,通过判例否认新加坡政府的外交缔约行为效力。在2003年的Public Prosecutor v Salwant Singh s/o Amer Singh一案中,新加坡政府与印度

---

① 成岗. 人民行动党在新加坡国会选举中获胜 [R/OL]. 新华网.(2020-07-11)[2024-04-05].https://www.xinhuanet.com/world/2020-07/11/c-1126223876.htm

政府达成了引渡两名印度人的协议，该二人在新加坡犯下罪行，可判刑7~20年。新加坡政府与印度政府签订协议，将两名嫌犯引渡到新加坡，答应印度政府的条件是对他们的刑罚上限是7年监禁。但是案子提交到地区法院时，主审官Kow Keng Siong法官判决否定了该项外交协议的效力。法官指出，根据《宪法》第四条的规定，在出现冲突的情况下，新加坡国内法的效力要优于国际协议，而任何国际协议要在新加坡发生效力，必须通过新加坡立法机关以国内立法形式采纳。法官以判决的形式否定政府外交缔约行为的效力，其中展现出一定程度上司法独立于行政的法治精神。

不过，关于新加坡执法的独立性也一直存在争议。常见的指责是政府会策略性地运用法律来维护政治权力的专断，与此相关的案例并不鲜见。最有争议的例子是新加坡沿用了新马分家前的《内部安全法》。该法最重要的一项规定在于，政府有权根据内安法令直接逮捕所谓"危害国家安全"的嫌犯，且逮捕原因可不经司法程序的审判。另一个引发争议的《宗教自由维持法》也规定，"凡是总统或部长们根据本法做出的建议，一概具有最终效力，不得被任何法院审查"。

虽然外界对新加坡法治体系的评价存在一定争议，但在形式上，新加坡采取的方式并非暴力压迫或秘密庭审，而是通过常规庭审，援引法律条文，在法律范畴内进行"打击"。2020年，新加坡民主党（SDP）发帖称，人力部关于当地PMET（Professional, Manager, Executives, Technician）的就业数据披露有误，而人力部根据《防止在线虚假和操纵法》下令，对SDP的两个Facebook帖子及其网站上的一篇文章进行回击，反驳SDP的指称。SDP对此提出诉讼，该案件最终被总检察长指定在众议院进行审理。与此类似的诉讼在新加坡并不少见，无论是对待反对党，还是其他异见者，新加坡通常采取的方式都是通过正当的司法程序处理。

**法官任职：体现对行政的独立监督**

在法治体系中，另一个体现独立监督的方面是法官的任职。新加坡法官的任命及其职位和薪酬保障在其《宪法》里有明文规定，根据《宪法》第九十五条的规定，大法官、上诉庭法官和高等法庭法官均由总统直接任命，但总统可以自由决定是否咨询内阁总理意见。此外，《宪法》要求，对于首席大法官以外的法官人选，总理在向总统提出建议时，需要征询大法官的意见。对司法委员的任命遵循同样的规则。

法官的职业安全也受到新加坡《宪法》的保障。依据《宪法》第九十八条的规定，最高法院法官任职一直到65岁，基本等同于终身职务。法官自己可以以致总统亲笔信方式辞职，但只有在下列情况下才可以被解职：总理（或首席大法官经咨询总理）向总统提出某个法官因为不当行为或者由于身体或心智原因导致无能力履行职务。在此情况下，总统应任命一个调查委员会查明是否情况属实，并根据调查委员会的建议决定是否解除法官职务。上述规定保证高院法官能毫无畏惧地独立行使司法权，不担心因审判行为而失职。

在大多数情况下，司法和其他政府部门并无对抗或者冲突行为。这点很好理解：由于执政党有长期的连贯性，大部分执政意志可以通过立法来达到，因此司法实际是通过独立透明的机制让执政党所确认的法律得到有效执行。这一点和新加坡的选举制度在理念上不谋而合，既保证了效率的最大化（集中权力），又添加了一层独立监督和对体系正常运作的保护。

## 法律体系：全面而严苛

值得一提的是，新加坡的法律体系一直以严刑峻法而闻名。据不完全统计，新加坡建国至今共制定法律400多种[①]，法律制定范围非常广泛，从政府权力、司法责任到民族宗教，从商业往来、交通规则到旅店管理，一直到公民生活的各个方面，几乎无所不包，以至于口香糖不得在新加坡生产和销售也以法律形式加以规定。新加坡的立法在许多"小节"上采取行动，制定详细的法律法规，如停车、公共卫生、行路抽烟、上厕所冲水、乘电梯、剧院抽烟等均涵盖在法律之中，如果处理不好都可能被诉上法庭。新加坡还坚持绞刑、鞭刑等国际社会现在并不太认可的刑罚形式，意在用法律来改变人的陋习，建立文明有序的社会，如新加坡会以重罚来整治随地吐痰、不遵守交通规则等不文明行为。

实际上，这也是李光耀超级理性主义的一种体现。在被外界评价为"保姆之邦""罚款之邦"，被指责法律过于苛刻、不人性化、缺乏对公民的关怀和尊重时，李光耀回应道："他们可以笑我们，可我深信最后开怀大笑的人会是我们。要是没有做出这些努力，劝人民改变陋习，新加坡的社会就会更不文明、更粗野、更没有教养。新加坡过去算不上是个有教养的文明社会。我们准备在最短的时间内争取实现这个目标，对此并不感到惭愧。我们先教育和规劝人民，待多数人都接受了，我们就通过立法惩罚叛逆的少数人。新加坡有了一个更加宜人的居住环境。如果这就是所谓的'保姆之邦'，我倒要为促使它的形成而感到自豪。"[②]可见，他并不理会所谓的政治正确，不追

---

[①] 桂田田.李光耀执政数十载，留下了哪些政治遗产？[R/OL].北京青年报，（2015-03-24）[2023-05-28]. https://www.xinhuanet.com/world/2015-03/24/c-127612875.htm.
[②] 李光耀在新加坡国会上发表的演讲——《陋习与文明》，1980年5月6日。

求抽象的正义,而是通过法律达到威慑与教化、维护社会秩序等实用主义的目的。

## 媒体与舆论监督

新闻媒体的舆论监督作为"第四权力",对社会运行与权力制衡起到了不可或缺的作用。在新加坡,主流的新闻媒体集团几乎都被政府垄断。其中,新加坡报业控股是新加坡最大的报业集团,目前拥有11家报纸、16家杂志。集团严格限制任何一家企业外资股权超过3%①,并设计了管理股,管理股由政府批准给受信任者进行管理。其核心战略为"政府控制、公众所有、集团经营"。所谓政府控制,并不是政府占报业的股本大头,而是选择政府放心的人掌管报纸,一旦有变,也有程序将其随时撤换。另一家新传媒集团是新加坡唯一免费的电视经营者,横跨广播电台、电影制作和报纸媒体,唯一股东是淡马锡控股公司(以下简称"淡马锡")。这两家集团几乎垄断新加坡国内所有报刊出版与发行和电台、影视媒体。但并非所有媒体都由政府垄断,两个独立媒体 Mothership.sg 和 The Online Citizen 并不受政府控制,前者是一个网络新闻媒体,而后者是参与政治讨论的 NGO 网站,这两个媒体和网站的报道和言论几乎自由,也常见对本国政治的异议与贬评。

此外,新加坡政府曾多次被国际媒体公开批评,对此政府往往不采取封杀措施,而是主动曝光,向社会全面披露。如果是恶意中伤,政府也会采取法律诉讼而不是行政手段来解决问题。如上文所述,新加坡总理李显龙买了

---

① 蔡本田. 新加坡打造区域媒体高地[R/OL]. 经济日报,(2022-09-26)[2023-05-28]. https://www.ce.cn/culture/zt/2022/2022dongmeng/yao wen/202209/06/t20220906_38088149.shtml.

一套房子,被媒体报道说采用折扣价购买,并怀疑其中有商业贿赂。针对舆论反映,新加坡政府并没有采用追查谣言黑手并上升到政治斗争的方式,而是由李光耀、李显龙父子在国会公开接受质询,并由独立调查委员会进行调查,澄清其在购买房产时享受的折扣是否有违原则。最终调查显示,李显龙接受了约10%的折扣,处于商家促销的合理范围。

可以看出,新加坡政府在严格管制媒体的同时,还开放了一定的言论自由,也会正面地运用媒体和舆论的监督作为"自省的镜子"。

## 小结

综上所述,新加坡的政府治理是对超级理性主义的践行,取得了显著的成功。通过建立一套符合人性的赏罚机制,一大批社会精英可以放弃商业社会的机会和利益,加入政府体系为全社会贡献力量。政府官员是真正的优秀人才,制度保证他们既不用腐败也不敢腐败。而其选举制度、独立司法和舆论监督又为执政党提供了真实的监督和纠错机制。新加坡是夹在东方和西方之间的国家,其超级理性主义使其能够成功地集合东方体制和西方体制的优点,建立一套符合自己国家实际情况的制度体系,从而带来经济的发展和社会的进步。

# 第 6 章

# 超级理性主义在国有企业中的应用

新加坡作为资本主义国家,却拥有规模庞大的国有企业,这是为什么?

全世界国有企业的一个通病是效率低下,新加坡的国有企业体系运作效率却很高,新加坡的政策制定者对国有企业的运作制度设计有哪些不一样的思考和做法?

新加坡政府对国有企业的定位和管理方式体现了从实际条件出发、以实用效果为导向、以理性来设计制度和做出决策的特点，制度设计者对于该怎样经营好国有企业、界定政府管什么与不管什么的边界有着清醒的认识。

新加坡的制度设计者清醒地意识到政府或官员未必能经营好企业，前副总理吴庆瑞表示"许多第三世界国家的灾难性认识之一就是：政治家和公务员可以兼任企业家的职能。奇怪的是，在大量的反例实证面前，这种观念仍然在持续"[1]。这表明新加坡领导层对于政府在国有企业经营中的角色有着明确的认识——政治家和公务员不应试图兼任企业家的角色。

关于国有企业还有一种常见的观点：既然国有企业属于国家所有，其经营者就不应该像私营企业的管理者那样获取很高的报酬。然而，这种观点往往会令国有企业配置平庸的企业家，在其带领下的企业通常缺乏市场竞争力。所谓"既让马儿跑得好，又让马儿不吃草"，这种想法往往事与愿违。与此不同的是，新加坡在国企经营者的遴选和激励方面很自信地采取市场化机制，因为在李光耀等制度设计者看来，如果不想聘用平庸的人才，不想要一个虚伪腐败的体制，同时还想政府部门或国有企业高效、有竞争力，那就只能付出市场化的价格。

新加坡政府对此思考的底层逻辑非常简单：人都是自私的，有情怀是好事，但靠不住。所以，不能靠宣传、喊口号，一定要用制度和激励来让自私的人做不自私的事，从而控制腐败、提高效率。

---

[1] GOH K S. The economics of modernization [M]. Singapore : Federal Publications, 1995:preface.

## 为什么建立国企?

新加坡 GDP 构成中,政府经济占 18% 左右,国有企业占 30% 左右,即公有制经济占 GDP 的比重达到了 48%,如果算上国有企业控股、参股的企业,更是占到 60% 以上[①]。新加坡一般被认为是资本主义国家,为什么会有那么大体量的国有企业?要回答这个问题,我们就必须回溯历史,从新加坡的发展路径上寻找原因。

新加坡建国初期,国力孱弱,既没有实力雄厚的民间资本,又缺乏足够的吸引力来引进国际资本。在这种情况下,国有企业的建立是必须"集中力量办大事"的无奈之举。正如李光耀所说:"我们一开始没有制造业,没有商人愿意涉足制造业,所以我们成立了星展银行。(因为)其他银行不愿借钱给制造商。"[②]

1968 年成立的国资控股银行新加坡开发银行(星展银行前身)部分承担了扶持当时国内企业(包括私营企业)的功能,在成立一年内向近 100 家企业发放了 1.6 亿新加坡元的贷款[③]。同年成立的国企国际贸易公司,成立初衷也是帮助新加坡本地企业开拓海外市场,并通过集中采购帮助企业获取更低廉的进口价格。而在 1972 年,由于新加坡与马来西亚政府间的合作破裂,马来西亚—新加坡航空拆分成为马来西亚航空系统(现更名为马来西亚航空)、新加坡航空两家公司,新加坡航空所需投入资金甚至超过了当时星展银行的借贷能力,必须由财政部注资。由此,淡马锡成为新加坡航空的大股东并延续至今。

---

① 黄奇帆. 结构性改革:中国经济的问题与对策 [M]. 北京:中信出版社,2020.
② [新加坡] 李光耀. 经济腾飞路:李光耀回忆录(1965—2000)[M]. 北京:外文出版社,2001:62.
③ 郎昆,冯俊新. 韩国、新加坡国有经济:发展历程和经验启示 [J]. 当代韩国,2020(2):102-115.

20世纪60年代新加坡计划建造大量公屋。据建屋发展局估计,1960—1969年需要建造14.7万套住房,即平均每年1.4万套。而私人开发商当时每年只能建造2500套住房,因此,建屋发展局HDB承担起了房地产商、建筑商的职责。①

本书第2章、第3章介绍了吸引国际资本落地是新加坡模式的重要一环。为了吸引国际资本,使新加坡成为跨国企业亚太总部或全球总部的首选地,首要的就是建立完善的软硬件基础设施,其中一些方面涉及大量的人力、物力投入。当时新加坡的私人资本仍不够发达,难以完成这一目标,必须由政府部门介入和主导,以筑巢引凤、吸引外资,推动新加坡整体经济的发展。

新加坡吸引外资的一个典型案例是政府主导的裕廊工业区的建设。新加坡为了吸引外资而进行了规模庞大的工业园基础设施建设,面积达9000英亩②。工业园一方面耗资巨大,当时很难有民间资本可以承接;另一方面,在建设和投入使用初期并不被看好,当时的财政部部长吴庆瑞后来回忆:"刚开始的时候情况并不妙,尽管我们花费了大笔资金兴建基础设施,位于新加坡西部的裕廊工业区依然空荡一片。"③甚至被一些人评论为"吴(庆瑞)的愚蠢之作"。

新加坡港口的建设同样反映了这一点:优良的港口软硬件设施是发展外贸、利用外资的重要依托,但对于早期的新加坡而言,港口建设这类基建项目投入大、回报慢、风险高,但高质量的港口对新加坡其他产业的带动作用非常大。新加坡政府设立了新加坡港务集团(PSA)负责港口的

---

① 全球城市发展杂志. 不再擅自占地者:新加坡社会住房[EB/OL].(2007-11-01)[2023-06-05]. https://globalurban.org/GUDMag07Vol3Iss1/Yuen.htm.
② 1英亩≈6亩。
③ [新加坡]李光耀. 经济腾飞路:李光耀回忆录(1965—2000)[M]. 北京:外文出版社,2001:53.

生产和经营,而现在新加坡港口的基础设施和管理效率都被视为全球的标杆。

从上面的分析可以看出,新加坡发展国企一方面是由于建国之初民间资本薄弱不得不为之;另一方面是由于新加坡模式下,基建、民生等领域商业吸引力小,但对国家整体经济发展的拉动作用大(有很强的正外部性),在这些领域发展国企是新加坡历史进程中的理性选择。

资本主义国家利用国有企业来集中力量发展经济的另一个典型案例是二战后的英国。当时为了在战后重创下迅速展开国家重建,英国在基础设施等领域增加了国有经济的成分。比如,1948 年英国政府将当时最大的 4 家铁路公司合并后国有化,成立英国铁路公司;至 1979 年,英国国有企业共有 16283 家,主要分布在基础设施和基础工业领域,在行业中占据着主导地位。比如,国有企业在煤炭、造船、电力、煤气、铁路、邮政和电信等部门的比重已达到 100%,在钢铁和航空行业达到 75%,在汽车制造和石油工业行业分别达到 50% 和 25%。国有企业产值占国民生产总值的 10.5%,其中,1976 年占 11.7%,为历史最高值[1]。

## 国有企业的效率问题

国有企业的一个通病是效率低下。前文提到的英国,在完成了战后重建的任务后,很快就发现了国有企业效率问题难以解决,据统计,1978—1981 年,英国国有企业所占投资比重为 16.8%,而产出比重只有 10.9%[2]。1979 年

---

[1] 数据来自《皮书数据库:中国与世界经济社会发展数据库》。
[2] 刘克英. 英国国有企业改革对我国国有企业改革的启示 [EB/OL].(2016-03-01)[2023-06-05]. http://gqyjh.org/index.php?m=Article&a=show&id=62.

撒切尔夫人上台后，英国开始进行大刀阔斧的私有化改革。

同样地，新加坡政府在20世纪80年代后期也开始了公共部门和国有企业的私有化改革。1987年，新加坡国会通过了《公共部门私有化报告》，确定了在10年内从600家政联公司及40家法定机构撤资的计划。这一改革举措的目标是提高国有企业的效率、竞争力和创新能力，同时减轻政府财政负担。

整体而言，新加坡的国企私有化改革方案比英国的私有化方式要谨慎、节制得多。例如，通过把一些国企以上市的方式释放出部分股份，但政府依然保持控股，进而在有限干预的情况下，让企业能够在市场竞争中自主发展。典型代表如新加坡电信公司于1992年实行私有化，经过不断减持，目前淡马锡持股比例在50%左右，仍然保持大股东的地位。

新加坡之所以采取更为节制的私有化方案，是因为通过制度设计，如政企分开、保证董事会的高水准和独立性、经营市场化、企业内部激励的市场化、竞争中性原则等，能显著提升国有企业的效率，使得国有资本体系能够高效运营。

新加坡国有资产体系有"三驾马车"，除在中国知名度很高的国有资产旗舰淡马锡外，还有新加坡政府投资公司（GIC）和金融管理局（MAS），它们管理的资产规模相近，但定位有所区别，GIC管理新加坡的财政储备和部分外汇储备，主要以证券、房地产等多元化资产组合的方式追求所管理储备的保值增值和长期回报。MAS扮演类似"中央银行"的角色，负责监管金融业和管理部分外汇储备，投资的风险偏好最低，投资主要考虑流动性与安全性。相较于上述两个旗舰，淡马锡及其下辖的淡联企业更符合我们一般讨论语境下关于国有企业的定义，这两者也是本章讨论的重点。

淡马锡由新加坡财政部全资拥有，除控股及管理本国战略性产业外，以对企业进行大额投资为主，最新投资组合净值约 4030 亿新加坡元（约合 2926 亿美元，截至 2022 年 3 月 31 日）①，比 2021 财年增长了 220 亿新加坡元。直接持有近 70 家新加坡及海外企业股份，加上这些企业的附属公司合计 2000 余家。其中，主要淡联企业具体信息如表 6.1 所示。

表 6.1 淡马锡主要淡联企业

| 企业名称 | 淡马锡持股比例 /% | 市值 / 亿新加坡元 | 简介 |
| --- | --- | --- | --- |
| 星展集团控股有限公司 | 29 | 922 | 总部位于新加坡的银行集团，财富管理业务是亚洲最大的财富管理业务之一 |
| 新加坡电信有限公司 | 51 | 435 | 新加坡最大的电信公司，世界第六大电信品牌 |
| 丰树产业私人有限公司 | 100 | 195 | 致力于可持续发展的全球地产开发、投资、资本和物业管理公司 |
| 新加坡航空公司 | 55 | 163 | 新加坡的国家航空公司，航空航点遍布全球 32 个国家 66 个城市 |
| 凯德集团 | 100 | 150 | 亚洲规模最大的房地产集团之一，总部设在新加坡 |
| 新加坡能源有限公司 | 100 | 139 | 亚太地区领先的能源公用事业和综合能源服务公司 |
| PSA 国际港务集团 | 100 | 139 | 世界领先的集装箱码头运营商 |
| 新加坡科技工程有限公司 | 51 | 128 | 技术、国防和工程集团，主要研究航空、电子、陆地系统和海洋领域 |
| 翱兰集团有限公司 | 51 | 67 | 领先的农业经营集团 |

注：数据截至 2022 年 3 月 31 日。
资料来源：各公司年度财务报表。

---

① 数据来自淡马锡 2022 年年度报告，汇率按照 2022 年汇率（1 新加坡元 =0.72602 美元）。

淡马锡 2022 财年营业收入占新加坡 GDP 的 20.9%，对新加坡企业所得税的税收贡献占比达 23.1%，对税收总额的贡献达 6.9%[①]。淡马锡自成立以来年化回报率达 14%，其投资组合净值虽会受到外部事件影响存在波动，但长期保持稳定增长趋势，取得了非常优异的成绩。可以说，淡马锡的高效运营对新加坡经济的发展有着举足轻重的影响（见图 6.1 和表 6.2）。

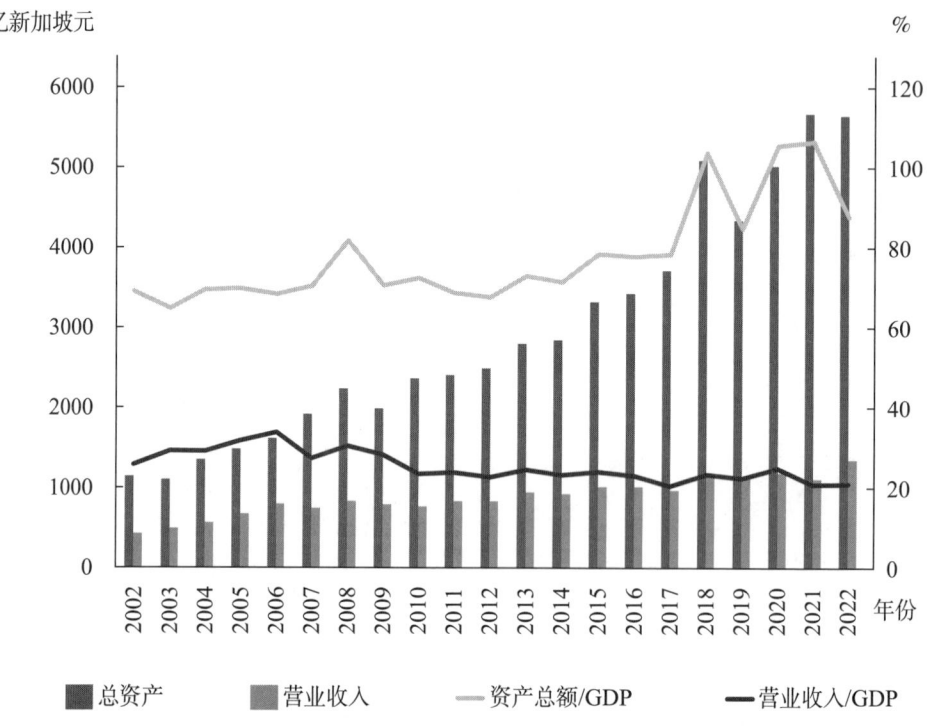

图 6.1 淡马锡营业收入、资产规模及其占新加坡 GDP 的比重

资料来源：淡马锡官网、新加坡政府官网。

---

[①] 数据来自淡马锡官网，https://www.temasek.com.sg/zh/index。其中新加坡 2022 年 GDP 数据为 6435.458 亿新加坡元，税收总额为 607 亿新加坡元，公司税纳税额为 182 亿新加坡元。

表 6.2  2022 年 SWFI 全球主权财富基金总资产排名 Top10

| 排名 | 主权财富基金名称 | 总资产 / 亿美元 | 国家和地区 |
|---|---|---|---|
| 1 | 挪威政府全球养老基金 | 13000 | 挪威 |
| 2 | 中国投资有限责任公司 | 12000 | 中国内地 |
| 3 | 阿布扎比投资局 | 7500 | 阿拉伯联合酋长国 |
| 4 | 科威特投资局 | 7100 | 科威特 |
| 5 | 新加坡政府投资公司 | 6900 | 新加坡 |
| 6 | 沙特公共投资基金 | 6100 | 沙特阿拉伯 |
| 7 | 中国香港金融管理局 | 5889 | 中国香港 |
| 8 | 淡马锡控股公司 | 4988 | 新加坡 |
| 9 | 卡塔尔投资局 | 4510 | 卡塔尔投资局 |
| 10 | 全国社保基金 | 4470 | 中国内地 |

注：阿布扎比（Abu Dhabi），阿拉伯联合酋长国首都。
资料来源：SWFI。

## 国企管理对策（1）：政企分开

新加坡政府对淡马锡及其下辖的大部分淡联企业采取了"政企分开"的原则，即厘清政府和国企间的边界，为其创造一个有利于市场化发展的环境。

淡马锡成立于 1974 年，是由新加坡财政部负责监管的独立运作的国有投资公司。新加坡政府对淡马锡的管理策略体现了明确的"政企分开"原则。新加坡政府不指导不干预淡马锡的投资和商业决策，但要求淡马锡董事会对公司的整体业绩负责。董事会需定期评估淡马锡的投资回报和风险管理，确保公司在追求长期价值增长的同时，能够维持稳健的财务状况。

新加坡财政部作为淡马锡的单一股东，对淡马锡的董事会有任免权，董事会也需要将重大投资决策和经营事项上报财政部审批或备案；同时，总统拥有所谓的"第二把钥匙"，包括批准财政部对淡马锡董事会成员的任免，批准董事会对首席执行官的任免，批准淡马锡储备金的动用和削减，确认储备金结算报告等。

每年淡马锡董事会和高级管理层需向总统与总统顾问理事会汇报淡马锡的投资组合业绩与财务表现、全球经济展望和投资战略。但是，总统和财政部均不参与淡马锡的商业决策。《淡马锡宪章》中明确规定："除非关系到保护淡马锡过去所累积的储备金，不论是新加坡共和国总统或我们的股东新加坡政府，均不参与淡马锡的投资、脱售或其他商业决策。"也即所谓"管资本不管运营"。总体来看，新加坡政府能够通过对淡马锡董事会任免权、对重大投资决策的审批权等方面影响淡马锡的经营理念和发展大方向，但并不干预淡马锡的商业决策和直接经营。

因为中间隔着淡马锡，政府更无法直接影响淡马锡下辖淡联企业的日常经营。而淡马锡对淡联企业实行"积极股东"策略，即"通过影响属下公司的战略方向来行使股东权利，但不具体插手其日常商业运作"。淡马锡及背后的财政部重点关注淡联企业的财务表现，要求淡联企业及时完整地提供年度财务报表；淡马锡的董事会成员和新加坡财政部部长也定期审查并访问关联企业，以加强对这些公司的监管。淡联企业也需定期向淡马锡汇报业务发展情况，以便淡马锡了解其战略实施、产品发展和市场表现情况。

也就是说，淡马锡对淡联企业的影响更多地体现在监管考核上，确保这些企业的经营活动符合淡马锡的战略目标。淡马锡同样不干预淡联企业日常商业决策，以保持企业的活力和竞争力。而新加坡政府（或财政部）则和淡联企业更加隔离开来。

## 国企管理对策（2）：保证董事会的高水准和独立性

淡马锡和淡联企业的董事会都具有独立性高、专业性强、董事背景多元化的特点，从而令管理者经营决策的独立性、董事会战略指引的水准和监管的能力都非常出色。

淡马锡董事会由 14 名董事组成，多数（86%）现任董事为非执行独立董事。董事成员背景多元化，除董事长林文兴（全国职工总会前秘书长及曾担任多个新加坡政府内阁职务）和董事陈育宠（HDB 前主席）有政府工作背景身份较为特殊外，其余 12 人皆为世界级跨国企业的企业家，具有丰富的商业经验和领导能力。董事中包括世界银行前行长（现任高盛集团国际顾问委员会主席）佐利克、瑞士 ABB 主席付赛等①。董事会的结构和阵容确保了淡马锡战略决策和监管的高质量：

● 独立决策：大部分董事为非执行独立董事，既没有公司股权，也没有政府背景，独立性高；董事会决议制度为简单多数投票制，即便政府想要突破新加坡法律和《淡马锡宪章》的约束干涉董事会的决策，难度也非常大。

● 商业经验丰富，专业性、领导力强：董事会成员具有世界级跨国企业的专业背景，他们的经验和专业知识为公司的决策提供了有力支持。

淡马锡董事会成员及首席执行长的任免由董事会下设的提名委员会向股东（财政部）推荐，再由财政部向总统顾问委员会提名，由总统批准或者否

---

① 数据来自淡马锡官网，https://www.temasek.com.sg/zh/index。

决。从实践上看，总统在这方面几乎不会动用否决权。

淡马锡董事会中在任政府官员较少见，而自2011年10月淡马锡董事、财政部前常任秘书张铭坚卸任其总理公署常任秘书一职后，公司董事会中不再包括在任政府官员。

不过，淡马锡的最近两任董事长虽不是现任官员，但也有较强大的政府背景。现任董事长林文兴在2013年担任董事长之前，担任过多个新加坡政府内阁职务。上一任董事长丹那巴南自1996年9月起任淡马锡第三任董事长，在这之前曾先后在政府担任多个部长职务。最近一任的首席执行长是李显龙总理的夫人何晶，自2003年担任总裁并于2021年退休。总体来看，在淡马锡的公司治理结构下，政府干预的风险相对较低。多数独立董事安排和明确的非干预原则有助于确保公司的独立性和自主决策。

在淡联企业层面，淡马锡也大力推行健全的公司治理制度，以确保这些企业具有高效、透明和独立的运作。淡马锡对淡联企业的治理有两点核心主张，意在提升董事会的质量，规范董事会和管理层的分工，营造一个更加稳健和可持续的治理环境。

第一点，董事会人才背景应力求高水平和多元化，以提高董事会决策的能力和质量。淡马锡要求淡联企业应建立由具有丰富商业经验的高水平、多元化人才组成的董事会，鼓励董事会与管理层加强合作、提高决策准确度，尽可能推荐具备企业界和公共服务界双边代表性人员出任董事，以指导和支持高级管理层应对各种挑战和抓住市场机遇。

第二点，董事会应独立于管理层，以实现对管理层的有效监督。淡马锡主张，一家公司的董事长和首席执行长应该由相互独立的不同人选担任，以确保适当的权力平衡，促进独立决策，增强董事会的监督能力；此外淡马锡还主张建立由多数具备独立性且经验丰富的非执行董事组成的董事会，履行对管理层的监督职责。根据《2018年企业管治准则》的规定，非执行董事应占董事会多数，若董事会主席非独立，则独立董事必须占多数；此外，董事会中的独立董事至少应占董事会的1/3。为了保持董事会的独立性，淡马锡还规定董事长的任期不得超过9年，董事任期不得超过6年，每位董事最多兼任6家企业的董事职位等。

淡马锡本身的董事会也在践行这两点主张，除了前面提到的董事会的高水平、多元化和独立性，淡马锡的董事长（现任林文兴）和执行长（现任狄澜）也一直由不同的人选担任。

新加坡19家淡联企业中，78%的企业董事会由9人或9人以上组成，56%的企业独立董事在董事会中所占比例超过60%，仅11%的企业董事长和CEO由同一人担任。根据新加坡国立大学2022年发布的新加坡企业治理情况和透明度指数报告，淡马锡直接控股企业的表现显著优于其他公司，这证明了淡马锡在公司治理方面的努力取得了良好的效果。在489家上市公司中，治理情况和透明度指数排名前10的公司有4家为淡马锡直接控股企业，分别是新翔集团有限公司、星展集团控股有限公司、新加坡电信有限公司和胜科工业有限公司[1]。

以淡联企业新翔集团有限公司为例，该企业董事会由10名董事组成，其中有9名（包括董事会主席）为独立非执行董事，首席执行官是唯一的非独立董事。该企业董事会主席和首席执行官的角色也是明确分开的，以强化问

---

[1] 新加坡董事协会，新加坡国立大学商学院治理暨永续发展研究所及澳大利亚会计师公会. 2022年度新加坡治理与透明度指数报告[EB/OL]. (2022-08-04) [2023-06-06]. https://www.zaobao.com.sg/finance/singapore/story20220804-1299546.

责制，增强董事会独立决策的能力。其董事会成员多为商业领袖或专业人士，分别来自金融会计（12%）、策略分析（12%）、市场营销（12%）、人力资源（12%）、品牌营销（11%）、风险管理（8%）、供应链管理（4%）、IT（6%）、法律（1%）等领域，带来多元的商业经验和专业知识[1]。

淡马锡作为大股东可向淡联企业推荐新董事人选，但正式提名需经由淡联企业董事会下的提名委员会。提名委员会成员至少3人，其中独立董事应占多数。而董事最终的当选需经过股东大会表决。通过提名委员会和股东大会的表决程序，可以保障董事会成员的选拔更加公开、公正。这种制度设计在确保淡马锡作为大股东的利益和影响力的同时，也降低了大股东过度干预企业决策和运营的风险。

而作为新加坡国有资产管理体系"三驾马车"中的GIC、MAS，由于自身定位与淡马锡存在差异，董事会中存在政府官员，理论上受到政府的影响相较于淡马锡而言程度更高。GIC董事会中有部分成员具有政府职务背景，如GIC董事会主席李显龙曾担任新加坡总理、副总理、财政部部长、总理办公室部部长、贸易与工业部部长以及第二国防部部长等政府职务。政府授权GIC进行投资，并规定投资目标、风险参数、投资范围和管理储备的指导方针。另外，任命和罢免GIC董事会需要总统的同意。

MAS董事会成员大多由政府官员组成。根据MAS法案，MAS董事会由总统任命。董事会负责MAS事务的政策和一般管理，并向政府通报MAS的监管、监督和货币政策，董事会最终通过MAS的主管部长对新加坡议会

---

[1] 新翔集团. 2018年企业管治准则[EB/OL]. (2019-06-06)[2023-06-06]. https://www.sats.com.sg/docs/default-source/corporate-governance-report/corporate-governance-2018-19.pdf?sfvrsn=22634970_2.

负责。MAS 董事会由 12 名董事组成，其中，有 7 名董事（超过 58%）担任政府职务[①]。

但 GIC 和 MAS 也均拥有运营自主权，管理层完全对相关投资决策负责。

## 国企管理对策（3）：经营完全市场化

淡马锡的经营和投资策略具有高度市场化的特点，秉持长期投资和价值投资策略，基于经济趋势和产业兴衰判断，在全球范围内寻找具有高增长潜力的投资机会，分散投资以降低风险。同时，淡马锡还关注公司治理和环境、社会及治理（ESG）问题，以确保投资目标符合可持续发展的原则。

投资的高度市场化在淡马锡所投资公司的地域分布上可见一斑：淡马锡作为新加坡的国资平台，关注点并不局限于国内，而是广泛投资全球各地的优质企业。其直接持股的 68 家公司里有 30 家是海外公司，其中不乏我们熟悉的腾讯、阿里巴巴、美团、中国平安等优质的中国公司，也有 VISA、Paypal、戴尔电脑等国际化公司。淡马锡投资组合目前继续扎根于亚洲（63%）。按投资组合敞口划分，新加坡（27%）和中国（22%）持续保持为投资占比最高的两个国家。此外，通过增加对美洲、欧洲、中东和非洲市场的投资，淡马锡进一步扩大了投资组合的地域覆盖面，以分享这些地区的经济增长机遇，提高投资组合的多样性以降低风险（见图 6.2）。

值得一提的是，随着东南亚地区中等收入人口增长和互联网经济的蓬勃发展，淡马锡也加大了对该地区的投资力度，尤其是在新兴行业和初创企业领域。例如，淡马锡投资了印度尼西亚初创企业 eFishery，这是一个利用物

---

① 数据来自新加坡金融管理局官网，https://www.mas.gov.sg。

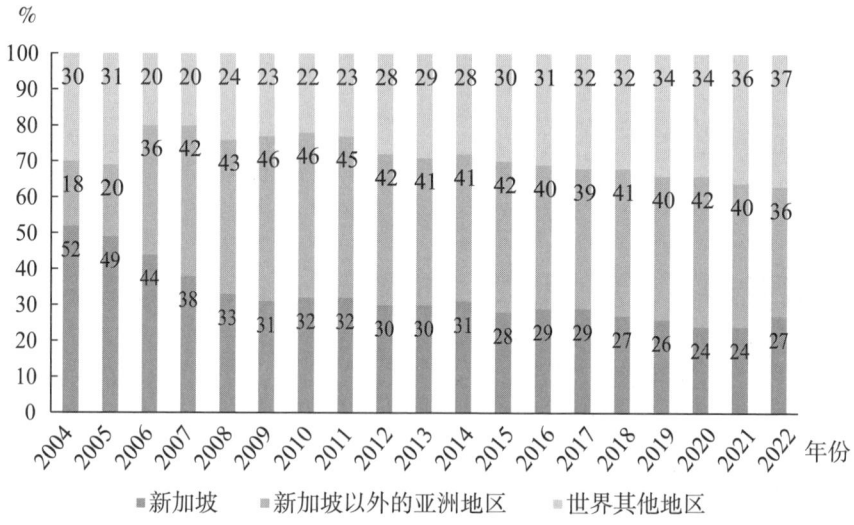

图 6.2　2004—2022 年投资组合按地理区域分布

注：按标的资产所在地划分，截至 2022 年 3 月 31 日。

联网技术为鱼虾养殖业提供智能投喂解决方案的创新公司；其还追加投资了区域购物和消费奖励平台 ShopBack，这是一家为消费者提供线上购物返利和优惠券服务的平台，覆盖了东南亚地区的多个国家；淡马锡还投资了特色餐饮连锁 Golden Gate，这是一家经营多个餐饮品牌的越南热门企业；等等。

　　淡马锡根据时代发展、市场变化，不断调整投资组合。拉长历史看，1974 年成立之初，淡马锡试图通过商业化运作培育具有独立经济能力的新加坡企业，从 2002 年开始放眼海外，拓展转型中的亚洲市场，再后来放眼全球市场。行业方面，随着全球经济和科技的快速发展，淡马锡逐渐将投资重心转向了新兴潜力行业，如金融服务、科技、消费和生命科学等。这些行业具有较高的增长潜力，可以带来更好的投资回报。淡马锡近年来投资组合净值增长情况见图 6.3。根据投资组合敞口划分，金融服务（23%）、交通与工业（22%）以及电信、媒体与科技（18%）是淡马锡投资组合中占比最高的三大行业领域①。

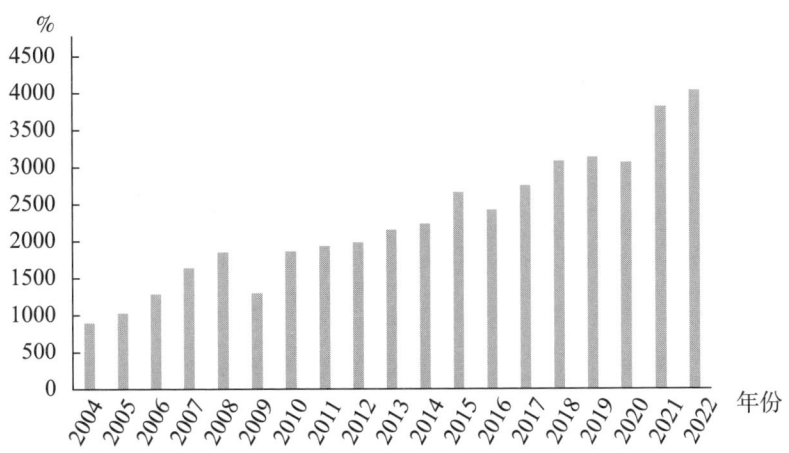

**图 6.3 2004—2022 年淡马锡投资组合净值**
资料来源：淡马锡官网。

2016 年，淡马锡在其官网上宣布将加大对四个大趋势的关注，即数字化进程、可持续生活、未来新消费，以及更长的寿命，在人工智能、区块链、网络和数字化领域的投资也将有所布局。这一年淡马锡高级管理层在媒体沟通会上回应如何应对资本寒冬并且扭转目前局面时，提到最多的词是"重塑投资组合"，该年淡马锡在科技、媒体和通信（TMT）领域的投资比重已经超过其过去重点投资的金融服务业，成为第一大重点投资领域。

近 3 年，淡马锡持续在科技、金融服务和生命科学等领域进行了大量投资。科技领域的投资包括网络安全工具软件开发商 Snyk、半导体制造商台积电（TSMC）、已被美国高通公司收购的芯片设计初创公司 NUVIA 以及中国的大数据解决方案公司明略科技等；金融服务领域为从金融服务数字化的快

---

① 数据来自淡马锡官网，https://www.temasekreview.com.sg/zh。

速发展中受益，投资的公司包括英国财富管理平台 FNZ、辅助全球数字支付和卡片发行的新加坡初创企业 Nium、全球资产管理公司贝莱德、美国数字借贷平台 Blend 等；生命科学领域的投资包括爱尔眼科医院集团、Coherus BioSciences、创胜集团和 Vir Biotechnology 等研发新药和治疗方案的生物制药公司。

根据所投企业竞争力和投资价值的变化，淡马锡也会基于自身的判断动态调整投资组合。例如，对于凯德集团，淡马锡于 2004 年首次投资，后逐渐增持至 100% 控股；而对于新加坡电信的持股，从 2001 年的 74.9% 逐渐降至现在的 51%（截至 2022 年 3 月 31 日）。以 2022 年 3 月 31 日截止的最新财年为例，淡马锡的投资活动活跃，在新增投资额约 610 亿新加坡元的同时，脱售额也高达 370 亿新加坡元。举例来说，淡马锡 2019 年减持蔚来汽车的股份，持股比例从 2019 年初的 5.4% 降至 1.8%，2021 年出售了持有的药明巨诺全部 6% 的股份[①]。这种动态调整有助于淡马锡实现投资组合多样化，降低风险，将资金投向具有更高回报潜力的行业或企业。

不过对于一些关系国计民生或有特殊定位的淡联企业，淡马锡则一般倾向于保持全资控股。这里面有的企业本身有强垄断属性（特别是对于新加坡这样的城市型国家，如能源网络、交通网络运营），市场竞争属性弱；有的企业在新加坡模式下商业吸引力小，正外部性强（政府压制其商业属性，放大其对经济拉动的正外部性，如基建、房产）；有的企业则是政府施加对社会控制力的关键一环（如媒体公司）。这种在绝大部分领域市场化，小部分关键领域严密控制的做法在国际舆论上有一定争议，但这和新加坡的超级理性主义理念是自洽的（见表 6.3）。

---

① 数据来自淡马锡年报。

表 6.3 淡马锡全资控股企业

| 行业 | 公司 | 简介 |
| --- | --- | --- |
| 媒体 | 新加坡科技电信媒体私人有限公司（STTelemedia） | 通信、媒体和技术（CMT）领域的活跃投资者 |
| | 新传媒私人有限公司（Mediacorp） | 由政府部门演变成为名义上的媒体集团 |
| 房地产 | 盛裕控股公司（SurbanaJurong） | 城市、工业、基础设施规划建设与咨询 |
| | 万礼生态园控股公司（Mandai） | 裕廊飞禽公园、夜间野生动物园、河流野生动物园和新加坡动物园的运营商 |
| | 丰树产业私人有限公司（Mapletree） | 多元化地产开发、投资、资本和物业管理公司 |
| | 凯德集团 | 亚洲规模最大的房地产集团之一 |
| 港口 | PSA 国际港务集团 | 港口和码头业务 |
| 公共交通 | SMRT 企业有限公司 | 公共交通服务提供商：地铁、轻轨、国际铁路、公交、出租 |
| 能源 | 新加坡能源有限公司（SPgroup） | 供电（运营国家电网）、供水、供热 |
| | 兰亭能源 | 专注于液化天然气 |

注：截至 2022 年 3 月 31 日。
资料来源：各公司年度财务报表。

## 国企管理对策（4）：薪酬体系完全市场化

新加坡国企体系非常重视对人才的吸引和激励，因为政策制定者认为在高度竞争的市场环境中，提供具有竞争力的市场化薪酬至关重要。以此为前提，才能吸引和留住顶尖人才。这种薪酬策略有助于提高新加坡国企的竞争力、创新能力和业务表现。

在淡马锡层面，其制定的薪酬政策对顶级人才具有很强的吸引力。淡马锡董事会的领导力发展和薪酬委员会（LDCC）负责制定绩效衡量和薪酬计划的相关指导方针和政策。这些政策旨在确保淡马锡的薪酬结构能够平衡短期业绩和长期价值创造。

淡马锡的薪酬框架（见图6.4）包括基本工资以及短期激励措施、中期激励措施和长期激励措施。激励措施与员工绩效挂钩，主要通过现金和股权两种形式发放。这种以绩效为导向的薪酬结构有助于吸引和留住优秀人才，同时鼓励员工努力实现公司的战略目标和长期价值创造。

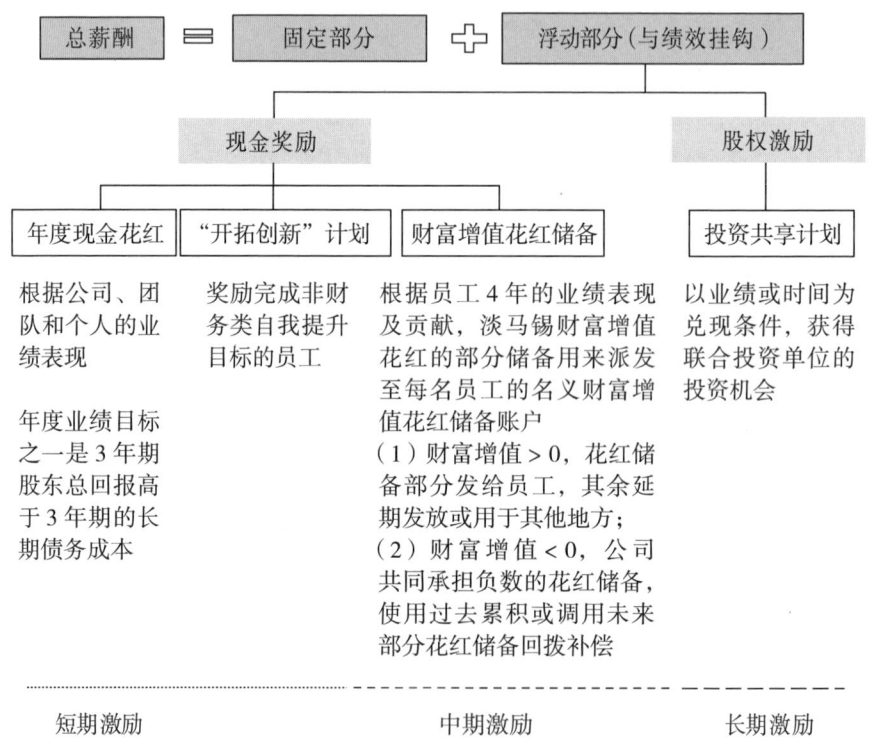

图6.4 淡马锡的薪酬框架

注：固定部分主要为基本工资，是将相同职位的同行业公司作为参照物所设定，以体现该职位的市场价值。

资料来源：根据淡马锡官网资料整理。

淡联企业的高管薪酬采取市场化的策略，非常具有竞争力。2020/2021财年，淡联企业的CEO年度薪酬为290万~1200万新加坡元（合人民币1400万元~5800万元）。从新加坡国内薪资水平来看，2022年国民月薪中位数达到了5070新加坡元（约合人民币2.5万元）[①]，淡联企业CEO年度薪酬是该数据的48~197倍，这种薪酬的大幅差距体现了新加坡国企体系对管理人才的高度激励。淡联企业高管的薪酬在新加坡整体企业界高管薪酬中处于较高水平，部分原因在于往往其在规模、业绩和影响力方面相比新加坡其他本土企业具有优势。

如果和中国国企的激励做比较，中国国企高管的薪酬市场化程度明显较低。中国国企高管的薪酬一般由国资委或其他国有资产监督管理部门制定，受到一定程度的政策限制。此外，中国国企高管薪酬的设定往往更注重公平性和稳定性，而非完全以市场竞争为导向。这导致国企高管薪酬水平相对较低，激励机制也相对较弱。据统计，中国国企高管2021年应付年薪为37万~90万元，整体国企高管年薪上限约为在岗职工平均工资的8倍[②]。

以航空业为例，新加坡航空公司2021/2022财年CEO年薪为494万新加坡元[③]（约合人民币2409万元）。而中国的国航、南航等的营收规模都超过新加坡航空公司1倍，但高管的薪酬和新加坡航空公司的标准差距较大，根据南航2021年的年报，其副总经理程勇的薪酬为181.76万元，已为公司最高，但其并不持有公司的股份。

---

[①] Ministry of Manpower. Labour force in Singapore advance release 2022[EB/OL]. (2022-12-01) [2023-06-05]. https://www.mom.gov.sg/newsroom/press-releases/2022/1201-labour-force-in-singapore-advance-release.

[②] 每日经济新闻. 多家央企公布高管薪酬：最高的90万！社保、公积金这些数据也有 [EB/OL]. (2023-01-31) [2023-06-05]. https://news.sina.com.cn/s/2023-01-31/doc-imyeawti0117658.shtml.

[③] 按照1美元=1.3774新加坡元计算。

除了薪酬高，淡联企业高管薪酬结构中也包含较高比例的激励成分，既有短期激励效果的绩效奖金部分，又有能起到长期激励作用的股权激励部分，两者在总薪酬中的比重高达65%~90%。再以新加坡航空公司为例，其2021/2022财年CEO年薪中基本薪酬占比为28%，绩效奖金为4.2%，股权激励为67.8%。过去几年受新冠疫情影响新加坡航空公司经营业绩波动较大，CEO薪酬中的激励部分自然也大幅波动：其2020/2021财年的薪酬为277万新加坡元，比前一年下滑了34%。而星展集团2022年业绩理想，公司盈利同比激增20%，达到81.9亿新加坡元，相应地，其执行总裁高博德（Piyush Gupta）薪酬在2022年增长了13.3%，达到1538万新加坡元。

## 国企管理对策（5）：竞争中性原则

在国企的市场地位问题上，李光耀曾表示："政府不会干预淡马锡及其子公司的日常管理，也不会给淡马锡或其子公司任何特殊照顾。淡马锡以商业原则经营，自由选择本地或外国合作者，而且必须和其他公司一样，通过竞争投标才能获得政府项目。"[1]根据我们的观察，这一表态在绝大部分领域是成立的，虽然淡联企业在市场竞争中会因为有淡马锡这样强大的股东而获得一些隐含的优势，但基于法律和制度的保护，新加坡市场总体而言是高度市场中性的，从历年世界银行对营商环境的评价上新加坡总是位列前三可见一斑。

新加坡秉持竞争中性原则背后非常重要的原因是对新加坡核心商业模式的保护（通过低税率、优秀的营商环境等因素吸引跨国企业的总部经济）。作

---

[1] 李光耀接受财新记者胡舒立访谈，2006年秋。

作为一个重视商业发展、鼓励跨国企业在其境内设立总部的国家，新加坡不仅需要为企业提供低税率、优秀的基础设施和稳定的政治环境，还需要在制度设计上尽可能地创造一个公平竞争的市场环境。可以预见，如果新加坡的国企在市场竞争中拥有国家支持的额外优势，那新加坡对跨国企业建设总部的吸引力将大幅下降。从这个角度出发，新加坡的制度设计者也必须创造一个尽可能公平的市场竞争环境。

## 小结

从英国和新加坡的经验来看，即使在资本主义国家，在某些历史阶段，为了集中力量办大事，国有企业也有产生的必然性。但政府对企业经营的干预而导致的运营效率低下也是全球国企的通病。英国的选择是全面私有化，新加坡的选择是在微观上通过市场化解决国企的效率问题，让国企除股权结构之外，其他方面看起来和私企没有两样。

新加坡提升国企效率的办法：政企分离、董事会的独立性、管资本不管运营、市场化的激励机制、竞争中性原则，都起到了非常积极的作用。新加坡国企的成绩非常优异，自1974年成立以来的48年间，淡马锡的年化股东总回报率保持为14%，这在整个投资界都是罕见的[1]。这些都证明了国有企业提高效率的可能性。

但我们必须清醒地意识到，新加坡的国企效率是建立在超高效率的政府体系之上的，而新加坡的官员体系全球只此一家，本身就类似一个公司化的

---

[1] 淡马锡.淡马锡年度报告2022[EB/OL].（2022-07-01）[2023-06-06]. https://www.temasekreview.com.sg/zh/investor/how-we-grew.html.

高管体系，有最优秀的高管和最市场化的激励机制。试想，如果新加坡政府没有这样的人才结构和激励机制，其政府官员是否还能有这样的远见和自制力而采取同样的方式来管理国有企业？如果国企市场化而官员收入低下，官员会不会心理不平衡，或者自己去管理企业，或者把企业死死管住让它无法真正地市场化？等等，这些问题值得我们思考。

# 第 7 章

# 超级理性主义在城市交通中的应用

交通拥堵是大城市的通病，2022 年伦敦堵车时长 325 小时、巴黎 246 小时、纽约 236 小时，这意味着平均每天都有长达 40~50 分钟的交通停滞[①]。但是新加坡作为世界上人口密度最大的城市之一，交通十分顺畅。全年堵车时长仅 150 小时，平均每天仅拥堵 25 分钟[②]。

麦肯锡对全球 25 个大城市交通系统的追踪评分印证了新加坡交通的优越性。在所调查的城市中，新加坡保持多维度领先，其中交通费用可负担性第一、效率性第三、便利性第三、安全性与可持续发展性第一[③]。综合来看，新加坡的公共交通系统总排名第一[④]，私人交通系统表现也可圈可点。

---
① 数据来自 TomTom，数字地图导航公司 TomTom 是苹果、大众、戴姆勒、丰田等公司的数字地图供应商，提供全球 400 多个城市的实时交通拥堵状况查询，并每年发布《全球拥堵城市排行榜》。
② 数据来自 TomTom。
③ 麦肯锡. 全球 25 个城市交通系统成功因素报告 [R]. 美国：麦肯锡公司，2021.
④ 麦肯锡. 全球 25 个城市交通系统成功因素报告 [R]. 美国：麦肯锡公司，2021.

新加坡交通系统的优异成绩来自其超级理性主义在交通领域的应用。新加坡政府意识到在人口密集的大城市，要获得高效的交通就必须从三个角度入手：第一，科学规划城市，最大限度地减少市民交通的总需求；第二，对事关民生的刚性交通需求，完全用廉价高效的公共交通体系加以满足；第三，清醒地意识到在大城市自驾车是奢侈品，因此不能搞平均主义，要用完全市场化的方式来调节、管理。

其结果是新加坡的老百姓可以用最短的通勤时间享受国际大都市的工作机会和生活条件；中低收入阶层可以用最低的成本享受最高效的公共交通体系；开私家车的高收入阶层虽然要付出极高的金钱成本，但会在不堵车、节省时间上找回高昂的机会成本。

## 用合理的城市规划降低交通的总需求

塞车背后的原因：其一，车辆多会塞车。其二，同样多的车辆，如果在路上的时间比较长，那么也是车辆多，同样会导致塞车。相反，同样的车辆在路上的时间短，就是车辆少，如果能够缩短距离，也能缓解塞车的问题。①

新加坡这种高密度的城市交通问题不是那么严重，就是因为我们化整为零。②

---

① 钟劼霓，杨燕礼."新加坡规划之父"刘太格：城市与生态和谐发展，有心就能做到[N].成都商报，2018-03-12（006）.
② 刘展超.访刘太格：新加坡如何从脏乱差到宜居，领导远见最重要[N].第一财经日报，2015-11-10.

新加坡是个小地方，我是把这个 500 多万人口的城市规划再分割成 5 个 100 万左右的片区，每个片区里面的功能就相当于一个小城市。[①]

——刘太格

高密度城市能够交通顺畅，合理的城市规划是基础。据统计，2021 年中国的主要城市平均通勤时间为 36 分钟，超大城市和特大城市平均通勤距离分别为 9.4 千米和 8.7 千米[②]。北京是全国通勤状况最严峻的城市，60 分钟以上通勤比重达 30%，5 千米以内通勤距离仅占比 37%。即使平均来看，北京的单程通勤时间也要 48 分钟，通勤距离长达 11.3 千米[③]。这与北京的单中心城市结构有很大关系，"城中心就业 + 郊区居住"的模式导致工作人口在上班时间都从郊区进城，下班时间又都从中心出城，形成巨大的交通总需求。

而新加坡这种高密度的城市交通问题不那么严重，最重要的原因是在城市规划上化整为零，采用多中心布局，疏散了中心城区的人口。新加坡城市规划总设计师刘太格提出"卫星城市"的构想，把新加坡划分为 5 个片区，每个片区 100 万~150 万人。根据各个片区的产业发展情况，配建组屋形成居民区，先建设地铁站及其他公共交通，再配套教育、医疗、商业、文体设施。这样每个片区的功能就相当于一个小城市，里面有学校、医院，有工业、商业集聚场所，居民的日常生活需求都能够在片区内近距离得到满足。

在这 5 个片区中，中央区是政治和金融中心，有 92 万人；西部是工业重镇，有 92 万人；东北部有 93 万人；东部有 69 万人；北部有 58 万人[④]

---

[①] 财经. "新加坡规划之父"刘太格：中国大城市的规划问题出在哪里 [N]. 财经，2018-10-01（023）.
[②] 2022 年度中国主要城市通勤监测报告 [J]. 城乡建设，2023（2）：56-65.
[③] 2022 年度中国主要城市通勤监测报告 [J]. 城乡建设，2023（2）：56-65.
[④] 数据来自新加坡统计局，https://www.singstat.gov.sg/。

（见表7.1）。虽然规划不完全相同，但每个区域的人口分布较平均。城市区域划分在解决交通拥堵问题的同时，便利了工作人口的日常通勤。新加坡工作人口中，平均通勤路程仅为6.3千米，超过70%的人通勤时间在45分钟以内，49%的人通勤时间不到30分钟①（见图7.1）。

表7.1　新加坡五大区域常住人口统计（2020年）

|  | 该区域常住人口/万 | 该区域常住人口占比/% |
|---|---|---|
| 总人口 | 404 | 100 |
| 中央区 | 92 | 22.8 |
| 西部 | 92 | 22.8 |
| 东北部 | 93 | 23.0 |
| 东部 | 69 | 17.1 |
| 北部 | 58 | 14.4 |

资料来源：新加坡统计局。

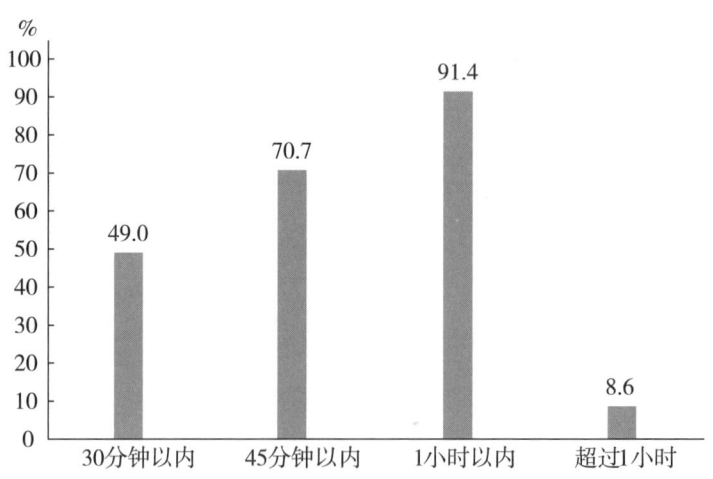

图7.1　新加坡全部工作人口通勤时间

资料来源：新加坡陆路交通管理局（LTA）。

---

① 数据来自新加坡陆路交通管理局，https://www.lta.gov.sg/content/ltagov/en.html。

多中心布局的城市规划给新加坡人的生活带来诸多便利。北京城市规划顾问刘太格曾设想:"如果把北京分为 5~6 个四五百万人口的城市,每个城市里有所有的配套设施,第一方便市民生活,第二防止交通堵塞,第三提升宜居程度。"①

## 公共交通服务刚需,自驾车是奢侈品

在交通问题上,新加坡政府意识到在新加坡这样人口密集的大都市,公共交通是公民的基本权利,因此必须获得圆满解决;而私家车会占用本就非常稀缺的物理空间(如路面、停车位等),是奢侈品,所以不能搞大众化、平均主义,一定要用市场化的方式来匹配资源。

**公共交通便捷且低价**

新加坡的公共交通网络畅行,以铁路网络(地铁和轻轨)为主,公共汽车和巴士为辅。基本模式是将地铁站点建在区域中心,然后建设轻轨线环绕整个区域,地铁、轻轨、公交在一个综合交通枢纽(ITHs)内,居民换乘方便。全国有 5 条地铁线(MRT),共 130 个车站,遍布岛屿,200 千米的地铁系统每天有超过 300 万名乘客②;与地铁配合的是 2 条轻轨(LRT),它们充当接驳服务,使通勤更便利。公交服务是对铁路网络的补充,全空调的公交换乘站集中在 ITHs 中,目前全岛有 10 个交通枢纽③,可与地铁站以及毗邻的商业开发区无缝连接,直达购物中心、写字楼(见表 7.2)。发达的公共

---

① 刘展超. 访刘太格:新加坡如何从脏乱差到宜居,领导远见最重要 [N]. 第一财经日报,2015-11-10.
② 数据来自新加坡陆路交通管理局,https://www.lta.gov.sg/content/ltagov/en.html。
③ 数据来自新加坡陆路交通管理局,https://www.lta.gov.sg/content/ltagov/en.html。

交通系统保证了大多数居民的顺畅出行。国际公共交通协会主席皮勒·卡尔维特称赞"新加坡是城市公共交通的典范"。

表 7.2 新加坡的公交服务

| 新加坡巴士服务 | 功能 |
| --- | --- |
| 干线巴士服务 | 路线长,主要功能是将乘客从一个社区带到另一个社区 |
| 接驳巴士服务 | 提供从地铁站或公交站到周围住宅区和工业/商业区的交通服务 |
| 优质巴士服务 | ①通常在高峰时段,在主要居民区和商业节点[如中央商务区(CBD)和工业/商业区]之间穿梭,疏解交通高峰时间的人群;<br>②提供高档公交车服务,收取高额票价 |
| 城市直接服务 | 工作日的繁忙时段,在主要住宅区和中央商务区之间运营 |
| 穿梭巴士服务 | 满足特定的交通需求,如连接到名胜古迹、旅游景点、商业或零售中心以及医疗机构 |

资料来源:新加坡陆路交通管理局(LTA)。

全岛公共交通便捷的同时,在政府的补贴下其价格也非常低廉。2022年,新加坡人均月净收入为4780美元,每月公共交通费用为96.3美元,占可支配收入比重仅2.0%,可以说是全球大城市的最低档位。和新加坡同等收入水平的悉尼每月公共交通费用为146美元,占可支配收入比重达3.5%;伦敦每月公共交通费用高达200美元,占比更是达到5.0%[①]。由于方便快捷、价格低廉,新加坡有57.7%的工作人口出行会选择公共交通工具[②],其是最主要的通勤方式(见表7.3)。

---

① 数据来自NUMBEO,目前是世界最大城市数据库平台之一,提供全球各国家、各城市生活水平和条件的最新数据,包括生活成本、住房价格、医疗保健、交通出行、污染和犯罪情况等。
② 数据来自新加坡统计局,https://www.singstat.gov.sg/。

表 7.3　全球主要地区公共交通费用情况

| 城市 | 每月公共交通费用/美元 | 每月净收入/美元 | 公共交通月费用/月净收入 % |
|---|---|---|---|
| 新加坡 | 96.3 | 4780 | 2.0 |
| 伦敦 | 200 | 3976 | 5.0 |
| 悉尼 | 146 | 4128 | 3.5 |
| 东京 | 74 | 2673 | 2.7 |
| 北京 | 43 | 1572 | 2.7 |
| 纽约 | 129 | 6224 | 2.1 |
| 首尔 | 41 | 2754 | 1.5 |

资料来源：NUMBEO。

为方便居民出行，新加坡对公共交通系统的建设从未止步。根据新加坡智慧出行2030（Smart Mobility 2030）和地面交通综合交通规划2040（Land Transport Master Plan 2040）两大公共交通系统建设计划，新加坡预计在2030年建成长达320千米的轨道系统和1300千米的自行车道，力求80%的居民能在10分钟内步行到达最近的地铁站，20分钟内到达邻近的居民中心，且在高峰时间段保证90%以上的居民通勤时间小于45分钟[1]。

**严格限制私家车总量**

真正的对策是限制车辆总数的增长，使这个数字不至于超越公路的负荷量而造成大规模的交通堵塞。再怎么大量兴建地下通道、高架公路、高速公路，它们终究会被不断增加的车辆挤得水泄不通。[2]

---

[1] 数据来自新加坡陆路交通管理局，https://www.lta.gov.sg/content/ltagov/en.html。
[2] [新加坡]李光耀.经济腾飞路：李光耀回忆录（1965—2000）[M].北京：外文出版社，2001：204.

> 人民必须先投标申请证件，才有资格购买新车，车子才有权使用公路。每一年发出多少份证件供投标，取决于公路的容量。①
>
> ——李光耀

在私家车方面，政府严格控制汽车的保有量。20世纪90年代初，新加坡就开始实行拥车证（COE）制度，对车辆定额分配。陆路交通管理局依照上一年的汽车总量以及报废车辆的数目，确定新增拥车证的数量，一般不超过汽车总量的3%②。随着机动车总量接近百万辆，后续的增长更是严格控制，新加坡自2014年起将机动车总数的增长幅度从每年的0.5%减至不超过0.25%③。拥车证有效期仅10年，过期即被注销。拥车证制度有效维持了新加坡车辆的低增长。

为了降低整体需求，政府通过各种税收手段以提高拥有私家车的成本。首先，私人买车必须通过竞拍购得拥车证，当前成交价约为10万新加坡元④。其次，各种各样的附加费用进一步增加了购车成本。额外注册费由汽车的基础价决定，越贵的车额外注册费越高，2023年的新政策大有对高档车加价升级的趋势。基础价2万新加坡元以下的车，需要缴纳等同车价的额外注册费；超过2万新加坡元的车，额外注册费比车价还高。除此之外，因为新加坡本土不生产汽车，全部进口，购车者还需要缴纳进口关税以及消费税，分别为基础价的20%和8%⑤。2018年以来，新加坡的所有汽车都需要

---

① [新加坡] 李光耀. 经济腾飞路：李光耀回忆录（1965—2000）[M]. 北京：外文出版社，2001：204.
② 数据来自新加坡陆路交通管理局，https://www.lta.gov.sg/content/ltagov/en.html。
③ 数据来自新加坡陆路交通管理局，https://www.lta.gov.sg/content/ltagov/en.html。
④ 数据来自新加坡陆路交通管理局，https://www.lta.gov.sg/content/ltagov/en.html。
⑤ 数据来自新加坡陆路交通管理局。此前新加坡汽车消费税为7%；自2023年1月1日起，消费税将提高至8%；自2024年1月1日起，消费税将调高到9%。

根据其排放的污染物评估尾气排放附加费。排放评估按污染程度从低到高排序有多个级别，污染最轻的级别可获得 2 万新加坡元的补贴，可以用来抵扣额外注册费，而污染最严重的级别则须额外支付 2 万新加坡元的附加费（见表 7.4）。

表 7.4 新加坡车辆的额外注册费

| 新车基础价/新加坡元 | 2023 年 2 月前注册的汽车 | 2023 年 2 月后注册的汽车 |
| --- | --- | --- |
| 0~20000 | 100% | 100% |
| 20000~80000 | 20001~50000：140%<br>50001~80000：180% | 20001~40000：140%<br>40001~60000：190%<br>60001~80000：250% |
| >80000 | 220% | 320% |

资料来源：新加坡陆路交通管理局（LTA）。

这些政策的结果是新加坡有世界范围内少见的购车成本。以 1.6 升的丰田卡罗拉为例，在新加坡购买一辆价格高达约 11 万美元，而同样的一辆车在同等收入水平的日本仅需约 1.7 万美元，在全球其他主要国家也不超过 3 万美元[1]（见图 7.2）。极高昂的拥车成本使新加坡的人均机动车保有量仅为每千人 149 辆，远低于其他发达国家，如韩国的 458 辆、英国的 632 辆、美国的 860 辆，成功地把私家车总量控制在较低水平[2]（见图 7.3）。

---

[1] 数据来自 NUMBEO。
[2] 数据来自世界汽车组织。

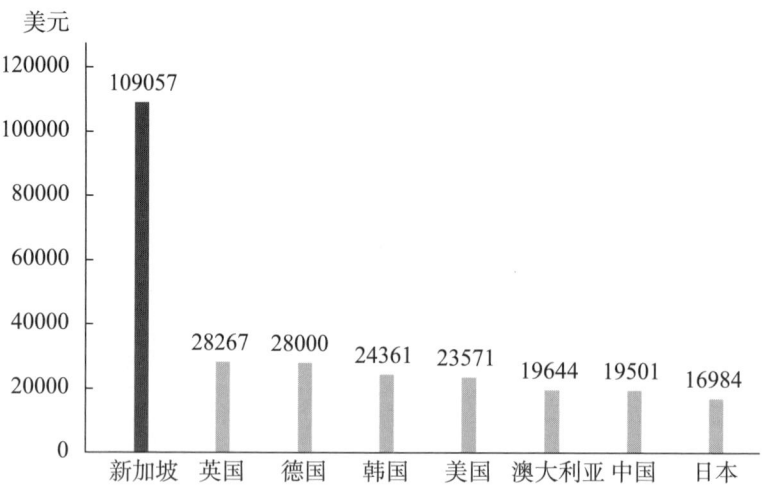

**图 7.2　全球部分国家丰田卡罗拉价格对比**

资料来源：NUMBEO。

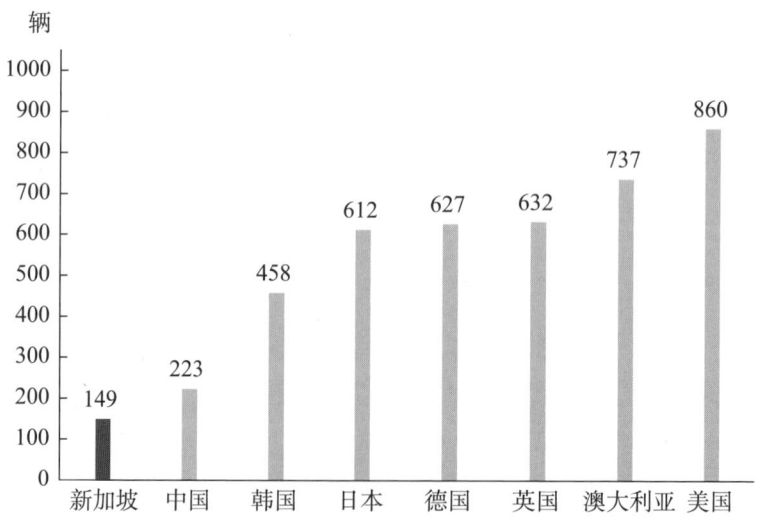

**图 7.3　2020 年全球部分国家每千人汽车拥有量**

资料来源：世界汽车组织（OICA）。

## 用市场机制匹配资源

由上文可以看到，新加坡的城市交通市场并不是一个完全放任自由的市场，政府的"无形之手"作用相当明显。但是，即使政府出手，其手段既可以是行政性的，也可以是市场化的。行政性的政策是完全由政府说了算，如北京应用的购车摇号政策、出行限行政策都属于这种。而市场化的政策是通过建立一个市场，利用价格体系来调节供需关系。比如，新加坡把公共交通的价格压到很低，而把私家车的拥有成本抬到很高，实际就是在应用价格机制让老百姓自己根据需求选择乘公交还是自驾。

**购买环节的拍卖机制**

前面讲到的拥车证，其数量由政府根据交通情况和道路容量控制，而价格完全通过竞拍由市场供需决定。2015年6月—2023年3月，受市场供需影响，新加坡的拥车证价格在2万~12万新加坡元区间变化[1]（见图7.4），为当地6~25个月的可支配收入。

拥车证虽然昂贵，但居民只要有心买车，中标率并不低。新加坡每月会开展两次竞拍，每次竞拍前公布每个类别的拥车证配额。参与竞拍者在特定地点或网站提交出价，之后可以随时调整出价。竞拍一般会持续3个工作日，如果竞拍者出价被超越，则可支付管理费提高出价，竞拍结束后即可知道是否中标。近3年，新加坡的A类、B类拥车证（分别为普通汽车牌照和高档

---

[1] 数据来自新加坡陆路交通管理局，https://www.lta.gov.sg/content/ltagov/en.html。

汽车牌照）的竞拍中标率基本为 70%~80%[1]，供需较平衡。

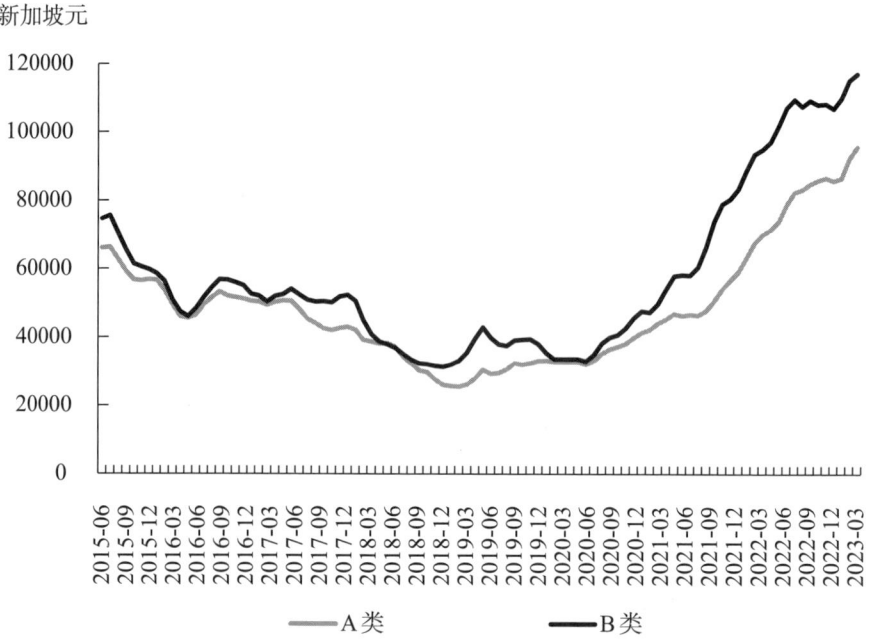

图 7.4　过去每 3 个月平均拥车证价格

资料来源：新加坡陆路交通管理局。

**使用环节的价格调节**

在私家车的使用上，为了进一步控制出行量，新加坡在汽车使用环节也抬高费用。除了最基本的汽油费、停车费、保险费，还有额外的电子道路收费、维护费用、路税等。

油费无疑是汽车使用环节的大项，高昂的油费自然会减少人们开车出行的需求。新加坡的汽油费居世界前列，1 升汽油高达 2.27 美元，即使与极

---

[1] 数据来自新加坡陆路交通管理局，https://www.lta.gov.sg/content/ltagov/en.html。新加坡的拥车证分为 A、B、C、D、E 五类，其中 A 类与 B 类车辆为小轿车。排量小于 1.6 升的车辆为 A 类汽车，称为普通汽车；排量大于 1.6 升的车辆为 B 类汽车，称为高档汽车。

其注重碳排放的欧洲国家相比也不逊色，绝对属于全球第一梯队，比德国高6%，比英国高17%，更比美国高127%[1]（见图7.5）。

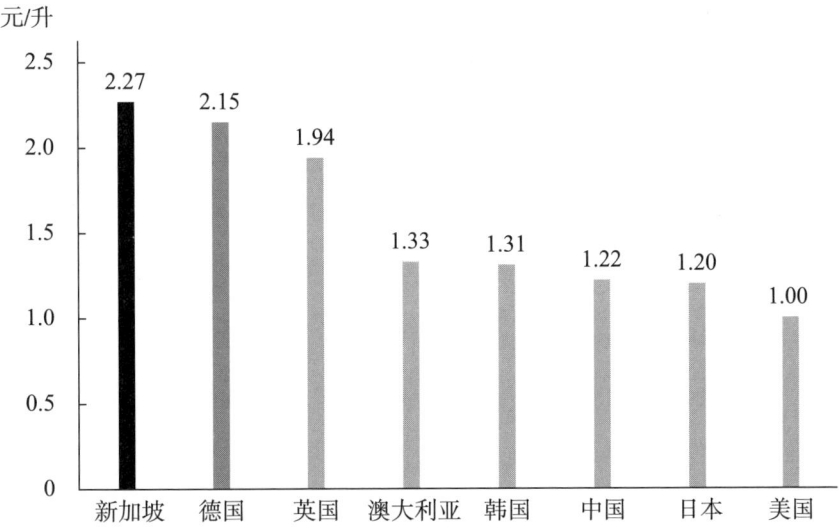

图 7.5　全球部分国家汽油价格对比

资料来源：NUMBEO。

高峰期拥堵是交通的大患，在繁华路段依时收取通行费可以疏解集中的车辆。自1998年起，新加坡就开始采用电子道路收费（ERP）系统，对在规定时段进入市中心商业区的车辆收费。全岛有上百个收费闸门，覆盖各大高速公路和主干道。车辆每次进入控制区都要收费0.5~5新加坡元[2]，收费标准依车型、日期、时段及道路实时状况而调整。据统计，自ERP系统实施以来，新加坡市中心的车流量减少了13%，高峰时段的平均车速提高了20%，道路通行顺畅[3]。

---

[1] 数据来自 NUMBEO。
[2] 数据来自新加坡陆路交通管理局，https://www.lta.gov.sg/content/ltagov/en.html。
[3] 数据来自新加坡陆路交通管理局，https://www.lta.gov.sg/content/ltagov/en.html。

**市场机制让资源得以最优配置**

与"一刀切"的行政化管理相比,市场化资源分配的好处是让资源产生最大的社会价值。比如拥车证的拍卖,高收入阶层时间成本高,所以愿意用更高的价格去竞拍,因此政府通过竞拍可以获取更大量的资源,反过来又能用这些资源对公共交通进行补贴,普惠中低收入阶层。这是双赢的作为。

如果我们顺着新加坡的思路,通过建立市场就可以走向多赢。其实,为了缓解交通压力,政府除高价拍卖有限的新购车指标外,还可以用低价收购已经在用的汽车指标,把对老百姓相对低价值的机动车从市场上清除出去,用获得的收益补贴公共交通,让整个城市拥有更加顺畅的交通网络。

## 小结

新加坡在城市交通领域的成功经验告诉我们大城市的交通问题并非无解,需要的是实事求是的务实精神。新加坡的三件法宝——把城市规划从"摊大饼"转化为多中心化、大力发展并补贴公共交通、用完全市场化的方式控制私家车的拥有和使用——为所有大城市提供了可借鉴经验。

首先,合理的城市规划是解决拥堵问题的基础,人口稠密的大城市往往会面临严重的交通堵塞问题,这很大程度归结于城市工作人口早晚高峰的跨区域通勤。新加坡均衡的城市规划分散了密集的人口,有效地减少了出行的总量。其次,新加坡通过对公共交通系统的大力建设与补贴,使得大部分居民有方便、快捷且价格低廉的交通工具,保障了基本民生。最后,新加坡把私人交通定位为奢侈品,并使用市场化的方式调控。在购买环节,政府只控制拥车证的总量,价格则完全交给市场,让资源最优匹配。在使用环节,高昂的汽油费和 ERP 系统有效控制了私家车的使用,最大限度地保持车辆畅行。

# 第 8 章

# 超级理性主义在教育中的应用

新加坡教育的成功举世公认。遥想半个多世纪前新马分家之际，新加坡还是一个贫穷、落后的小岛，人口只有200多万，大多是来自中国、阿拉伯地区以及印度的劳工，只接受过简单的教育。如今在各项国际学生评比中，新加坡名列前茅，新加坡国立大学和南洋理工大学均属于世界级著名大学。

在人才培养的问题上，新加坡政府秉持着 4 个理念：第一，新加坡是个小国，人口才 500 多万，因此自身的人才培养无法满足社会对高级人才的整体需求，移民政策是重要补充；第二，人的成才需要天资和环境，环境可以改善但天资无法改变，所以要将不同天资禀赋的孩子分流，把资源用到有潜力的孩子身上；第三，新加坡的国家战略是全球化，而英语是唯一全球化的语言，因此要让英语教学成为重中之重；第四，基础教育是民生、是刚需，所以由政府来提供，但高端教育是奢侈品，因此由市场来决定供需关系。这些理念的实施给新加坡的教育带来了极高的效率，但在很多国家，由于受到平均主义、理想主义、民粹主义、民族主义等复杂因素的影响，这些看似普通的理念不仅很难实现，有时连讨论都不可以。

## 新加坡教育的投入产出比很高

新加坡在教育领域取得的成就举世瞩目。1960 年至今，新加坡人口识字率从 52.6% 提高到 97.5%，平均受教育年限从 2.8 年提高到约 12 年。如今，新加坡的教育体系在国际上享有很高的声誉。如果将考试成绩作为衡量教育质量的标准，新加坡教育水平的国际认可度相当高，在各类国际学生评估中，新加坡名列前茅。

国际学生评估计划（Programme for International Student Assessment，PISA）是由 OECD 发起的对基础教育进行跨国比较的项目，内容是对 15 岁学生的阅读、数学、科学素养和运用知识解决现实问题的能力进行评价。自 2009 年新加坡首次参加测试以来，排名一直位居前列：2009 年位列第四，2012 年和 2018 年位列第二，2015 年和 2022 年位列第一。2012 年和 2018

年排名第一的是我国,只有来自北京、上海、浙江、江苏4个地区的学生参加了测试,这4个地区处于我国经济发展和教育改革前列,其结果并不能代表我国整体水平。如果将我国这几个地区的成绩排除在外,新加坡实际上已经连续3届排名第一。

PISA主要针对接近完成基础教育的15岁学生,国际文凭课程(International Baccalaureate Diploma,IB-DP)则是由国际文凭组织(IBO)设计的为期两年的大学预科课程,面向全球16~19岁的高中生,课程包括语言与文学类、外语类、人文社会学、实验科学类、数学类和艺术类六大类学科,以及三门核心课程:知识理论(TOK)、扩展论文(EE)、课外活动(CAS)。学生在完成两年的IB课程后参加全球统一考试,考试分为内部评估和外部评估,内部评估由学校教师完成,外部评估由国际文凭组织委派的考官完成。IB-DP的最高得分为45分。新加坡在IB-DP考试中的表现一直非常优秀,考试平均分数位居全球前列,2021年,新加坡有2156名学生参加了考试,平均分数为40.6分,大大超过了全球平均水平(32.4分)和亚太地区平均分(37分),全球有238人获得满分,其中138人来自新加坡。

新加坡的高等教育同样出色。新加坡有6所大学,分别是新加坡国立大学(NUS)、南洋理工大学(NTU)、新加坡管理大学(SMU)、新加坡科技设计大学(SUTD)、新加坡理工大学(SIT)、新加坡新跃社科大学(SUSS)。在2022年QS世界大学排名中,新加坡国立大学全球排名第十一,南洋理工大学全球排名第十二。在该榜单前20名大学里,美国占9所,英国占5所,中国、新加坡和瑞士各2所,中国的清华大学和北京大学分别位居第十七和第十八。

大多数人可能会认为,能在几十年内取得如此进步,新加坡政府对教育的投入一定很大。从增速上看，确实如此。根据世界银行提供的数据，1960—2019年，新加坡政府对教育投入的年均增速约为7.1%，与GDP相当（约为7.3%），同一时期，美国对教育投入的年均增速约为3.5%，德国约为3.3%，日本约为3.2%，英国约为2.8%。增速快是因为新加坡经济起点低，如果比较投入强度，即教育投入占GDP的比重，新加坡政府对教育的投资力度并不算大。2019年，新加坡财政支出中用于教育的部分占GDP的比重只有2.7%，日本约为3.2%，我国约为4.0%，美国、德国、英国、法国财政对教育的支出占GDP的比重均在5.0%以上，以色列约为6.1%，丹麦最高，为6.9%（见图8.1）。

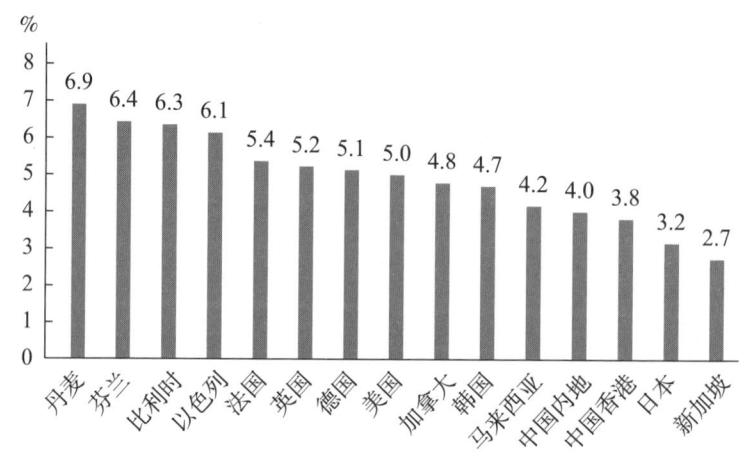

图8.1 2019年部分国家和地区对教育的支出占GDP的比重

资料来源：世界银行。

## 新加坡教育产出效率高的原因

### 李光耀的远见卓识

新加坡取得这样的成绩并不是因为投入大，而是效率高，这种高效率主要来自 4 个因素。

第一，吸引人才的移民政策。在移民问题上，李光耀很有前瞻性，他很早就意识到人才对于新加坡的重要性，而新加坡的人口规模导致人才在总量上的稀缺，再加上生育率的不断降低，移民是必然的选择。

> 如果按每 10 个人中有 1 个人才来计算人口与人才的比例，新加坡有 300 万人口，这就无法和有着众多人口的国家相比。
>
> 如果没有移民和外籍劳工，在现有的低生育率下，到 2050 年，每 1.5 个劳动力就要养活 2 个老人，不用说，整个经济将会崩溃……如果引进移民能促进经济增长，那么至少你能够创造资源来应对问题。①

第二，基于因材施教原则下的教育分流体系。李光耀相信基因决定论，他认为人的智商存在先天差异，一个人的天赋素质，相比教育和环境等因素，更能决定他的能力表现。

> 进入 80 年代，为了不再浪费教育资源，我们认清了一个事实：儿童的智力是不同的，分上、中、下三等。儿童智力虽然不同，却都有学习能力，我们必须改良教学方法，尽量适应每个人的长短处，挖掘每个人的潜能。我们随即在小学和中学实行分流制度，用不同课程来让不同能力的学生学习。小学分流的标准就看学生学习语文的能力……后来我们发现人的语文能力和一般能力并不等同，双语政策和分流制度因此不断改良。②

---

① 李光耀. 李光耀：新加坡的硬道理 [M]. 北京：外文出版社，2015：71.
② [新加坡] 李光耀. 李光耀回忆录：我一生的挑战（新加坡双语之路）[M]. 南京：译林出版社，2013：154.

第三，基于全球化定位的，以英语为第一语言、母语为第二语言的双语政策。语言政策在一定程度上帮助新加坡解决了棘手的民族问题，同时让新加坡在地理优势之外增加了语言优势，成为沟通东西方经贸的重要桥梁。

1965年，新加坡在完全不知情的情况下独立出来……独立之初，我们面对的问题是：如何谋生，如何存活，我们明白单靠母语，无论是华语、马来语或泰米尔语，是没有办法谋生的。作为一个依靠国际贸易的国家，只有加强英语学习，才有好日子过……在这个多元种族、多元语言的社会里，英语是唯一能让大家接受的中立语，并能让新加坡立足于国际社会……于是，在让人民穿暖吃饱等共同利益的政治前提下，我们选择了英语为共同语。①

在我们这个多元种族、多元文化的国家，如果只学英文，又是愚不可及的，因为这将使人民脱离自己的文化根源。如果人民不了解自身的历史文化，因为学英文而斩断了源头，丧失了文化认同感，那又是一出悲剧。②

第四，在教育资源的供给上，新加坡政府立足现实，不追求让每个公民都接受高等教育，但要确保每个公民都能受到基础教育，基础教育是民生基础，是刚需，主要由政府来提供；越高端的教育越是奢侈品，可以较多地借助市场来解决。

## 新加坡的教育体系

根据新加坡教育部（MOE）的划分，新加坡的教育大致分为4个阶

---

① [新加坡]李光耀. 李光耀回忆录：我一生的挑战（新加坡双语之路）[M]. 南京：译林出版社，2013：29.
② [新加坡]李光耀. 李光耀回忆录：我一生的挑战（新加坡双语之路）[M]. 南京：译林出版社，2013：35.

段：初等教育（Primary）、中等教育（Secondary）或特殊学校教育（Special Education, SPED）、中等后教育（Post-Secondary）和大学教育（Universities）。

初等教育就是小学，学制 6 年。

中等教育（Secondary）相当于我国的初中，学制 4~5 年。与中等教育并列的是特殊学校教育，它主要为成绩较差、在小学离校考试（Primary School Leaving Examination, PSLE）后没有资格参加中学教育的学生提供课程，而不仅仅包括障碍儿童，这类学校叫专业学校（Specialised）。

新加坡中等后教育包括两类：第一类是高中教育，新加坡的高中称为初级学院（Junior College），学制 2 年，励仁高中（Millennia Institute）是新加坡唯一的 3 年制高级中学，高中教育主要为进入大学做准备，因而在新加坡又称大学预科教育。第二类是职业教育，包括新加坡体育学校（SSP）、新加坡艺术学校（SOTA）、工艺教育学院（ITE）、理工学院（Polytechnics）、南洋艺术学院（NAFA）和拉萨尔艺术学院（LASALLE）。学校与学院的区别在于学院提供各种专业的本科和研究生课程，因而在学历等级上高于学校。这里我们重点谈一下工艺教育学院和理工学院的区别。从教学目的上看，两者提供的都是技术和职业教育，工艺教育学院以培养中等技术人才为目标，学制 2 年，学生通过剑桥 N 水准考试就可以入学，不必参加等级更高的剑桥 O 水准考试。理工学院同样注重技能技术方面的教育，但文凭的含金量更高，学制 3 年，学生必须通过剑桥 O 水准考试才能入学。学生自理工学院毕业后可凭借成绩申请新加坡公立大学或海外知名大学，而从工艺教育学院毕业的学生若想继续深造，则需先到理工学院学习。

新加坡有 6 所公立自治大学（Autonomous），就是前文列出的 6 所大学，在此不再赘述。所谓自治,是指由各大学自己设置各种课程,以满足学生不同的兴趣和学习需求,而不是由政府统一制定教学大纲和教材。除此之外,新加坡优秀的教育环境吸引了许多国际大学在这里设立分校,这类学校被称为"外国源流大学",还有一些则选择同本地大学合作。相比公立大学,私立大学的门槛较低,毕业后,外国源流大学毕业生和公立大学毕业生一样有资格申请长期探访准证(LTVP),在新加坡找工作。

为了叙述上的简洁直接,在后文的阐述中,我们直接用小学、初中、高中分别指代新加坡的初等教育、中等教育、初级学院。

## 吸引人才的移民政策比教育更重要

作为一个科技驱动的知识型社会,新加坡高学历人口的比例非常高。根据世界银行提供的数据,2020年,在25岁及以上人口中拥有本科及以上学历的人口占比,新加坡达到33.0%(见图8.2),远高于德国(28.4%)、法国(19.7%)。根据新加坡2020年人口普查,在新加坡公民(SC)中大学及以上学历的人口占比约为28%,永久居民中大学及以上学历的人口占比高达53%。因此,对于新加坡来讲,吸引人才的移民政策比教育更重要,把新加坡建成一个对受过高等教育的高级人才有巨大吸引力的国家实际上是新加坡人才战略的最重要组成部分。

新加坡是一个由移民组成的国家,1959年独立之后,由于人口增长较快,考虑到当时落后的经济条件以及公共资源供给不足,新加坡政府采取了限制人口增长的政策,一方面推出"两个就够了"的节制生育政策;另一方面对移民采取了严格的限制措施,移民以本国公民的家庭团聚为主,只吸纳一小部分本地缺乏的专门技术人才或者对本地工商业的发展有帮助的人。

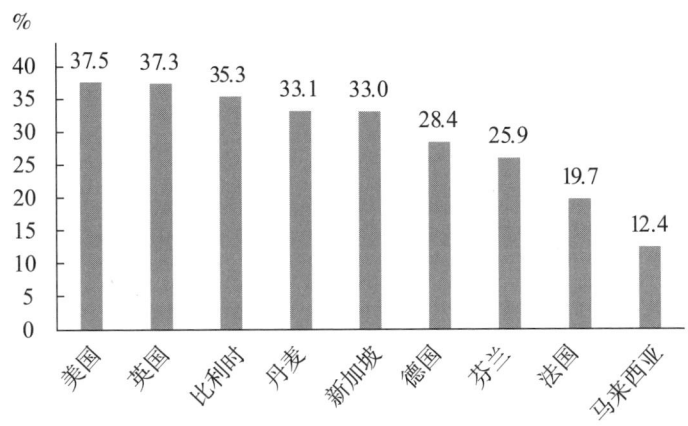

**图 8.2　2020 年部分国家 25 岁及以上人口中学历为本科及以上的比重**

资料来源：世界银行。

和其他高速发展的经济体一样，随着经济向前发展，新加坡的生育率出现下降。新加坡的生育率从 20 世纪 60 年代初的 5.76% 降至 1980 年的 1.82%，2023 年只有 0.97%。在这种情况下，新加坡的移民政策从 20 世纪 80 年代开始大幅放宽。根据世界银行的数据，1960—1980 年，新加坡总人口增长 77 万，净移民总数（移入扣减移出）4 万，移民在总人口增加中的占比只有 4.8%，而 1980—2021 年，新加坡总人口增长了 304 万，净移民总数 236 万，移民占比达到 78%。

新加坡的移民政策相当"务实"：一方面，新加坡确立了打造"人才之家"的国家战略，依次制定了《外来人才政策》、《人力 21 世纪：一个人才都市的远景》、《全球投资者计划》等政策吸引全球人才。另一方面，随着经济发展，本国公民不大愿意从事制造业、建筑业、酒店和餐饮业、保安和清洁服务等低端行业的工作，所以新加坡需要从国外引进大量劳动力进入这类行业。

为此，新加坡将移民分为五类并为他们颁发不同的证件：①投资移民。新加坡允许外国人通过在新加坡投资一定金额的资金或创业获得移民身份，这类人持有创业准证（the Entre Pass）或企业家准证（Entrepreneur Pass Scheme）。②技术移民。对于高素质的专业人才，新加坡会颁发就业准证（Employment Pass）或者 S 准证（S Pass）。③家庭团聚。新加坡允许公民或永久居民的配偶、子女、父母来新加坡团聚。④熟练和半熟练工人。持有工作通行证（Work Permit）。⑤学生或在新加坡参加培训的人。

这些持有不同证件的移民，所享有的待遇差别很大，这从移民申请成为永久居民的条件中就能看出，这些条件包括：①新加坡公民或永久居民的配偶；21 岁以下的未婚子女；在与新加坡公民或永久居民合法结婚的情况下出生，或已被新加坡公民或永久居民合法收养的子女；新加坡公民的年迈父母。②就业准证或 S 准证持有人。③在新加坡的外国投资者。④在新加坡学习的学生。从这些条件中不难看出，只有高端技术人才或者投资者以及以家庭团聚为目的的移民，才有可能成为新加坡永久居民，继而在将来成为新加坡公民。

## 因材施教，用分流来提高教育效率

### 用于教育分流的重要考试

教育分流是新加坡教育效率高的一个非常重要的原因。在正式介绍之前，需要先了解新加坡用于分流的两个重要考试。第一个重要考试是小学离校考试（Primary School Leaving Examination，PSLE），这是由新加坡教育部举办的国家统一考试，考试包括 4 个科目：英语、母语（华语、马来语、或泰米尔语之一）、数学和科学，学生按成绩进入不同水平的班级接受初中教育。在很长一段时间内，PSLE 的考试成绩都会折算为标准分数（T-Score）进行评估。自 2021 年起，新加坡教育部取消了标准分数评估法，改为积分等级（Achievement Level, AL）。每个科目按考试成绩分为 8 个积分等级，考试总成绩就是各科积分等级的总积分。如果四科成绩都在 90 分以上，获得的总积分就是 4 分，如果四科成绩都在 20 分以下，获得的总积分就是 32 分，因此，总积分越低越好。改革之后，评分区间明显变宽，例如 90 分和 98 分的学生，都属于同一个积分等级，不再被精细区分，从而在一定程度上减少过度竞争。但是，新的积分制度要求学生的四科成绩比较平均，不能像以前那样可以依靠擅长的某一科去提高总分，换句话说，新的积分制度要求学生尽量避免"木桶效应"（见表 8.1）。

表 8.1　新加坡 PSLE 考试成绩对应的积分以及相应的中学课程

| 原始成绩 | 对应等级（AL） | 离校考试总积分 | 课程配置 |
| --- | --- | --- | --- |
| ≥ 90 | 1 | 4~20 | 快捷课程 |
| 85~89 | 2 | | |
| 80~84 | 3 | 21~22 | 快捷/普通（学术）课程 |
| 75~79 | 4 | | |
| 65~74 | 5 | 23~24 | 普通（学术）课程 |
| 45~64 | 6 | 25 | 普通（学术）/普通（技术）课程选项 |
| 20~44 | 7 | | |
| <20 | 8 | 26 | 普通（技术）课程 |

资料来源：新加坡教育部官网。

第二个重要考试是新加坡剑桥普通教育证书考试（Singapore-Cambridge General Certificate of Education, GCE），由新加坡教育部和

英国剑桥大学考试局共同主办。该考试分为3个级别：①剑桥N水准考试（Normal Level）。对于在普通班（包括学术班和技术班）学习初中课程的学生来说，在完成4年的学习后都要参加N水准考试。②剑桥O水准考试（Ordinary Level）。在快捷班学习的学生以及通过N（A）考试的普通学术班学生，在初中课程完成后所参加的考试，相当于我国的中学会考，学生按照O水准考试的成绩从高到低，分流进入高中、理工学院或工艺教育学院继续学习。③剑桥A水准考试（Advanced Level）。这是新加坡的大学入学考试，类似我国的高考，学生在完成高中课程后参加A水准考试，凭A水准成绩可以申请新加坡的公立大学，以及英、澳、美、加等世界各国的大学。

**新加坡学生要经过四次分流**

对于大多数国家来讲，学生在完成小学和初中教育后，就会迎来一次分流，一部分学生继续完成高中教育为进入大学做准备，一部分学生则进入职业教育为就业做准备。高中毕业后学生将再次面临这样的分流，这一过程会一直持续至博士毕业。但是，也有一些国家，会在更早的时间对学生展开分流，新加坡就是典型代表（见表8.2、表8.3）。

新加坡于1981年开始实施教育分流，从小学到大学，新加坡的学生大致要经历四次分流。第一次分流发生在小学，这一分流制度争议最大并历经多次改革。2004年以前，所有新加坡小学生会在四年级结束时按照成绩从高到低划入三类班级——EM1、EM2和EM3，学生比例大致为18%、73%和9%，E指的是英语，M指的是母语，对EM1学生而言英语和母语均为第一语言，EM2学生以英语为第一语言、母语为第二语言，EM3学生以英语为第一语言，母语为熟练口语。需要特别指出的是，新加坡的分流机制在很长

表 8.2 新加坡小学、中学阶段分流的历史沿革

| 改革时间 | 分流年级 | 分流级别 | 不同级别的课程和学制 | |
|---|---|---|---|---|
| 1981—1990 年 | 三年级末分流，比例大致为 85%、10% 和 5% | 普通双语课程（Normal） | 学习英语和母语两种课程 | 6 年 |
| | | 延长双语课程（Extended） | 学习英语和母语两种课程 | 8 年 |
| | | 单语课程（Monoligual） | 只接受单语教育 | 8 年 |
| 1991—2003 年 | 四年级末分流，比例大致为 18%、73% 和 9% | EM1 | 英语和母语均为第一语言 | 6 年 |
| | | EM2 | 英语为第一语言，母语为第二语言 | |
| | | EM3 | 英语为第一语言，母语为熟练口语 | |
| 2004 年 | 四年级末分流 | 合并 EM1 和 EM2 | EM2 的学生也可以学习高级母语 | |
| | | 保留 EM3 | 英语为第一语言，母语为熟练口语 | |
| 2008 年 | 取消原来的分流制度，改以"科目分班制度" | | 学生根据自己能力，每个科目可以选择普通水准和基础水准两种课程 | |

表 8.3 新加坡中学阶段分流的历史沿革

| 改革时间 | 分流标准 | 不同级别的课程和学制 | |
|---|---|---|---|
| 1981—1993 年 | 特别班（Special） | 英语和母语均为第一语言 | 4 年 |
| | 快捷班（Express） | 英语为第一语言，母语为第二语言 | 4 年 |
| | 普通班（Normal） | 英语为第一语言，母语为熟练口语 | 4~5 年 |
| 1994—2007 年 | 保留特别班和快捷班，将普通班拆分为两个班 | | 4~5 年 |
| | 普通学术班 [Normal Academic, N（A）] | 有机会参加与特别班、快捷班相同的考试 | |
| | 普通技术班 [Normal Technical, N（T）] | 更偏向职业教育 | |
| 2008 年 | 合并特别班和快捷班，统称快捷班（Express），保留普通学术班和普通技术班 | | 4 年 |
| 2014 年 | 在 12 所中学试点，以科目分班取代原先的分流制度 | | |
| 2018 年 | 所有普通学术班和普通技术班都采用科目分班制 | | |

资料来源：新加坡教育部官网《2022 年教育统计》、狮城新闻。

一段时间内都是基于学生的语言学习能力。2004年,新加坡将EM1和EM2学生合并,这样EM2的学生也可以像EM1的学生一样学习高级母语,但仍然保留了EM3。长期以来,这种过早地将孩子分入不同班级的制度引起了社会不小的争议,进入EM3的学生往往被认定为"笨小孩"。2002年新加坡拍摄了一部电视剧《小孩不笨》,反映的就是被分入EM3班级的学生在学校及家庭里所面对的压力。

2008年,新加坡教育部对这一制度进行了重大变革,取消了将学生分流到不同班级的做法,代之以科目进行分班(Subject-Based Banding,SBB)。具体来说,英语、母语、数学、科学每个学科都设置标准和基础两种水平,母语多设置一个高级水平,学生根据自己的能力选择上不同的课程。例如一个学生可以上英语、数学标准课以及母语、科学基础课。这种科目分班制给学生提供了更多选择,可以帮助学生发现自己的潜能强项,在优势科目上延伸学习,避免"一刀切"的方式。

第二次分流发生于小学六年级结束时,所有该年级学生在毕业前都要参加小学离校考试,按成绩进入不同班级。这一阶段的分流也经历了多次改革。按照目前的规定,新加坡初中分为3种班级——快捷班(Express)、普通学术班[Normal Academic,N(A)]和普通技术班[Normal Technical,N(T)],比例大致为60%、25%和15%。

在完成初中教育后,新加坡学生将迎来第三次分流,来自不同班级的学生将参加不同级别的新加坡剑桥考试,考试成绩将决定学生是升入高中还是进入职业教育。快捷班的学生在完成4年初中学业后,直接参加O水准考试。普通学术班学生则需要在初中四年级结束时,先参加N(A)水准考试,通过后再读1年,到初中五年级参加O水准考试。普通技术班学生只需在初中四年级参加 N（T）水准考试，通过后进入工艺教育学院攻读技术类文凭，为就业做准备，不需要再参加 O 水准考试。

第四次分流发生在高中毕业时，所有完成 2 年或 3 年高中课程的学生均需参加 A 水准考试，通过后方可进入大学。此外，新加坡教育部会从初中快捷班挑选出最优秀人才（前 1%）进入直通车计划，这 1% 的顶尖学生无须参加 O 水准考试，也不必进入高中，在完成 6 年学习后可直接参加 A 水准考试，通过后进入大学（见图 8.3）。

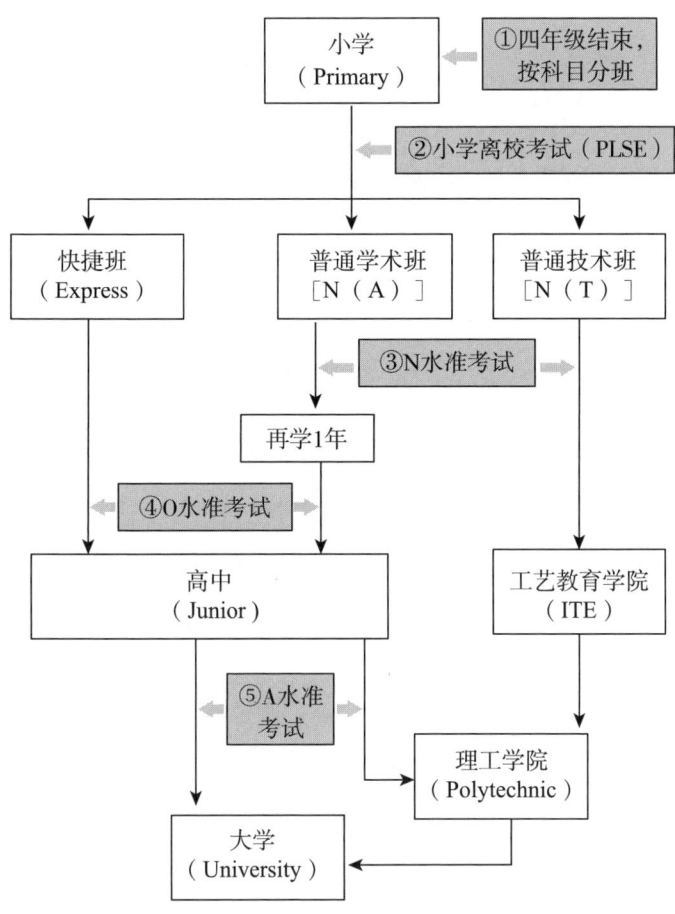

图 8.3　新加坡教育分流机制

继小学分流机制从班级导向走向科目导向后,新加坡初中以及高中的分流机制也朝着这个方向改进。2014 年,教育部先后在全国 12 个初中试点科目分班制,2018 年,试点范围扩大到所有初中的普通学术班和普通技术班。2019 年,新加坡教育部宣布,自 2024 年起,新加坡初中将全面实施科目分班制(Full Subject-Based Banding),不再划分快捷班和普通班。随着初中全面开展科目分班制,从 2027 年开始,新加坡中考也将不再分为 O 水准、N 水准,而是改为全国统一考试,新证书只会列出考生所修读的科目(G1、G2 和 G3)级别及成绩。

## 基于全球化定位的、以英语为第一语言的双语政策

双语教育是新加坡教育的一个重要特点,它虽然不能直接提高教育效率,但能从政治上和经济上让新加坡受益。

新加坡的双语教育以英语为第一语言,每个国民须熟练掌握,各民族母语为第二语言,由个人根据自己的能力达到从基本到高级不同层次的水平。从全球范围来看,拥有两种或两种以上官方语言的国家并不罕见,例如,瑞士有 4 种官方语言,卢森堡有 3 种官方语言。瑞士、卢森堡的多语环境是政府基于尊重的原则,将不同种族的语言确立为官方语言,现实中每个地区都以本区语言为第一语言,除政府文件、公共标志以多语言呈现外,居民日常沟通交流基本用所在语区的语言完成。新加坡的不同之处在于当地并没有以英语为母语的民族。这种双语政策,是李光耀为寻求经济发展和平衡民族矛盾所做的决定。

语言政策对于多民族国家来说是一个重要议题,处理不当往往导致政治

争执。新加坡作为一个依靠国际贸易和投资的国家，无论是使用华语、马来语还是泰米尔语都很难生存，很难使新加坡从该区域脱颖而出。英语才是兼顾公平和效率的理想选择。更重要的是，选择英语作为第一语言，任何一个民族都不具备优势，大家起点一致，更为公平，在情感上也更加中立。各族群将自身母语作为第二语言也是非常重要的，因为掌握母语可以帮助其寻找文化归属感，建立文化自信。

与新加坡形成鲜明对比的是斯里兰卡。斯里兰卡也是一个曾受英国殖民统治的多民族国家，在人口结构上与新加坡非常类似，但由于其将占人口74.9%的僧伽罗人的母语作为官方语言，导致占人口15%的泰米尔人受到排挤，由此陷入几十年的内战，直至2009年才宣告结束。1965年新马分家之际，中华商会的两位董事曾建议李光耀将占人口75%的华人的母语定为新加坡通用语，遭到李光耀的严厉斥责，他说如果这样，新加坡就会变得跟斯里兰卡一样，四分五裂。

> 在语言政策的推行上，李光耀显得非常有耐心，他深知"这个课题太敏感，我们不能立即实行变革……政治是一门只做可能做的事，所以当时我唯一的办法是等，等到绝大多数家长看清形势，都把孩子送进英校。"①

新加坡一开始的做法是让英语、华语、马来语和泰米尔语共存，一方面为英校引进华语、马来语和泰米尔语三大母语教育，另一方面为华语、马来语、泰米尔语的学校引入英语教育。经过长时间实践，李光耀发现，由于英语具有实用价值，越来越多的家长将孩子送进英校学习。以华校为例，

---

① [新加坡]李光耀.李光耀回忆录：我一生的挑战（新加坡双语之路）[M].南京：译林出版社，2013：77.

1959年，小学生入华校的比例占47%，1978年降至10%，1983年只有0.7%。在这种情况下，新加坡于1983年宣布全国小学在1987年统一语文源流，不再区分英校、华校、马来学校和印度校，全国学校都以英语为第一语言、母语为第二语言。

与此同时，李光耀发现，1975—1977年的小学会考中有超过60%的学生第一语言和第二语言都不及格，这意味着大部分学生两种语言都不能达到通晓水平，这样高比例的教育折损率引起了李光耀的重视，于是委派时任新加坡副总理兼财政部部长的吴庆瑞进行调查，并发布重要报告《1978年教育部报告书》（也称《吴庆瑞报告书》）。报告书指出，当时新加坡推行的既要学习两种语言、又要重视数学和科学的全面教育是很多学生掉队的主要原因，一个人也许可以通晓多种语言，但只能有一种主导语言。以上述的全面教育体系教育能力参差不一的学生会造成大量教育资源损耗。在此基础上，报告书提出了两条建议：一是英语必须作为第一语言全力掌握；二是教育应根据学生学习能力因材施教，采取分流制度。《吴庆瑞报告书》是新加坡教育史上的分水岭，它提出的两条建议成为新加坡教育体系的核心思想并影响至今。

《吴庆瑞报告书》发布后又历经8年直至1987年，新加坡才正式从法律上将"英语作为第一语言、母语为第二语言"的双语政策体制化。从提出构想到从法律上予以确认，新加坡双语政策历时22年，此后虽仍有调整，但核心理念不变。双语政策不仅化解了新加坡潜在的民族冲突，打造了稳定的政治环境，还让新加坡从经济上获得了巨大收益。在经济起步时期，新加坡通过英语与欧美国家建立了经济联系，中国市场的开放让新加坡再次凭借语言优势与中国建立紧密联系，寻找到新的经济增长点。

## 基础教育是刚需，由政府提供；高端教育是奢侈品，由市场提供

现代经济的发展离不开教育，政府需要确保每个公民都能受到一定程度的教育，以便其能够就业，因而基础教育是民生、是刚需，需要政府更多介入。相对来说，高等教育在内容上更为艰深，由政府统一设置课程不切实际，必须借助市场力量、采用自治模式，因而学费更贵。此外，由政府提供的基础教育是标准化的，多样化的教育需求只能交给市场解决。新加坡就是如此，政府尽力资助公民的中小学教育，职业教育和大学则逐渐市场化，这也是新加坡教育投入效率高的一个原因。

新加坡的学校有 5 种类型，第一类是公立学校（Government），课程由教育部制定，开销由政府承担，师资由教育部直接派遣。公立学校中，有一些学校具有自治模式，这些学校在教育大纲外，允许提供更广泛的课程，因此，在自治学校学习的学生需要在公立学校学费的基础上，额外支付每月 3~18 新加坡元不等的费用。第二类是政府资助学校（Government-Aided），是由各种社区组织设立的学校，保持与公立学校相同的教育标准，这类学校的经常性开销由政府承担，并由政府资助 90% 的发展费用。第三和第四类分别是独立学校（Independent）和专业独立学校（Specialized Independent，SIS），这两类学校拥有自己的教学大纲，可以自由开发课程，自己设定学费，相当于私立学校。后者专门为在数学和科学、艺术、体育等方面有天赋与浓厚兴趣的学生提供专业教育。前文提到的新加坡体育学校、新加坡艺术学校就属于此类。第五类是专业学校（Specialised），也就是前文提到的特殊教育学校，这类学校通常也受到政府资助。

从数量上看,新加坡公立学校的数量较多,全国有140所公立小学、101所公立初中、7所公立高中(见表8.4)。另外还有1所公立工艺教育学院、5所理工学院、6所公立大学。从学费收取上看,从小学到大学,越是普及类的、基础类的越便宜。

**表 8.4 新加坡基础教育的学校数量** 单位:所

|  | 小学<br>(Primary) | 初中<br>(Secondary) | 混合<br>(Mixed Level) | 高中<br>(Junior/Millennia) |
|---|---|---|---|---|
| 公立 | 140 | 101 | 4 | 7 |
| 政府资助 | 41 | 28 | 3 | 4 |
| 独立学校 | 0 | 2 | 6 | 0 |
| 专业独立 | 0 | 1 | 3 | 0 |
| 专业 | 0 | 4 | 0 | 0 |

注:混合学校包括小学和初中混合(P1–S4/5)、初中和初级学院混合(S1–JC2)。是否是混合学校取决于中学的情况。例如,如果中学部是独立学校,小学部是政府资助学校,则属于混合学校。
资料来源:新加坡2022年教育统计。

以新加坡公民为例,小学每年只要交78~156新加坡元,初中每年交60~300新加坡元,高中每年交72~396新加坡元。到了职业教育阶段,学费开始明显提高,工艺教育学院比理工学院提供的课程更基础,因而学费相对便宜。在工艺教育学院读书,如果拿高级证书文凭,每年的学费是590新加坡元,拿普通证书每年学费为430新加坡元。理工学院每年的学费大概在3000新加坡元。新加坡大学的学费最贵,以新加坡国立大学为例,即便是拿到助学金,最便宜的专业学费每年也要8250新加坡元。

新加坡总人口中,公民只占63%,9%属于永久居民,28%属于非常住人口，在基础教育上，政府优先保证新加坡公民的权利，不仅学费便宜，还享有优先入学权。永久居民和非常住人口的教育需求则更多地通过市场来满足。永久居民和国际学生必须通过新加坡政府中小学国际学生统一入学考试（AEIS）才能入读公立中小学，而且所要交纳的学费比新加坡公民贵得多。

除公立学校外，新加坡还有很多私立学校和国际学校，利用市场来间接满足非公民或者有资金实力的公民的教育需求。私立学校与公立中小学同步，采用新加坡教育部规定的教材，学费比公立中小学贵很多，新加坡公民入读私立中小学的学费每年需 3600~7200 新加坡元，永久居民为 7200~12000 新加坡元，国际学生则为 12000~30000 新加坡元。国际学校通常开设 IB、AP 等国际课程，入学门槛比私立学校高，申请者必须通过入学考试和面试，才有机会被录取，相应的学费也更贵。新加坡公民、永久居民和国际学生都可以选择就读私立学校或国际学校（见表 8.5）。

表 8.5 新加坡不同教育阶段针对不同居民每年收取的学费　　单位：新加坡元

| | 小学到高中阶段 | | | |
|---|---|---|---|---|
| | 公立学校/政府资助学校 | | | 独立学校/专业独立学校 |
| | 小学 | 初中 | 高中 | |
| 新加坡公民 | 78~156 | 60~300 | 72~396 | 3600~7200 |
| 永久居民 | 2760~3216 | 5280~6240 | 6240~7284 | 7200~12000 |
| ASEAN 国际学生 | 5880~6336 | 10080~11040 | 12840~13524 | 12000~30000 |
| 非 ASEAN 国际学生 | 9900~10656 | 19200~21240 | 23400~25524 | |

续表

| | 工艺教育学院 | | 理工学院 |
|---|---|---|---|
| | 国家工教局证书 | 高级国家工教局证书 | |
| 新加坡公民 | 430 | 590 | 3000 |
| 永久居民 | 5850 | 7760 | 6200 |
| 国际学生 | 16350 | 20360 | 11400 |
| 新加坡国立大学 | | | |
| | 获得助学金后 | | 全自费 | |
| | 最便宜的专业 | 最贵的专业 | 最便宜的专业 | 最贵的专业 |
| 新加坡公民 | 8250 | 30200 | 32400 | 166750 |
| 永久居民 | 11550 | 43600 | | |
| 国际学生 | 17650 | 66650 | | |

资料来源：新加坡教育部官网。

## 小结

人人都能接受高等教育很美好，但不现实，也没必要，理想状态是人人都能接受适合自己的教育，而不是平均主义。东西方都有众多学者提倡因材施教的教育理念，因为它更符合社会分工和人类个体差异的要求。

新加坡的超级理性主义最重要的特点就是实事求是，一切从实际出发。政府有清醒的意识——资源是有限的，所以处理任何事情都是在有限资源下的收益最大化过程。这正是现代经济学的最简单定义。所以，从某种意义上讲，新加坡可能是全球范围内经济思维最发达的国家。

# 第 9 章

# 超级理性主义在医疗体系中的应用

新加坡拥有世界一流的医疗体系，在彭博发布的最高效医疗体系中排名全球第一，被世界卫生组织评价为亚洲最高效的医疗体系。

从医疗产出角度来看，新加坡的人均预期寿命多年来一直稳居世界前列，可谓成就甚佳[1]。从医疗投入角度来看，新加坡的医疗支出占 GDP 的比重只有美国的 1/3，大约是日本的一半，可谓花费甚少[2]。新加坡医疗的高效率可见一斑。

新加坡的医疗体系如何以较低的成本达到极佳的效果？在哪些方面可以给我国以启示？让我们深入分析，一探究竟。

---

[1] 数据来自世界银行，https://data.worldbank.org.cn/indicator/SP.DYN.LE00.IN。
[2] 数据来自世界银行，https://data.worldbank.org.cn/indicator/SH.XPD.CHEX.GD.ZS。

新加坡在医疗领域的投入产出效率极高。据世界银行最新统计，2021年新加坡的总体预期寿命为83.4岁，稳居全球前列，与日本、瑞士这样的"长寿之乡"相差无几，我国该数据为78.2岁，美国仅为76.3岁[1]（见图9.1）。在这样的良好医疗产出下，新加坡的医疗支出占GDP的比重只有6.1%，远低于日本的10.9%、瑞士的11.8%、美国的18.8%，与我国的5.6%比较接近[2]（见图9.2）。

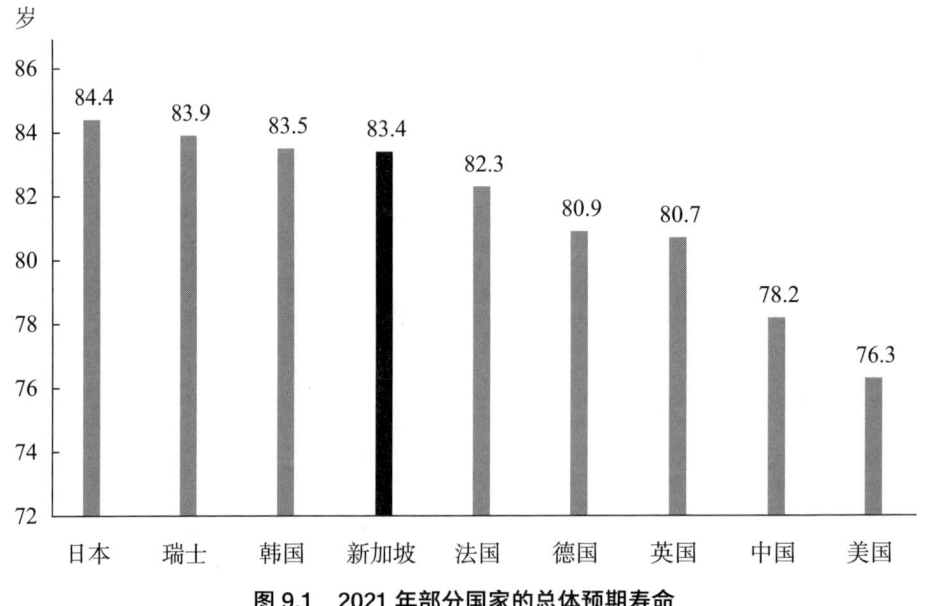

图9.1　2021年部分国家的总体预期寿命

资料来源：世界银行。

新加坡医疗体系的高效是在其超级理性主义的指导下实现的。在医疗保障方面，新加坡政府坚持4个原则：第一，强调个人的责任。如果像很多福利国家的政府那样大包大揽，最后的结果不是造成医疗服务供给短缺，就是

---

[1] 数据来自世界银行，https://data.worldbank.org.cn/indicator/SP.DYN.LE00.IN。
[2] 数据来自世界银行，https://data.worldbank.org.cn/indicator/SH.XPD.CHEX.GD.ZS。

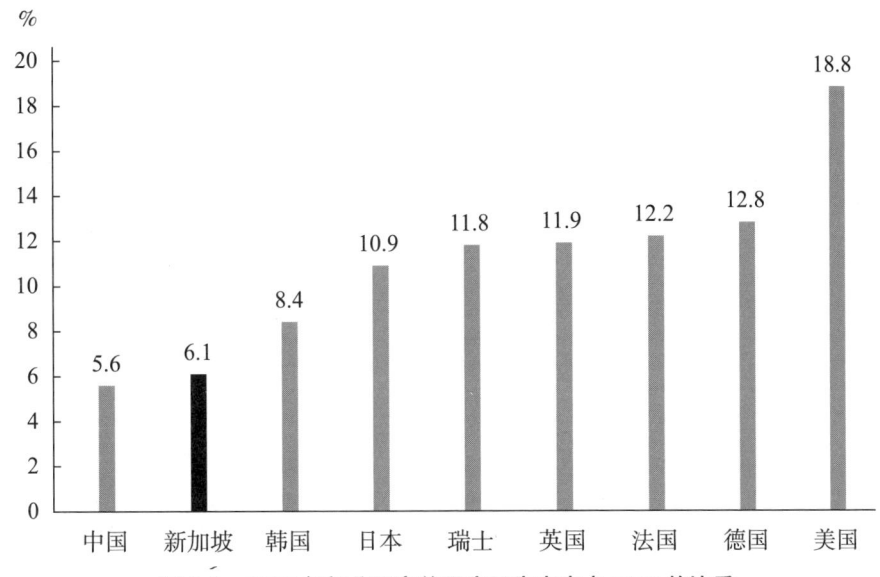

图 9.2 2020 年部分国家的医疗卫生支出占 GDP 的比重

资料来源：世界银行。

造成成本畸高，给国民经济带来沉重的负担。第二，利用分级诊疗制度提高医疗体系的系统效率。第三，尽可能发挥市场的能动作用，公立医院用市场化的方式管理，鼓励民营医院参与医疗行业的竞争，提供更高质量的医疗服务。第四，社会的底层群体无法真正负担哪怕是标准的医疗服务，因此医疗体系里必须引入对低收入群体的补贴。政府通过对医疗服务分级，并且依照个人收入水平给予不同比例的补贴，可以精准地补贴低收入人群。

## 个人责任是控费的核心因素

> 提供免费医疗服务的理想和人类的实际行为是互相抵触的，在新加坡肯定如此。提供良好的保健服务，但同时要求人们负担一些费用，以确保它不致被滥用又能控制成本。①
>
> ——李光耀
>
> 医疗保健的确应该是任何政府的基本社会责任，却并非只该由政府独自扛起。但这也不意味着政府只能通过大量配发免费药物或大量补贴医药费来履行这项社会责任。②
>
> ——吴作栋

西方福利社会的一个共有问题是医疗费用占用了社会资源的巨大份额。其中核心的问题是——一旦医疗费完全由集体保险或整个社会来负担，老百姓一定会对医疗产生过度的需求，而且对成本没有慎重考量，因此产生严重的浪费。新加坡政府在其医疗体系中非常强调个人责任，不仅强制要求个人建立医疗储蓄账户，用于支付个人及其家属的医疗费用，还要求个人必须使用现金支付一定比例的账单。但在重大疾病上，由于所需的高昂费用往往超过普通家庭的承受能力，因此新加坡引入社会保险机制，由社会来共担风险。

---

① [新加坡] 李光耀. 经济腾飞路：李光耀回忆录（1965—2000）[M]. 北京：外文出版社，2001：108–109.
② 白胜晖. 高难任务：吴作栋传 [M]. 新加坡：八方文化创作室与焦点出版社，2019：126.

## 强制储蓄的个人医保账户

> 要每一个人把自己一部分的公积金存款拨进一个特别户头,让大家也能各自承担自己的医药费。……而也因为个人得负责承担自己的医药费,这就可以防止人们滥用医疗服务。[①]
>
> 病人不能随意利用保健储蓄来支付门诊或到私人诊疗所看病的费用,我们相信,要是人们可以利用保健储蓄付账,更多人就会动不动因轻微的病痛去看医生。[②]
>
> ——李光耀

新加坡中央公积金局在每个会员的公积金账户下设置 MediSave 账户,由雇主和雇员按月共同缴纳,目前 MediSave 账户的缴存率(保健储蓄/工资)按照年龄段分为四档:35 岁及以下的缴存率为 8%,36~45 岁为 9%,46~50 岁为 10%,50 岁以上为 10.5%[③],该笔储蓄用于支付会员自己及其直系亲属的医疗费用。MediSave 账户有存款上限(基本存款额,BHS),在达到存款上限后,后续缴纳的公积金就转入其他公积金账户,这个存款上限根据所估计的老年生活所需的基本医疗费确定。存款上限每年都会调整,目前的金额是 68500 新加坡元[④],每个人的基本存款额在其年满 65 岁那一年就固定了,65 岁以后的基本存款额就不再变化。MediSave 的支付范围较广,包括住院费、日间手术费、特定人群体检费、指定的慢性疾病治疗费用、反复

---

① [新加坡] 李光耀. 经济腾飞路:李光耀回忆录(1965—2000)[M]. 北京:外文出版社,2001:108.
② [新加坡] 李光耀. 经济腾飞路:李光耀回忆录(1965—2000)[M]. 北京:外文出版社,2001:110.
③ 数据来自新加坡卫生部(Ministry of Health, MOH)。
④ 数据来自新加坡卫生部,https://www.cpf.gov.sg/member/faq/healthcare-financing/basic-healthcare-sum/what-is-the-basic-healthcare-sum。

疗程（如化疗、透析）费用和孕产费用等。为了防止过度消费 MediSave，政府规定在使用 MediSave 的同时，患者必须支付一定比例的现金来结算医疗费用（见表 9.1 至表 9.3）。

表 9.1 新加坡 MediSave 账户按年龄段缴存率

| 年龄 / 岁 | 缴存率 /% |
| --- | --- |
| ≤ 35 | 8 |
| (35, 45] | 9 |
| (45, 50] | 10 |
| > 50 | 10.5 |

资料来源：新加坡卫生部。

表 9.2 新加坡 MediSave 账户的使用范围

| 门诊治疗<br>(Outpatient Treatment) | 住院治疗<br>(Hospitalisation) | 长期护理<br>(Long-Term Care) |
| --- | --- | --- |
| 疫苗费用、体检费、CT/MRI 扫描费等 | 住院费、日间手术费等 | 康复护理所需费用等 |

资料来源：新加坡卫生部。

表 9.3 新加坡 MediSave 账户的自付比例

| 年龄 / 岁 | 自付比例 /% |
| --- | --- |
| ≤ 55 | 54 |
| (55, 60] | 51 |
| (60, 65] | 46 |
| (65, 70] | 45 |
| > 70 | 40 |

资料来源：新加坡卫生部。

据世界银行统计，2016—2020年，新加坡整体医疗支出中，政府平均支付占49.9%，私人平均支付占50.1%，私人支付中个人现金支付（Out-of-Pocket）比例达到28.2%，这个水平远高于美国（11.1%）、日本（12.8%）和德国（13.0%）[1]。我国医疗支出结构与新加坡类似，政府支付和私人支付分别占56.4%和43.6%，私人支付中个人支付比例为35.5%[2]。根据世界银行的数据，我们计算得出2016—2020年所有发达国家医疗支出占GDP的比重和个人支付比例的相关性，二者的相关系数为-0.35，也就是说，个人支付比例越高，总体医疗支出强度越低。当然，新加坡较高的个人现金支付比例还与新加坡人口中有接近30%的非常住人口有关[3]，这些人没有MediSave账户，无法享受公立医院经补贴的医疗服务。

**强制入险以共担大病医疗**

对于重大疾病，个人储蓄往往无法承担其产生的高昂医疗费，因此需要由社会共同解决。新加坡在1990年推出了MediShield Life（前身是MediShield）计划，以帮助患者支付住院所需的大笔医疗账单，以及重大疾病昂贵疗程的费用。所有公积金会员，都强制加入这一计划，保费由MediSave账户支付，根据会员年龄收取146.36~2074.21新加坡元不等的保费[4]，年纪越大保费越高（见表9.4）。据统计，75%的新加坡公民加入了该计

---

[1] 数据来自世界银行，https://data.worldbank.org.cn/indicator/SH.XPD.OOPC.CH.ZS。
[2] 数据来自世界银行，https://data.worldbank.org.cn/indicator/SH.XPD.OOPC.CH.ZS。
[3] 数据来自新加坡统计局，https://www.singstat.gov.sg/。
[4] 数据来自新加坡卫生部，https://www.moh.gov.sg/healthcare-schemes-subsidies/medishield-life/medishield-life-premiums-and-subsidies/premium-subsidy-tables。

划①。MediShield Life 计划中缴费的人是大多数,而得重病和长期住院的人是较少数,保险的运作方式减轻了这些不幸罹患大病者的负担,避免了他们因病致穷。

表 9.4 新加坡 MediShield Life 按年龄段缴费额

| 年龄段 / 岁 | 缴费额 / 新加坡元 | 年龄段 / 岁 | 缴费额 / 新加坡元 |
| --- | --- | --- | --- |
| 1~20 | 146.36 | 74~75 | 1332.34 |
| 21~30 | 252.34 | 76~78 | 1544.30 |
| 31~40 | 393.64 | 79~80 | 1604.86 |
| 41~50 | 529.91 | 81~83 | 1690.65 |
| 51~60 | 808.48 | 84~85 | 1953.08 |
| 61~65 | 1029.53 | 86~88 | 2043.93 |
| 66~70 | 1110.28 | 89~90 | 2043.93 |
| 71~73 | 1206.17 | >90 | 2074.21 |

资料来源:新加坡卫生部。

MediShield Life 覆盖范围颇广,涵盖了重大疾病的前期预防、手术治疗、后期恢复。在重大手术治疗中,MediShield Life 报销最高可达 6000 新加坡元②。例如,某患者因心脏病入住公立医院,政府补贴后的医药费为 8100 新加坡元,MediShield Life 赔偿额为 5645 新加坡元,约占医药费的

---

① 数据来自新加坡卫生部,https://www.moh.gov.sg/healthcare-schemes-subsidies/medishield-life/medishield-life-premiums-and-subsidies/premium-subsidy-tables。
② 数据来自新加坡中央公积金局(Central Provident Fund Board, CPFB),https://www.cpf.gov.sg/member/healthcare-financing/medishield-life/what-medishield-life-covers-you-for。

70%，个人仅需支付 30%[①]。MediShield Life 还承保 20 多种慢性病的门诊治疗。例如，某患者患癌症接受四轮化疗（不住院，只接受慢性病疗程），政府补贴后的医药费为 6800 新加坡元，MediShield Life 可提供的赔偿额为 6120 新加坡元，约占医药费的 90%，个人仅需支付 10%[②]。

新加坡政府在引入私人保险方面非常谨慎，MediShield Life 计划由政府统筹管理，因为新加坡政府认为美国式的商业保险会刺激个人和保险公司购买既浪费又奢侈的医疗服务，从而使整个医疗支出膨胀。MediShield 只能支付公立医院基础和中等级别病房的费用，如果患者希望得到更多保障，则需要将 MediShield Life 升级为 Integrated Shield Plan（以下简称"IP 计划"），该计划可以支付私立医院高昂的医疗费用，但保费也更贵。IP 计划中除去 MediShield Life 的部分由新加坡五大私人保险公司共同管理。

## 用分级医疗体系满足不同层次的医疗需求

分级诊疗制度是现代医疗体系必不可少的组成部分。通过分层分级，可对医疗服务和医疗需求进行精准匹配，最大限度地提高效率。

### 丰富便民的分层医疗体系

新加坡医疗体系分为 3 个层次：初级医疗服务（Primary）、急症医院服务（Acute）和中长期护理服务（ILTC）。

---

① 数据来自新加坡卫生部，https://www.moh.gov.sg/healthcare-schemes-subsidies/medishield-life/medishield-life-premiums-and-subsidies/premium-subsidy-tables。
② 数据来自新加坡卫生部，https://www.moh.gov.sg/healthcare-schemes-subsidies/medishield-life/medishield-life-premiums-and-subsidies/premium-subsidy-tables。

初级医疗服务主要包括常见病的门诊服务、出院后的复查、健康检查、疫苗注射、药房服务等，由遍及全岛的2343家私立全科医生诊所（General Practitioner）和20家公立综合诊所（Polyclinics）共同承担。从接诊人数上看，80%的初级医疗服务由私人诊所提供[1]。为了百姓看病更方便，新加坡卫生部于2022年发布健康SG（Healthier SG）白皮书。该计划将作为初级医疗服务的补充部分，为每人配备一名全科医生，解决其基础医疗问题。

急症医院服务主要由综合医院以及专科医院共同承担，这些医院拥有完善的医疗设备和专科医生，提供住院治疗、专科门诊和24小时急救服务。全岛共有19家综合医院，包括10家公立医院、8家私立医院以及1家非营利性医院。从病床数量分布上看，公立医院占83%，私立医院占14%，非营利机构占3%。从接诊人数上看，80%的急症医院服务由公立医院提供[2]。相较于综合医院，专科医院更专精于特定的领域，能让重症患者得到进一步的专业治疗。同时，顶尖专科医院也承担大量的专业研究工作，代表其所属领域的最高水平。例如，新加坡国立大学医院癌症研究所（NCIS）是新加坡最出名的癌症中心，擅长治疗乳癌、肺癌、肝癌等。其年会（NCAM）始于2014年，如今已成为世界临床医生和科学家交流最新癌症研究成果的重要会议。

中长期护理服务分为社区护理和医院护理，服务对象主要是出院后处于康复期的患者以及身体虚弱需要人照看的老人或残障人士。社区护理

---

[1] 数据来自新加坡卫生部，https://www.moh.gov.sg/home/our-healthcare-system/healthcare-services-and-facilities/primary-healthcare-services。

[2] 数据来自新加坡卫生部，https://www.moh.gov.sg/home/our-healthcare-system/healthcare-services-and-facilities/primary-healthcare-services。

包括居家护理（Home-Based）和社区中心护理（Centre-Based），主要为体弱多病的老人提供在家里的或者在社区康复中心内的服务。医院护理（Residential ILTC）包括社区医院（Community Hospital）、疗养院（Nursing Home）、住院临终关怀（Inpatient Hospice Palliative Care）以及为精神病康复者提供的康复之家或收容所提供的护理。疗养院服务由公立、私立和非营利机构三方共同提供，病床占比分别为 39%、24% 和 37%。社区医院和临终关怀服务主要由公立和非营利机构提供，二者在社区医院病床中的占比分别是 55% 和 45%，在临终关怀中心的占比分别为 20% 和 80%[①]。

**严格有序的分级诊疗制度**

在没有制度和成本限制的情况下，患者对病情信息的掌握有限，自然想去最好的医院，选最好的医生，这样会导致大医院人满为患，候诊时长过长。新加坡的分级诊疗制度有效解决了这个问题。新加坡利用分层的医疗系统实行分级诊疗，通过预约和转诊制度，把合适的医疗资源用于合适的疾病，真正实现"小病去诊所，大病去医院"，从而很有效地将病患分流。

如果病情不紧急，患者必须先到家附近的诊所或社区医院接受诊疗。当基层无法医治时，才能拿着医生的推荐信去综合医院或专科医院接受治疗，否则通常无法预约且看病费用额外增加。患者必要的住院结束后，如仍有后续治疗需求，再转回基层诊所，在社区继续进行护理或康复。

只有病情紧急的时候，患者才可以直接前往综合医院的急诊室就医。即使是急诊，新加坡仍要将患者按病情严重程度分为 4 个等级，处理病患时，

---

① 数据来自新加坡卫生部，https://www.moh.gov.sg/home/our-healthcare-system/healthcare-services-and-facilities/primary-healthcare-services。

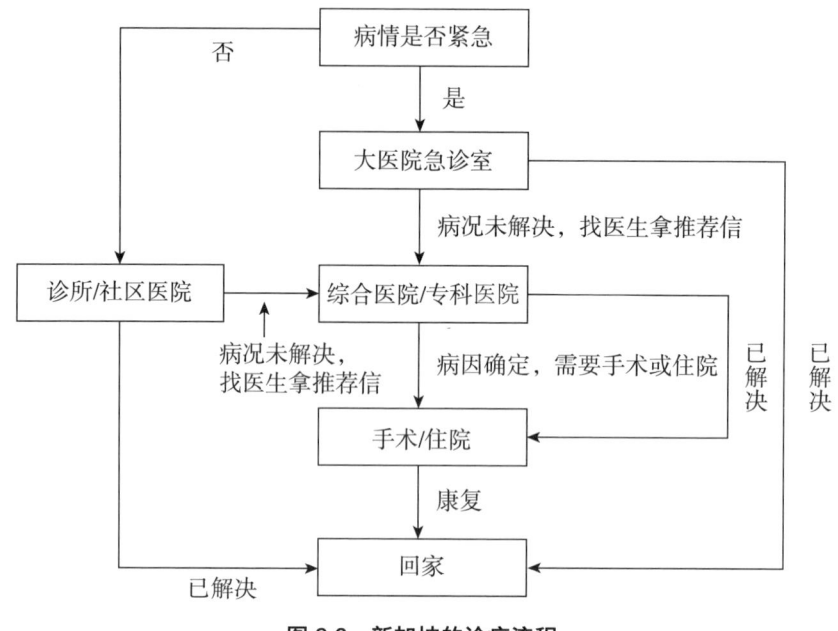

图 9.3　新加坡的诊疗流程

资料来源：新加坡卫生部官网，笔者自行整理制图。

依据病情轻重而非排队先后顺序安排就诊（见图 9.3）。

为了保障便利、快捷、高效的医疗体系成功运转，新加坡于 2011 年建立起一套"全国电子病例"（National Electronic Health Record，NEHR）系统。该系统确保了新加坡不同平台、不同医院间实现患者个人信息的共享。该系统原本隶属新加坡卫生部，2016 年交由综合保健信息系统（Integrated Health Information Systems，IHIS）管理，其几乎涵盖了新加坡整个医疗体系，包括全科医生诊所、综合诊所、综合医院、专科医院以及疗养院等，方便不同医疗机构的医生查看患者的过往病史与检查记录，从而更好地制订医疗计划，防止因重复检查而浪费大量的人力、财力和物力。

## 打造出高效且灵活的医疗系统

通过分层次的医疗机构、井然有序的分级诊疗以及完善的医疗信息系统，新加坡避免了大医院人满为患的现象，缩短了患者预约等待时间。据统计，新加坡基础诊疗80%在社区的诊所完成，挂号在10分钟以内，就诊等候在30分钟以内。专科诊疗等候时间也较为合理，以妇产科和眼科为例，2016年新加坡患者预约专科医生的等候时间分别为2.6周和3.1周，远低于同期中国香港的21.0周和51.0周（见表9.5和表9.6）。

表9.5 新加坡挂号与就诊等候时间分布情况 （%）

| 时间分布/分钟 | 挂号 | 就诊 |
| --- | --- | --- |
| <15 | 40 | 24 |
| [15，20) | 26 | 26 |
| [20，25) | 11 | 13 |
| [25，30) | 18 | 28 |
| ≥30 | 5 | 9 |

资料来源：Baluja Labs., "A Recommendation on Reducing Waiting Time in the Out-patient Department in Taiba Hospital"。

表9.6 新加坡与中国香港预约专科医生等候时间 单位：周

| 分类 | 新加坡 | 中国香港 |
| --- | --- | --- |
| 妇产科 | 2.6 | 21.0 |
| 眼科 | 3.1 | 51.0 |
| 骨科 | 4.1 | 60.0 |
| 儿科 | 2.3 | 13.0 |
| 精神科 | 2.6 | 22.0 |
| 普外科 | 3.0 | 32.0 |

资料来源：Jason CH Yap, Yang Qian, "Understanding Hospital Waiting Times"。

基于新加坡严格的分层转诊制度，其公共卫生防范诊所（PHPC）体系在新冠疫情防治中的表现可圈可点。PHPC 体系建立于 2003 年 SARS 疫情之后，用于应对紧急公共卫生事件。符合一定资质的社区诊所即可申请加入该体系，并在卫生部的统一指挥下按照一定标准完成诊断、上报、转诊和隔离，实现信息共享。2020 年新冠疫情暴发之初，新加坡政府立刻指定超过 800 家私人诊所 PHPC（类似发热门诊部）接诊出现发热、咳嗽、喉咙痛和流鼻涕等呼吸道症状的患者。为保证该体系发挥最大作用，政府提供相关补贴作为激励。一方面，如果新加坡公民和永久居民到相关诊所就诊，只需付 10 新加坡元的看诊费和医药费，年长者则仅需 5 新加坡元看诊费[①]，其余费用由政府补贴。另一方面，政府也为所有 PHPC 体系内的诊所提供物质和经济援助，优先免费向 PHPC 诊所投放 3 个月的医疗物资，包括口罩和防护服等，免费向医护人员发放 6 周的预防病毒药物，优先供应药品和疫苗。同时，在常规时期，政府会为 PHPC 体系内诊所的医生提供进修机会，并在其学习临床新技术、购置新设备等方面给予补贴。PHPC 在最大限度地减少漏诊的同时，也尽可能避免了公共医疗资源恐慌性挤兑情况的发生。

## 政府设立宏观机制，微观层面最大限度地利用市场

新加坡政府是其医疗体系的总设计师。除全民医保、对低收入人群的转移支付以及三级诊疗体系外，值得研究的地方还包括建立公立医院，通过公

---

[①] 数据来自新加坡卫生部，https://www.moh.gov.sg/news-highlights/details/additional-pre-emptive-measures-to-reduce-risk-of-community-transmission#:~:text=We%20currently%20have%20about%20900%20general%20practitioner%20%28GP%29,play%20an%20important%20role%20during%20public%20health%20outbreaks。

立医院与私立医疗机构的竞争与互补，用市场化的方式全方位地满足新加坡老百姓的医疗需求。

**不同医疗机构之间的竞争与互补**

> 我们允许人们用保健储蓄缴付在私人医院就医的费用……这使公立医院感受到竞争的压力，因而致力于达到私人医院的服务水平。[①]
>
> ——李光耀

新加坡医疗机构按出资人的不同划分为3种类型：第一种类型是由政府资助的公立医疗机构（Public），第二种类型是由私人资助的私立医疗机构（Private），第三种类型是由社会福利团体资助的公益性医疗机构（People/Not for Profit）。

新加坡公立医院和其他国有企业一样，除了在资本结构上的国有特色，在其他方面和市场化的私立医疗机构没有很大区别。和管理国有资本的淡马锡相似，新加坡卫生部有限公司（MOH Holdings Pte Ltd）是管理国有医疗机构的主要负责单位。公立医院的治理结构是董事会——院长（CEO）模式，董事由政府任命，医院可自主决定各自的人员招聘、薪酬水平以及资源分配。公立医院的收入由两部分构成：政府补贴和患者缴费。为防止公立医院对患者收取过高的费用，新加坡政府为公立医院设定了单个患者日均费用上限，医院收入总额除以患者总数的平均值不得超过该上限，否则政府补贴就会减少，在该标准以下，公立医院可以自主决定服务项目和价格。因此，新加坡的公立医院实际上属于有收入上限控制的自负盈亏。从1985年新加坡国立

---

[①] [新加坡]李光耀.经济腾飞路：李光耀回忆录（1965—2000）[M].北京：外文出版社，2001：110.

大学医院启动改革到 2000 年亚历山大医院改组完成，新加坡公立医院的公司化改革历时 15 年。当所有公立医院都实现公司化运营后，新加坡政府担心医院之间的过度竞争导致资源分配不均，使最好的医疗资源都向大医院集中。这可能会导致其他医院缺乏资源，无法提供高质量的医疗服务。在这种情况下，医生倾向于进行更多的检查和开更贵的药，以实现更高的收入。从 2000 年开始，新加坡政府对全部的公立医疗机构进行垂直整合以实现协同效应和规模经济。

目前，全岛公立医疗机构被划分为三大区域性集群（RHS），分别是新加坡国立大学医疗集团（NUHS）、新加坡保健集团（SH）以及国立保健集团（NHG）。每个集群由急症医院、基层诊所、社区医院、疗养院和其他长期护理机构组成，区域内部医疗服务自成体系，分别为西部、东部、中部 3 个地区的居民提供服务。这样，医院之间的竞争也变成集群间竞争。为防止形成区域性垄断，新加坡政府允许居民跨区域看病。三大集群在竞争中也发展出了各自的特色：新加坡国立大学医疗集团依托新加坡国立大学医院建立，在学术研究上相较于另外两个集团具有更大优势，因此自身定位偏向于整合型、学术型的医疗集团；新加坡保健集团是全岛最大的公共医疗保健集团，旗下拥有 5 个国家级专科中心，涵盖癌症（NCCS）、牙科（NDCS）、心脏（NHCS）、神经科学（NNI）和眼科（SNEC）多个领域；国立保健集团旗下的 2 个国家专科中心——新加坡心理卫生学院（IMH）和国家皮肤中心（NSC），每年会接待大量全岛不同地区的患者，有相关病症的患者也会首选这两家机构。

新加坡政府还鼓励公立与私立医疗机构展开一定程度的市场竞争，从而激励公立医院提高服务质量和工作效率。个人持有的 MediSave 账户既可以在公立医疗机构使用,也可以在私立医疗机构使用,这类私立医疗机构会受到更多政府监管。政府还需要确定基本医疗服务所包含的内容和数量以满足中低收入水平患者的需求,基本医疗服务也是私立医疗机构比较的基准之一。基本医疗服务通常包括符合世界卫生组织(WHO)标准的医药和医疗设备以及有资质的医生和专业人士。昂贵的医药或设备须经批准才可纳入,非必要和美容类医疗服务、处于试验阶段的新药和新设备不属于基本医疗范畴。另外,在基本医疗服务中患者不能自由选择问诊医生。

为了促进医院之间公平竞争,新加坡政府出台相关政策确保医疗价格与医治效果透明化,解决医院和患者间的信息不对称问题。从 2004 年开始,新加坡卫生部公布各大公立医院的医疗服务价格,以此让公众了解、比较在不同医院就医的成本。该项政策取得了一定成效,医院争相降价,如准分子激光原地角膜消除术(LASIK)的价格下降了 1000 新加坡元[1]。而后,2006 年,新加坡卫生部进一步要求医院公布主要病种的临床治疗效果。以白内障手术为例,各家医院的手术成功率差别很小,均在 95% 左右[2],但收费标准相差很大。相关信息披露后,医院定价逐渐趋于中间均衡点。此外,自 2018 年起,新加坡卫生部也开始公布私立医院普通外科手术的一般收费标准,指导私立医院进行合理定价,以此抑制医疗费用飙升。无论是公立还是私立医院,谁能吸引到患者,谁就能脱颖而出。

---

[1] 数据来自新加坡卫生部,https://www.moh.gov.sg/healthcare-schemes-subsidies/subsidies-for-acute-inpatient-care-at-public-healthcare-institutions。

[2] 付才辉. 构建我国自主创新的新结构经济学学科体系:综述,架构与展望 [J]. 制度经济学研究,2015(4):80.

**利用市场机制满足不同患者的需求**

新加坡的公立医院和私立医院的价格差异很大，但主要体现在病房设施和服务上。通过用价格区分需求，既保证广大的普通收入人群能看得起病，又让少数高收入人群的医疗体验得到满足。

分割的医疗市场自然产生了不同的等候时长。根据新加坡国立大学苏瑞福公共卫生学院的统计，2013年1月至2016年6月，公立医院专科诊疗等待时间中位数为28天，诊疗人次175.9万；同期私立医院专科诊疗等待时间中位数为8天，诊疗人次43.3万（见表9.7）。

表9.7 新加坡医院专科诊疗等待时间中位数与诊疗人次

| 分类 | 等待时间中位数/天 | 诊疗人次/万 |
| --- | --- | --- |
| 公立医院 | 28 | 175.9 |
| 私立医院 | 8 | 43.3 |

资料来源：Jason CH Yap, Yang Qian, "Understanding Hospital Waiting Times"。

公立医院等待时间相对较长，住院的费用相对低廉。病房按条件好坏从高到低分为A级、B1级、B2级、C级4个层次，用于满足不同层次的患者需求。A级病房常为单间且设施最好，B1级病房一般是4人间且设施较为基础，B2级与C级病房相对前两者条件稍差，分别是6人间和8~10人间。对于不同等级的病房，政府给予不同程度的补贴。B2/C级最高可获80%的医疗补贴，B1级最高可获50%的医疗补贴[1]。A级病房由于条件优越，完全采用市场化的运营方式。不同的病房补贴后实际自付费用差别很大。以新加

---

[1] 数据来自新加坡卫生部，https://www.moh.gov.sg/healthcare-schemes-subsidies/subsidies-for-acute-inpatient-care-at-public-healthcare-institutions。

坡中央医院为例，如果按照最高补贴比例计算，C 级病房每日仅需 37 新加坡元，B2 级病房也只要 57 新加坡元，而 B1 级病房升至 269 新加坡元，A 级病房高达 540 新加坡元[1]。李光耀回忆，"我们通过明显区分不同类别病房的舒适程度，鼓励人们住进他们负担得起的病房，由病人断定自己的支付能力"[2]。公立医院保证了普通人能够在有一定的医疗补贴的情况下，在能力范围内选择病房的舒适程度（见表 9.8）。

表 9.8 新加坡公立医院不同病房的条件及补贴

| 病房等级 | 病房患者数量/人 | 病房配备设施 | 病房补贴比例 % |
| --- | --- | --- | --- |
| A 级 | 1 | 有冷气和电视机，甚至包含躺椅、冰箱、连接浴室等 | 无 |
| B1 级 | 4 | 有冷气和电视机 | 35~50 |
| B2 级 | 6 | 无冷气和电视机等设施 | 50~80 |
| C 级 | 8~10 | | |

资料来源：新加坡卫生部。

私立医院门诊预约和手术安排相对较快，病房规格接近于酒店套房（也提供相对便宜的 4 人间或 2 人间），内含礼宾服务、高档洗浴用品的连接浴室、按摩服务，甚至豪华轿车接送服务。但舒适的体验对应的价格也极为昂贵，且因为私立医院一般没有医疗补贴，实际自付费用更高。一般豪华病房每日超过 1000 新加坡元，最贵的伊丽莎白乌节医院皇家套房，甚至每日超过 10000 新加坡元[3]。私立医疗机构的医疗服务很好地满足了高收入人群的

---

[1] 数据来自新加坡中央医院（Singapore General Hospital）官网，https://www.sgh.com.sg/。
[2] [新加坡] 李光耀. 经济腾飞路：李光耀回忆录（1965—2000）[M]. 北京：外文出版社，2001：110.
[3] 数据来自伊丽莎白乌节医院（Mount Elizabeth Hospital）官网，https://www.mountelizabeth.com.sg/zh/。

需求。也正因为高水平的医疗技术和优越的医疗条件,新加坡成为医疗旅游胜地,每年吸引数十万外国患者前来接受治疗。根据世界医疗旅游协会(MTA)统计,新加坡2020—2021年的医疗旅游指数(MTI)位列亚洲第一、世界第二[1]。

公立医院与私立医院、不同等级病房价格与补贴的差距在一定程度上对患者进行了选择与分流,确保医疗资源能够被最大化利用,使整个医疗体系能够高效、有序地运作起来,避免了西方完全福利医疗制度中出现的问题。

## 通过收入和市场划分,对低收入群体进行医疗补贴

> 一个人早逝对家属造成的冲击,我能感同身受。但是如果我还能为当事人和他的家属做些什么,我一定会设法避免让这个人过早离世。所以我一定会确保每一个国民都能负担得起基本的医疗保健服务。[2]
>
> ——吴作栋

对于社会底层的人群来说,医疗费用往往会大大超出他们的支付能力。为了满足社会底层人群的基本医疗需求,新加坡政府在医疗体系的各个层面引入了对低收入人群的补贴。政府所设立的多层医疗保健补贴,基于对不同人群支付能力的调查而确立,最大限度地确保了需要补贴的国民能够得到更多的政府资助。

---

[1] 世界医疗旅游协会2007年在美国佛罗里达州成立,是深耕国际医疗旅游的全球性非营利组织,在医疗旅游领域具有广泛影响。
[2] 吴作栋在国庆群众大会上的演说,1991年8月11日。

首先，在医疗保险上，新加坡政府承诺对于社会保险 MediShield "没有国人会因缴不起保费而断保"（补贴比例见表 9.9），政府会给予中低收入家庭 25%~50% 的保费补贴，对那些无力支付保费的会员，政府将给予额外的保费援助[1]。1993 年，新加坡政府从财政盈余中拨出 2 亿新加坡元作为启动资金，成立了 MediFund，用于协助支付最贫困患者的医疗费用，MediFund 接受来自社会各界的捐款。

表 9.9　新加坡 MediShield Life 按年龄段补贴比例

| 年龄/岁 | 低收入群体（0~1200 新加坡元）/% | 中等收入群体（1201~2000 新加坡元）/% | 高收入群体（2001~2800 新加坡元）/% |
| --- | --- | --- | --- |
| 1~40 | 25 | 20 | 15 |
| 41~60 | 30 | 25 | 20 |
| 61~75 | 35 | 30 | 25 |
| 76~85 | 40 | 35 | 30 |
| 86~90 | 45 | 40 | 35 |
| >90 | 50 | 45 | 40 |

资料来源：新加坡卫生部。

其次，在医疗服务上，新加坡政府对所有公立医疗机构以及参加社保援助计划（CHAS）的私人诊所进行补贴，患者只需支付补贴后的费用。补贴程度取决于医院类型以及患者的收入水平。举例来说，患者在专科门诊就诊，家庭人均月收入水平在 1200 新加坡元以下的享有 70% 的补贴，1200~2000

---

[1] 数据来自新加坡卫生部，https://www.moh.gov.sg/healthcare-schemes-subsidies/medishield-life/medishield-life-premiums-and-subsidies/premium-subsidy-tables。

新加坡元享有 60% 的补贴，2000 新加坡元以上的享有 50% 的补贴[①]。如果上述收入水平的患者看复杂慢性病，则其在医院的治疗可获得相应补贴，每次补贴上限分别是 125 新加坡元、80 新加坡元和 40 新加坡元，每年补贴上限分别为 500 新加坡元、320 新加坡元和 160 新加坡元。政府还鼓励全部居民参与定期体检计划，家庭人均月收入在 2000 新加坡元以下的患者每次只需负担 2 新加坡元的体检费即可（见表 9.10）。

表 9.10 CHAS 分级补贴上限

| 医疗项目 | 蓝卡<br>（0~1200 新加坡元） | 橙卡<br>（1201~2000 新加坡元） | 绿卡<br>（2001~2800 新加坡元） |
| --- | --- | --- | --- |
| 普通病症 | 18.5/ 次 | 10/ 次 | 0 |
| 简单慢性病 | 80/ 次<br>320/ 年 | 50/ 次<br>200/ 年 | 28/ 次<br>112/ 年 |
| 复杂慢性病 | 125/ 次<br>500/ 年 | 80/ 次<br>320/ 年 | 40/ 次<br>160/ 年 |
| 指定牙科服务 | 11~256.5/ 项 | 50~170.5/ 项 | 0 |
| 定期体检计划<br>（定额收费） | 2/ 次 | 2/ 次 | 5/ 次 |

资料来源：新加坡社保援助计划（CHAS）官网。

对于需要住院治疗的患者，新加坡政府为其在公立医院基础和中等等级的病房提供补贴，收入越低的人群补贴的比例越高。条件基础的 B2/C 级病房按收入水平高低享有 50%~80% 的补贴，条件中等的 B1 级病房享有 35%~50% 的补贴。不同等级病房差别仅在于病房环境，医疗水平是相同的。为了保证公平，医院会让每个医疗小组随机负责病房。这让贫困人群也能住进负担得起的病房，并获得同等水平的救治（见表 9.11）。

---

① 数据来自新加坡卫生部，https://www.moh.gov.sg/healthcare-schemes-subsidies/subsidies-for-specialist-outpatient-care-at-public-healthcare-institutions。

表 9.11 新加坡公立医院不同等级病房补贴率

| 住户人均收入 /<br>新加坡元 | C/B2 级病房 /% | B1 级病房 /% | A 级病房 /% |
|---|---|---|---|
| 无收入 | 住屋年值≤ 13k $：80<br>住屋年值 >13k $：50 | 住屋年值≤ 13k $：50<br>住屋年值 >13k $：35 | 0 |
| （0，1800] | 80 | 50.0 | |
| （1800，2000] | 75 | 47.5 | |
| （2000，2200] | 70 | 45.0 | |
| （2200，2500] | 65 | 42.5 | |
| （2500，2800] | 60 | 40.0 | |
| （2800，3100] | 55 | 37.5 | |
| >3100 | 50 | 35.0 | |

资料来源：新加坡卫生部。

政府通过这样的方式促使患者根据个人经济情况选择相应的医疗服务，既保证了所有人都能够获得应有的医治，又保证了所发放的补贴精准帮助到最需要的人，把医疗补贴真正花在了"刀刃"上。

## 全球主要医疗体系的常见问题

综观世界主要国家的医疗体系，成本过高和等候时间过长是普遍存在并且无法忽视的弊病。

首先，医疗卫生支出庞大，难以为继。欧洲和日本解决医疗巨额花费问题的思路是政府掏钱，美国则是交给私人保险公司，这些都会导致资源的极大浪费。美国的医疗支出历来是全球之最，2016—2020 年的平均医疗支出占 GDP 的比重高达 17.1%，其中 30% 的支出源自商业保险[1]。这很大程度上是因为在保险公司、医院与患者的三方博弈中，存在巨大的信息不对称。医生有动机开具更多的诊疗和药物处方，然后由保险公司去承担高昂的医药费。保险公司则可能为了利益联合医院"敲诈"患者。据美国司法部通报，2018 年一起大型医疗诈骗案诈取金额超 20 亿美元，涉及 58 个联邦地区，受指控人数达 601 人，其中包括 165 名医生、护士和其他有执照的医疗人员[2]。而在欧洲和日本，医疗资源是公共福利，患者倾向于不断地看病、检查、开药，享受更多的医疗服务，政府控费非常困难。事实上，这些国家的财政状况越来越难以支撑福利社会的高昂医疗支出。2020 年瑞士和德国医疗支出占 GDP 的比重分别为 11.8% 和 12.8%，而对应的财政收入占 GDP 的比重分别为 18.0% 和 29.0%，医疗支出过于庞大，财政收入在经济低迷的时期更为捉襟见肘，可以预见，后续高福利医疗体系将很难持续。

其次，医疗系统效率低下，等候时间过长。高福利社会公立医院基本免费，患者看病花费较少，但漫长的等候时间极大地增加了就医成本。因此，这是一种"虚假的低成本"，实际上效率非常低下。以中国香港和英国为例，英国的专科预约平均等候时间为 5~10 周，中国香港的专科预约平均等候时间为 21~60 周，有时甚至可达 133 周[3]。候诊患者的累积会导致卫生系统压力过大，甚至造成医疗资源挤兑。英国国家统计局数据显示，2022 年 12 月，

---

[1] 数据来自世界银行，https://data.worldbank.org.cn/indicator/SH.XPD.CHEX.GD.ZS。

[2] 数据来自美国司法部（Department of Justice, DoJ），https://www.justice.gov/usao-sd/pr/national-health-care-fraud-takedown-results-charges-against-601-individuals-responsible#:~:text=Attorney%20General%20Jeff%20Sessions%20and%20Department%20of%20Health,involving%20more%20than%20%242%20billion%20in%20false%20billings。

[3] Yap J CH, Qian Y. Understanding hospital waiting times[J].Saw Sure Hock School of Public Health, National University of Singapore, 2019.

大约 20% 的英国人正等待医疗预约和治疗①。对于急病患者来说，等候时间长短关乎性命，不及时就诊就可能导致病情恶化。然而，截至 2023 年 1 月，英国大约有 48 万人等候救护车的时间超过 4 小时②。

## 小结

如何建立起一套公平高效的医疗体系在全球范围内都是一个难题。之所以难是因为医疗牵扯一些深层次的社会和经济问题。首先，如果把医疗看成基本人权，很容易走上全民免费医疗的福利社会制度。但这种方式必然带来老百姓对医疗服务需求的无节制扩张，最后的结果就只有两种：一种是政府不得不限制供应，看什么病都得排队；另一种是政府通过举债向医疗服务投入，这成为社会实际无法承受的成本。其次，医疗行业存在巨大的信息问题。其中，在患者和医疗机构的博弈中，由于医疗本身的专业性，医疗机构有极大的信息优势，而患者往往是有病乱投医；同样，在医疗机构与保险公司的博弈中，医疗机构同样有巨大的信息优势，所以控费往往很难。如何降低信息成本而提高医疗体系的整体效率就成了一个亟待解决的难题。

新加坡医疗体系的建立很好地解决了以上两个问题。能建立起全球最高效的医疗体系，新加坡能做到超级理性，实事求是，既最大限度地利用了政府在解决问题中的能动性，又很好地划定了政府权力的边界，能利用市场机制做政府做不好的事情。对于低收入人群，新加坡政府体现了真诚的人道主

---

① 数据来自英国国家统计局（Office of National Statistics, ONS），https://www.england.nhs.uk/statistics/statistical-work-areas/rtt-waiting-times/rtt-data-2022-23/。

② 数据来自英国国家统计局，https://www.england.nhs.uk/statistics/statistical-work-areas/ambulance-quality-indicators//。

义关怀。即使是在对低收入人群的补贴上，新加坡也没有忘记资源的稀缺性和补贴的精准性。

新加坡的手段值得每个国家学习——政府与人民共同为健康负责，强调个人责任，减少医疗资源滥用，把医疗支出控制在较低水平。三层医疗体系和分级诊疗制度按病情轻重缓急，合理分流患者，避免医疗拥挤，把等待时间控制在合理范围内。市场化的医疗服务全方位地满足不同群体的医疗需求，公立医院与私立医疗机构相互补充，以价格区分不同档次的医疗服务，方便患者按其经济情况自由选择。中低收入阶层用很低的成本获得高水平的公共医疗服务，注重体验的高收入阶层付出了高额的成本，也有与之相称的尖端医疗服务和舒适环境。补贴公立医院和助老扶贫计划覆盖了底层人民群众的大部分医疗需求，让最贫困的百姓能病有所医。相关内容见表9.12。

表9.12　新加坡3M医疗保障体系

| 项目 | 保健储蓄计划（MediSave） | 终身健保计划（MediShield Life） | 保健基金计划（MediFund） |
| --- | --- | --- | --- |
| 定位 | 面向全国的强制医疗储蓄计划 | 面向全国的强制重病医疗保险计划 | 面向贫困者的医疗费用援助基金 |
| 使用范围 | 可支付个人及其家属的医疗费用，包括住院费用、日间手术费和一些获批准门诊治疗的费用 | 可报销大部分住院和手术的费用，以及个别昂贵的门诊治疗费用（如化疗、放疗、肾透析等） | 援助已得到前两者补助后，仍然无力承担自付医疗费用的贫困患者 |

资料来源：新加坡卫生部。

# 第 10 章

# 超级理性主义在养老和储蓄中的应用

如何养老？答案无外乎 3 个：一是自己年轻时储蓄，老了自给自足；二是养儿防老，老了由子女赡养；三是建立统一的社会保障体系，由政府保障养老问题。二战后，很多欧洲国家出于政治正确的原因采用了第三种方式，目前大多陷入养老金困境。

新加坡的养老金制度收获了普通的赞誉，全球咨询公司美世（Mercer）每年定期发布《全球养老金指数报告》，该指数对各国养老金制度的可持续性、完整性和充足性进行评比。2022 年，新加坡的公积金制度连续 14 年被评为亚洲最佳的退休养老制度，在全球排行榜上位列第九。

新加坡是一个推崇个人养老的国家，政府只对社会底层进行必要的经济救助。新加坡的养老体系主要由中央公积金构筑而成，这是一个包含住房需求、医疗需求和退休后生活开支需求在内的综合性社会保障体系。新加坡的公积金制度带有强烈的大家长制，每位居民（包括公民和永久居民）自工作之日起，收入的一部分就会被强制要求存入公积金账户，所有存款由中央公积金局统一管理，会员支取要遵循严格的规定。绝大部分公积金存款由中央公积金局交由政府负责投资，会员按规定的利率收取利息。

## 养老金改革难题是全球性问题

### 世界主流的4种养老金模式

从融资模式和财务平衡的角度来看，养老金计划存在两种制度安排：一种是现收现付制（Pay-As-You-Go，PAYG），这是一种代际的收入分配制度，是以当前正在工作的一代人的缴费来支付同一时期已经退休的一代人的生活开支，在财务上体现为年度平衡，当期收缴的金额当期花完，不追求养老金财富的积累。这一制度可持续的前提是年轻人口的增长率不能低于老年人口的增长率，这样养老金的缴纳金额才能覆盖支取金额。另一种是基金制（Fully Funded），也称完全积累制，由个人定期将自己收入的一部分存入某个基金账户，依靠所积累的缴费金额和投资收益安排老年生活，在财务上体现为个人生命周期的财务平衡，这种制度被诟病的地方在于完全没有收入再分配的功能。根据缴费和给付方式的不同，养老金计划又可以分为两种：一种是待遇确定型（Defined Benefit，DB），退休时领取的养老金按事先的约定发放，缴费金额根据对未来支付额的预测确定。在大多数情况下，为了维持相应的待遇水平，政府需要不断提高缴费率或者增加财政对养老保险支出的补贴。另一种是缴费确定型（Defined Contribution，DC），计划参与者的缴费比例或金额是确定的，退休后领取的养老金规模取决于总缴费额和投资收益。

将两种分类方式相结合，养老金制度大致可以分为4种类型：第一种是现收现付待遇确定型，大多数国家的公共养老金制度采取的就是这种模式。第二种是瑞典首创的名义缴费确定型（Notional Defined Contribution，NDC），这种制度依然采用现收现付制，每个人定期按固定比例缴费，但是会为每个参与者建立个人账户，用于记录个人的缴费以及获得的投资收益，投资收益率是政府确定的名义利率，该名义利率取决于现收现付制下预计能够支付的利息率。第三种和第四种是完全积累制下的缴费确定型和待遇确定型，私人性质的养老金一般采用的是这两种模式。

**构建多支柱养老金体系是共识，但公共养老金仍是支出主力**

西方发达国家自20世纪50年代起就普遍建立了DB型现收现付制公共养老金制度，由政府承担养老的总体责任。战后经济的高速增长以及"婴儿潮"带来的人口红利使得这一制度在很长一段时间内运行良好。然而，随着人口老龄化问题日益严峻，而且DB型计划具有福利刚性和激励提前退休的效应，这一模式在全球范围内受到越来越多的质疑。各国普遍意识到，由政府大包大揽的福利制度不可持续，政府只能为穷困人口提供基本养老保障，建立体现个人责任的基金制是必要的。从20世纪70年代末开始，各国开始探索养老金制度改革。

改革主要围绕两个方向，第一个方向是如何解决现收现付型公共养老金制度的可持续支付问题，目前的做法主要有3种：第一种是以德国、法国为代表的参量式改革，保持现行模式不变，只调整计划参数，例如，提高退休年龄、对提前/延迟退休给予惩罚/奖励、把待遇提高的依据从工资改为物价等。参量式改革并不能从根本上解决养老金赤字问题，还经常陷入政治风波。20世纪90年代以来，法国多次因为延迟退休年龄引发全国性大罢工。第二种是以日本为代表的公共积累制，也就是在公共养老金计划中单独设立一定的储备资产，按照投资基金的方式管理，用养老金缴费、储备资金的投资回报和财政补贴等手段共同应对养老金支付。公共积累制的问题在于政府很容易动用基金，让累积的资产化为乌有。第三种是以瑞典为代表的名义缴费确定型。该类型的改革相对而言阻力较小，因为它不改变现有模式，同时由于建立了个人账户，计划参与者很容易核查各自的缴费结果，缴费不太容易被看成税收，对提前/延迟退休的惩罚/奖励被内含在名义利率中不需要做出另外的政治决策，但是，一旦政府选错了名义利率，该制度同样没有财政持续性。

养老金改革的第二个方向就是建立私人性质的完全积累制，目前的做法主要有两种：第一种是以智利为代表的完全市场化改革。1981年，智利政府宣布从传统的DB型现收现付制全面转向DC型完全积累制。这一类型的改革受到的阻力最大。从现收现付制转向基金制，基金制的第一代除了要为自己缴费，还需要为上一代再缴一次费。而且从政府养老到自己养老将面临更大的政治风险。研究发现，大多数国家改革时政治制度越民主，养老金完全私人化的可能性越低，民主化程度与养老金私人化程度存在一定反比关系[1]。第二种是建立多支柱养老金体系。这是一种保留现有模式的增量改革，也是目前得到广泛认可的模式。该模式最早由世界银行提出[2]，主张建立包含3个

---

[1] 庞茜，郑秉文.拉美养老金改革40年的得与失——评《拉美养老私有化改革40年（1980—2020年）评价：承诺与现实》[J].拉丁美洲研究，2022，44（3）：141-153.
[2] 世界银行政策研究报告.防止老龄危机：保护老年人及促进增长的政策[M].劳动部社会保障研究所，译.北京：中国财政经济出版社，1996：152.

支柱的养老金体系：第一支柱是强制性、非积累制的，由政府主导的公共养老金，体现收入再分配功能；第二支柱是强制性、积累制个人账户制度，如由企业和个人共同缴纳的职业养老金；第三支柱是自愿的、积累制个人账户制度，提供补充保护功能（见图10.1）。目前，相当多的国家都建立了这样的养老金体系。

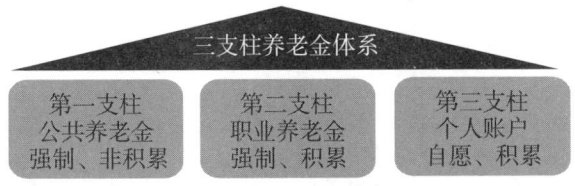

图 10.1 三支柱养老金模型

尽管各国在形式上都建立了包含公共、私人不同层级的养老金体系，但从养老金支出规模上看，公共养老金仍然是主力。根据 OECD 提供的数据，大多数国家公共养老金支出占全部养老金支出的比重超过了 50%，欧洲国家甚至超过了 80%（见图 10.2）。

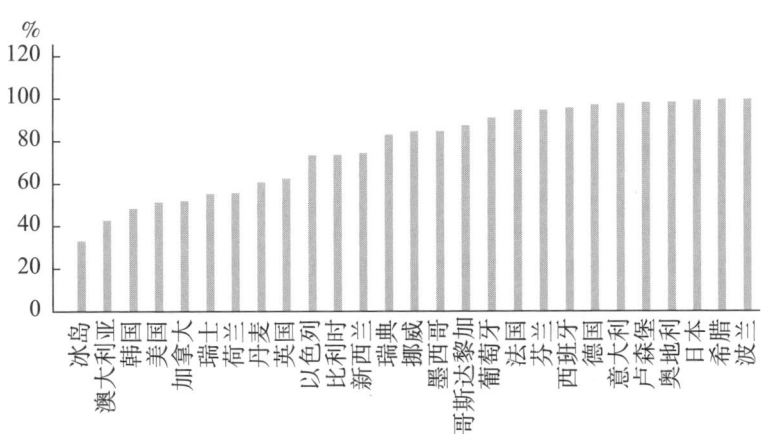

图 10.2 2019 年部分国家公共养老金支出占比

注：OECD 提供了不同国家公共和私人养老金支出（Public and Private Pension Spending）占 GDP 的比重，据此可以计算出公共养老金支出占比。

资料来源：OECD 数据库。

# 新加坡很早就设计了个人完全积累制

## 李光耀的超级远见

新加坡在养老问题上，从一开始就选择了强调个人责任的完全积累制，这源于李光耀的超级理性主义。

李光耀认为人的产权意识是天生的，强制每个人为自己储蓄，个人不仅会珍惜自己的财产，还会因拥有产权而产生归属感。而且人的能力存在先天差异，政府应该为最有能力的人创造条件，让他们走得更远，为社会创造更多财富，政府再用剩余财富去帮助那些能力较弱的人，但是这种重新分配不能做过头，否则就会掉进福利制度的黑洞。由政府包揽的养老制度必然滋生懒汉、浪费资源，没有哪个政府可以在不提高税收的情况下承担如此庞大的责任。

> 当我发现人们在照顾自己拥有的住房和租赁单位采取截然不同的态度时，就深信一个人的产权感是与生俱来的……我要让新加坡每个家庭都有真正的资产让他们保护。①

> 我们决定每个工人都应该通过公积金积累储蓄，应付养老储蓄……当然，社会上总有一些不负责任或能力不足的人……我们尽量设法不让他们最终住进收容所，而是尽可能让他们能够独立生活，更重要的是，设法拯救这些人的子女，使他们不再重复上一代那种什么都不在乎的生活方式。我们做出适当安排，以确保只有那些十分需要援助的人才能获得福利照顾。②

---

① [新加坡]李光耀. 李光耀40年政论选[M]. 北京：现代出版社，1994：170.
② [新加坡]李光耀. 经济腾飞路：李光耀回忆录（1965—2000）[M]. 北京：外文出版社，2001：103.

一个国家不论多么富有，也不可能挑起保健、失业和养老福利的重担而不必大量抽税……60年代和70年代，欧洲福利国家的失败还不是不言自明的，它的害处需要两代人的时间才会显现，包括个人表现差、增长率停滞不前和预算赤字提高。①

——李光耀

李光耀还认为大多数人缺乏良好的自我约束力，很难主动储蓄，也不具备投资能力。因此，新加坡政府强制要求每个人自工作之日起就为自己的住房、医疗、退休生活而储蓄，缴费比例由政府定期做出调整，所有账户存款由中央公积金局统一管理，由政府负责投资，会员可以按规定的利率收取利息，支取要遵循严格的规定。

**新加坡养老金体系以中央公积金为主**

新加坡在养老方面强调个人自力更生，鼓励老年人尽量就业，只要就业政府就会给予相应补助。政府没有建立专门的公共养老金，仅用财政税收完成对底层收入群体的基本救助。因而，按照世界银行的标准，新加坡养老金体系没有第一支柱，只有第二和第三支柱。

新加坡养老金的第三支柱是退休辅助计划（Supplementary Retirement Scheme，SRS），该计划于2001年推出，这是一个自愿性质的退休储蓄计划。SRS适用范围较广，不仅适用于新加坡公民和永久居民，也适用于在新加坡工作的外国人士。加入SRS可以减免个人所得税，减免税程度根据收入水平来设计。SRS账户由3家新加坡本地银行管理，不同于公积金（CPF）

---

① [新加坡] 李光耀. 经济腾飞路：李光耀回忆录（1965—2000）[M]. 北京：外文出版社，2001：112-115.

账户，SRS 账户每年可以享有至少 2.5% 的无风险收益，存入 SRS 账户的钱如果不进行投资只能享有 0.05% 的利率，因此，SRS 账户的资金必须用于政府批准的投资项目。目前，SRS 账户取现的年龄为 62 岁。

作为新加坡养老金体系的第二支柱，中央公积金是新加坡养老金的中流砥柱。从覆盖人群来看，SRS 的账户持有人只有不到 30 万，而 CPF 账户持有人超过 400 万。新加坡没有公布 SRS 的资产规模，但根据统计局公布的家庭资产负债表，截至 2022 年，新加坡中央公积金规模约为 5448 亿新加坡元，养老金规模（Pension Funds），即 SRS 只有 169 亿新加坡元。

需要说明的是，有学者将中央公积金划入公共养老金范畴，这样划分的依据可能有两点：第一，中央公积金的管理和运作由新加坡政府负责；第二，新加坡中央公积金各账户的利息率确定，这有点类似名义缴费确定型养老金。但是，我们认为这样的划分是不妥当的。尽管 CPF 账户由政府负责管理和运作，但账户所有权归每个缴费的个人所有，账户资金归个人使用，政府不会用高收入群体的账户填补低收入群体。更重要的是，CPF 账户是可以继承的，通过"公积金提名"（CPF Nomination），指定的受益人在原账户持有人过世后可以领取他的公积金储蓄，这与公共养老金完全不同。至于账户收益率是确定的还是固定的，并不是区分公共养老金和私人养老金的根本依据。鉴于中央公积金的重要地位，本章将着重介绍这一制度的形成和运转。

## 个人是第一责任人

**新加坡的养老制度是一种综合社会保障制度**

新加坡的养老金包含在一个叫作中央公积金的账户中，这是一种集住房、医疗和养老于一体的综合性社会保障制度，这个综合性账户随着新加坡的经济发展逐步形成。

新加坡的公积金制度脱胎于英国殖民政府于1955年创立的养老金计划，当时的缴存率只有10%（雇员和雇主分别缴纳5%）。新加坡独立后，在李光耀的主导下，公积金计划逐步扩大。20世纪60年代的新加坡人口结构非常年轻，64岁以上人口占比不到3%，相比住房，养老不是当务之急。1968年，新加坡修改了公积金法令，将公积金缴存率从10%提高至13%（雇员和雇主分别缴纳6.5%），允许会员使用公积金支付购屋款。

但是，住房和养老金之间存在替代关系，如果一个人超出自己的经济能力购买了更大的组屋，就意味着留给其养老所用的现金存款将会减少，而且收入水平越低，这种替代效应越明显。在这种考虑下，中央公积金局于1977年要求增设特别账户（SA），该账户资金主要用于老年和与退休相关的金融产品投资，原来的账户称为普通账户（OA），主要用于支付住房首付和还贷。

到1985年，新加坡已经有80%的居民住在HDB的组屋里，住房问题基本得到解决，人口老龄化问题逐渐凸显。1984年，中央公积金局又增设医疗账户（MA），用于住院开支和获得批准的医疗保险。1987年，中央公积金局再次宣布每个年满55岁的会员增设退休账户（RA），依次从SA和OA中转入部分储蓄用于老年生活支出。

自此，新加坡公积金账户体系基本形成。如表10.1所示，每个在职的新加坡公民或者永久居民，在55岁之前都拥有3个公积金账户：普通账户（OA）、医疗账户（MA）、特别账户（SA）。年满55岁时，再增设一个退休账户（RA）。

表 10.1　新加坡中央公积金账户体系

| 账户名称 | 用途 |
| --- | --- |
| 普通账户（OA） | 用于住房、保险和投资，也可以支付教育费用，但必须在规定时间内连本带息足额偿还 |
| 医疗账户（MA） | 住院费用和批准的医疗保险 |
| 特别账户（SA） | 用于退休资金和与退休相关的金融产品，这意味着该账户不能进行风险较高的投资 |
| 退休账户（RA） | 年满 55 岁设立，依次从 SA 和 OA 转入相应资金，购买政府背书的投资计划，按期领取入息 |

资料来源：新加坡中央公积金局官网。

**分门别类强制储蓄**

根据新加坡《中央公积金法》，所有新加坡公民和具有永久居住权的雇员，每月必须按比例缴纳公积金，缴存比例随着收入水平、年龄不同而不同。所有雇员按月总收入 [ 总收入（Total Wages，TW）包括常规收入（Ordinary Wages，OW）和额外收入（Additional Wages，AW）] 水平缴纳公积金：月总收入低于 50 新加坡元的雇员和雇主均无须缴纳；月总收入为 50~500 新加坡元的，由雇主缴纳，雇员自己无须缴纳；月收入高于 500 新加坡元的，雇主和雇员各自按规定的比例缴纳。年龄越小，公积金缴存率越高（见表 10.2）。

新加坡中央公积金局对缴费在不同账户间的分配符合人一生的收入和消费规律。一个人的劳动收入主要形成于 20~60 岁，年龄越小，住房需求越高，存入 OA 的比例越高。随着年龄增长，住房问题逐渐得到解决，医疗需求逐年提高，存入 OA 的比例下降，存入 MA 的比例逐渐提高。人在中年时期，收入水平往往是一生中最高的，往后收入慢慢下降，因此，55 岁之前，存入 SA 的比例逐渐提高，55 岁之后逐渐下降（见表 10.3）。

表10.2 新加坡中央公积金缴存率（适用于新加坡公民和满3年永久居民）

| 雇员的年龄 | 雇员月收入/新加坡元 | 全部 | 雇员 | 雇主 |
|---|---|---|---|---|
| 55岁及以下 | ≤50 | 无 | 无 | 无 |
| | (50, 500] | 17%×TW | 无 | 17%×TW |
| | (500, 750] | 17%×TW+0.6×(TW-500) | 0.6×(TW-500) | 17%×TW |
| | >750 | 37%×OW+37%×AW | 20%×OW+20%×AW | 17%×OW+17%×AW |
| | | OW部分最高缴纳2220新加坡元（6000×37%） | | |
| 55~60岁 | ≤50 | 无 | 无 | 无 |
| | (50, 500] | 14%×TW | 无 | 14%×TW |
| | (500, 750] | 14%×TW+0.42×(TW-500) | 0.42×(TW-500) | 14%×TW |
| | >750 | 28%×OW+28%×AW | 14%×OW+14%×AW | 14%×OW+14%×AW |
| | | OW部分最高缴纳1680新加坡元（6000×28%） | | |
| 60~65岁 | ≤50 | 无 | 无 | 无 |
| | (50, 500] | 10%×TW | 无 | 10%×TW |
| | (500, 750] | 10%×TW+0.255×(TW-500) | 0.255×(TW-500) | 10%×TW |
| | >750 | 18.5%×OW+18.5%×AW | 8.5%×OW+8.5%×AW | 10%×OW+10%×AW |
| | | OW部分最高缴纳1110新加坡元（6000×18.5%） | | |
| 65~70岁 | ≤50 | 无 | 无 | 无 |
| | (50, 500] | 8%×TW | 无 | 8%×TW |
| | (500, 750] | 8%×TW+0.18×(TW-500) | 0.18×(TW-500) | 8%×TW |
| | >750 | 14%×OW+14%×AW | 6%×OW+6%×AW | 8%×OW+8%×AW |
| | | OW部分最高缴纳840新加坡元（6000×14%） | | |
| 70岁以上 | ≤50 | 无 | 无 | 无 |
| | (50, 500] | 7.5%×TW | 无 | 7.5%×TW |
| | (500, 750] | 7.5%×TW+0.15×(TW-500) | 0.15×(TW-500) | 7.5%×TW |
| | >750 | 12.5%×OW+12.5%×AW | 5%×OW+5%×AW | 7.5%×OW+7.5%×AW |
| | | OW部分最高缴纳750新加坡元（6000×12.5%） | | |

注：TW=OW+AW，OW中超过6000新加坡元的部分不需要缴纳。
资料来源：新加坡中央公积金局官网。

表 10.3　新加坡中央公积金在不同账户间的分配

| 雇员年龄/岁 | OA/% | SA/% | MA/% |
| --- | --- | --- | --- |
| ≤35 | 62.2 | 16.2 | 21.6 |
| (35,45] | 56.8 | 18.9 | 24.3 |
| (45,50] | 51.4 | 21.6 | 27.0 |
| (50,55] | 40.6 | 31.1 | 28.4 |
| (55,60] | 42.9 | 19.6 | 37.5 |
| (60,65] | 18.9 | 24.3 | 56.8 |
| (65,70] | 7.2 | 17.9 | 75.0 |
| >70 | 8.0 | 8.0 | 84.0 |

资料来源：新加坡中央公积金局官网。

步入老年后，收入锐减，自年轻时积累的储蓄变得十分重要。对于大多数新加坡老年人来说，他们在退休时已经拥有一套属于自己的且贷款基本付清的住房；一笔专门用于看病的医疗储蓄，其金额足以应付一般性疾病以及公立医院 B2 级或 C 级病房的费用标准，以及一笔用于日常生活开支的退休储蓄。这种制度令政府没有财政负担，可以保持低税率吸引外资。

**延长退休年龄，鼓励老年人就业**

老龄化迫使各国延长退休年龄。目前，丹麦、希腊、冰岛、意大利的法定退休年龄最高，男性退休年龄为 67 岁，美国、英国和德国均为 66 岁，法国为 62 岁。

根据世界银行和新加坡统计局的数据，新加坡全部人口中 65 岁及以上人口占比约为 14%，与日本相比（约为 30%），新加坡的老龄化程度并不算严重。然而，新加坡总人口中约 27% 是非居民人口，除去这部分影响，如果只统计居民（新加坡公民和永久居民）的年龄结构就会发现，新加坡老龄化问题十分严重。2022年，新加坡居民人口中65岁及以上人口占比已经高达54.6%[①]。

新加坡自1999年起将退休年龄从60岁提高至62岁。2012年，新加坡政府计划进一步提高退休年龄，但是遭到民众的普遍反对，作为替代方案，新加坡颁布了《退休与重新雇佣法令》，规定年满62岁的员工只要健康状况良好，雇主就有责任继续聘用他，直到满65岁为止。2017年，这一返聘年龄提高至67岁。2022年新加坡将法定退休年龄提高到63岁，将返聘年龄提高到68岁，并宣布到2030年，法定退休和返聘年龄将分别提高到65岁和70岁。根据《新加坡劳动力报告》，2021年，新加坡65岁以上的居民中，雇用率（该年龄段就业人口占该年龄段总人口的比例）达到31%，其中男性40%，女性23%。与此同时，老年就业人口的公积金缴存率也在不断提高，2000年，65岁以上人口的公积金缴存率为7.5%（雇主和雇员分别缴纳5%和2.5%），2016年提高至12.5%（雇主和雇员分别缴纳7.5%和5%），2022年，中央公积金局进一步细化规则，65~70岁的公积金缴存率提高至14%（雇主和雇员分别缴纳8%和6%），70岁以上为12.5%（雇主和雇员分别缴纳7.5%和5%）。

**亲人互助或利用组屋**

除强调个人储蓄以及本人继续就业外，中央公积金局还设计了不同计划来帮助低收入老年群体提高自己的退休收入，这些计划分为两类，一类是鼓励亲人间的互助，另一类是利用自己的组屋补充RA。

---

[①] 数据分别来自世界银行和新加坡统计局。

中央公积金局规定，只要在年满 80 岁之前得到来自亲人的资助，使其满足公积金终身入息计划（CPF LIFE）的条件，就可以随时加入该计划。会员可以将自己公积金储蓄中的余额转给配偶、父母、祖父母以及兄弟姐妹等亲人，转出金额根据转出对象不同遵循不同的规定。

2021 年，新加坡中央公积金局推出为期 5 年的退休户头配对填补计划（Matched Retirement Savings Scheme），该项计划旨在帮助 55~70 岁、公积金存款达不到基本退休存款额（BRS）的老年人积累更多退休金，符合条件的人无论是自己填补还是亲友填补，只要他们的 RA 每填补 1 新加坡元，政府就会为他们填补 1 新加坡元，政府每年最多为他们填补 600 新加坡元。

新加坡政府鼓励老人和子女住得更近，为此出台了各种计划，如多代同购优先计划、年长者优先计划、近居购屋津贴等。以近居购屋津贴为例，购买转售组屋（Resale Flat）与父母或子女同住的家庭，可享有 3 万新加坡元购屋津贴；如果所购买的组屋与父母/子女的组屋在 4 千米范围内，可享有 2 万新加坡元购屋津贴。

许多新加坡退休老人都拥有组屋，中央公积金局为此设计了 3 种计划帮助退休老人提高退休收入。第一种是乐龄安居花红（Silver Housing Bonus）。年长者出售所居住的组屋购买 3 居室或更小的组屋，由此得到的净收入用来补充 RA，每填补 3 新加坡元，就可以获得来自政府的 1 新加坡元花红补贴，最多只需要为 RA 填补 6 万新加坡元，就能获得 3 万新加坡元的乐龄安居花红。第二种是屋契回购计划（LBS）。对那些希望继续居住在现有组屋的年长家庭（屋主必须满 65 岁，月收入不超过 14000 新加坡元），可以把部分屋契售卖给 HDB，售卖所得净额用来补充公积金账户。同样，每填补 3 新加坡元，就可以获得 1 新加坡元现金花红，花红上限为 3 万新加坡元。第三种是将组屋整间出租或只出租空余房间。

## 公积金账户由政府管理

### 严格管理，防止账户透支

出于对个人自我约束能力的怀疑以及长寿风险的挑战，长期以来，中央公积金局不断调整政策，竭力避免会员出现"账户提早花光"的情况。

早年新加坡允许会员在年满 55 岁时全额提取公积金。随着预期寿命不断提高，中央公积金局开始担心储蓄会被提前花光。1984 年中央公积金局提议将提取公积金的年纪从 55 岁推迟至 65 岁，结果引发社会骚乱，政府不得已保留了"允许年满 55 岁提取公积金"的权利，但是对会员提取的金额做出了种种限制。

1987 年，中央公积金局出台了"最低存款额计划"（MS），年满 55 岁的公积金会员只能从 SA 和 OA 中提取公积金，而且只能提取超过 MS 标准的部分。1987—1994 年，MS 标准包含会员所拥有的房产价值，也就是说，如果会员房产的抵押值达到 MS 标准，就可以取出全部公积金。1995 年，中央公积金局规定 MS 标准中，至少有 10% 是现金，这一比例逐年升高；到 2003 年，现金比例提高至 50%，并一直持续至 2015 年。

中央公积金局调查发现，在年满 55 岁的会员中，以全额现金或"现金+房屋抵押"的方式达到 MS 标准的比例只有 50% 左右，这样，就有相当多的会员不能在 55 岁这天提取公积金，这引发了民众的不满。

为此，中央公积金局在 2016 年对该条款进行了调整，用 3 种标准取代

MS 要求，分别是基本退休金（Basic Retirement Sum，BRS）、全额退休金（Full Retirement Sum，FRS）、增强退休金（Enhanced Retirement Sum，ERS）。其中，FRS 相当于过去的 MS 标准，在新规定下，即使余额没有达到 FRS 标准，也能取出部分现金。政府每隔几年就会对 BRS、FRS 和 ERS 标准金额进行调整，但是每个人只以自己年满 55 岁那年的要求为准（见表 10.4）。

表 10.4　年满 55 岁的公积金会员可以提取的公积金存款规定　　单位：新加坡元

| SA 和 OA 账户余额 | 公积金会员可以提取的金额 |
| --- | --- |
| <5000 | 可以全部提取，这也意味着不能购买政府提供的两种年金计划 |
| [5000，FRS 标准） | 如果没有房产，只能提取 5000；<br>如果有房产，可以提取超过 BRS 标准的全部余额 |
| ≥ FRS 标准 | 可以提取超过 FRS 标准的全部余额 |

资料来源：新加坡中央公积金局官网。

**退休账户的资金购买政府背书的年金产品，变相在账户中保留资金**

年满 55 岁时，每个公积金会员会自动增设一个 RA。会员按规定从 SA 和 OA 中提取存款后，中央公积金局依次从 SA 和 OA 中将资金转入 RA，转入金额的上限是 ERS 标准，超过 ERS 标准的公积金将继续留在 SA 或 OA，由会员自行处理。中央公积金局会先转 SA 的存款，不足的再从 OA 转。如果会员组屋房款尚未还清，仍然需要用 OA 的资金继续支付，可以提前向中央公积金局申请，这样，中央公积金局就只将 SA 存款转入 RA。

转入 RA 的存款，根据金额大小，购买两种由政府背书的年金产品，在会员达到合法年龄（Payout Eligibility Age，2023 年是 65 岁）时，按月领取养老金入息。

第一种是公积金终身入息计划（CPF LIFE）。只要在年满 65 岁的半年以前，RA 里有不低于 6 万新加坡元的存款，就会被自动纳入该计划，然后从 65 岁开始按月领到一笔养老金入息直至去世。购买 CPF LIFE 的最低金额是 6 万新加坡元，最高是增强存款金额（ERS），购买金额越多，未来月入息就越多。为了让更多会员参与该计划，CPF 将加入该计划的年龄限制延长至 80 岁，即只要会员在年满 80 岁之前达到标准，就可以申请加入 CPF LIFE。

中央公积金局列示了购买 CPF LIFE 的五档金额及其对应的未来月入息作为参考，会员可以根据自己期望的月入息，选择购买位于 6 万新加坡元至 ERS 金额范围内的任意金额的 CPF LIFE。具体情况见表 10.5。

表 10.5 新加坡 CPF LIFE 计划的五档购买标准及对应的月入息金额

单位：新加坡元

| 每月收取的金额 | 年满 55 岁存入 RA 的金额 | 年满 60 岁存入 RA 的金额 | 年满 65 岁存入 RA 的金额 |
| --- | --- | --- | --- |
| 540~570 | 60000 | 75900 | 97300 |
| 820~870 | 99400（BRS 标准） | 123000 | 154500 |
| 960~1030 | 120000 | 147500 | 184400 |
| 1510~1620 | 198800（FRS 标准） | 241600 | 298800 |
| 2210~2370 | 298200（ERS 标准） | 360200 | 443100 |

注：金额标准每隔几年会进行调整，每个人只需满足自己年满 55 岁时的规定。
资料来源：新加坡中央公积金局官网。

第二种是退休存款计划（Retirement Sum Scheme，RSS），适用于存款较少的人群。如果在年满 65 岁的半年以前，RA 里的存款不到 6 万新加坡元，就会被纳入该计划，同样从 65 岁开始按月领到一笔养老金入息。与加入

CPF LIFE 者不同，RSS 不提供终身入息，只持续至退休户头枯竭为止。被纳入 RSS 意味着每月入息低于 540 新加坡元，具体金额取决于转入 RA 的金额大小。

中央公积金局鼓励会员在条件允许的情况下，推迟领取养老金入息的年龄，最高可推迟至 70 岁，每推迟一年，每月入息可增加 7%。也就是说，如果推迟到 70 岁才开始领取入息，所领取的月入息要比 65 岁就开始领高出 35% 左右，这个奖励非常吸引人，据中央公积金局报道，2021 年有 54% 的会员要求推迟领取。

## 会员按规定利率领取账户收益

新加坡政府认为，大多数老百姓没有足够的知识做出合适的储蓄投资判断，因而绝大部分公积金账户由政府管理和投资，仅允许会员取出小部分自行投资。

直到 1978 年，中央公积金局才首次允许会员用不超过 5000 新加坡元的公积金来购买新加坡巴士服务公司的股票。1986 年，中央公积金局推出 AIS（Approved Investment Scheme）计划，允许会员取出 OA 的部分存款进行投资，可投资资金的规模为扣除 MS 要求后的 40%。新加坡政府制定这项政策的初衷是希望会员能够将存款用来购买新加坡公司的股票，但实际上只有 14% 的会员做出了这样的选择。因此，在 1993 年，中央公积金局将 AIS 计划拆分成 BIS（Basic Investment Scheme）和 EIS（Enhanced Investment Scheme），BIS 主要投资于新加坡公司股票，EIS 可投资在新加坡主板和创业板上市的公司。1997 年，中央公积金局又将 BIS 和 EIS 合并成为 CPFIS（CPF Investment Scheme）计划，并将允许投资的范围扩大。

2001年，中央公积金局将CPFIS计划拆分成CPIFIS-OA和CPIFIS-SA，这一制度延续至今。按照目前的规定，中央公积金局允许会员将OA中超过2万新加坡元的资金、SA中超过4万新加坡元的资金取出自行投资。CPIFIS-OA的投资范围相对较广，但是中央公积金局规定最多只能将其中的35%和10%投资于股票和黄金。CPIFIS-SA只允许投资于风险较低的资产。

CPIFIS-OA的计划参与者必须到中央公积金局指定的3家银行开立投资账户，指定经批准的投资产品后，由该银行向中央公积金局申请拨款支付；而CPIFIS-SA由中央公积金局管理，计划参与者向中央公积金局申请并指定经批准的投资品，由中央公积金局负责完成交易。需要说明的是，从2018年开始，每位希望参加CPFIS计划的会员在投资之前都必须完成一份由中央公积金局设计的评估调查问卷（SAQ），用于评估投资者是否适合CPIFIS计划。

尽管中央公积金局允许会员自行取出投资，但大部分会员选择将资金留在中央公积金局由政府代为投资。由于新加坡没有资本利得税，无论是CPF还是SRS获得的投资收益都是免税的。中央公积金局为不同账户提供不同水平的利息率，该利息率自2000年以来一直保持不变，具体见表10.6。

中央公积金局将公积金存款以特别存款的形式存入MAS，由MAS去购买新加坡政府特别债券（SSGS），政府再将这些钱转交给新加坡政府投资公司进行长期投资[1]。GIC是除淡马锡外新加坡第二家政府性投资机构，主要任务是管理新加坡外汇储备，实现高于全球通胀的长期良好回报。从GIC披露的年报来看，GIC的投资回报率远高于公积金存款利率：2001—2022年，GIC 20年年均投资回报率为7%，扣除全球通胀后的实际回报率为4.2%。

---

[1] CHIA N C. Central provident fund[M]. Singapore: Strait Times Press, 2016：55.

表 10.6　新加坡中央公积金账户利率　　　　　　　　　　　　（%）

| | OA | SA | MA | RA | 额外利率 |
|---|---|---|---|---|---|
| 55 岁以下会员 | 2.5 | 4.0 | 4.0 | 无 | 公积金账户总额的前 6 万新加坡元（OA 账户前 2 万新加坡元）享有 5% 的利率 |
| 55 岁及以上会员 | 2.5 | 4.0 | 4.0 | 4.0 | 公积金账户总额的前 3 万新加坡元（OA 账户前 2 万新加坡元）享有 6% 的利率；接下来 3 万新加坡元（OA 账户前 2 万新加坡元）享有 5% 的利率 |

资料来源：新加坡中央公积金局官网。

## 新加坡政府对底层的救助

社会上总会有一些个人或家庭无法自助，需要政府在社会保障中承担最后一道防线责任。新加坡政府为贫困人群提供了各种救助计划，如就业补助计划、乐龄补贴计划、社区援助计划等，这些计划适用不同年龄段的低收入者，包括老年人。这些计划同样遵循以个人自力更生为前提的原则，在新加坡只要就业，就能同时获得雇主为其缴纳的公积金以及政府的补贴。

中央公积金局规定：①月收入低于 50 新加坡元的雇员，无论是雇主还是雇员都无须缴纳公积金。②工作月收入超过 50 新加坡元但低于 750 新加坡元的雇员，雇主必须为其缴纳公积金，缴纳的比例与相同年纪范围内其他收入水平的员工一致，但是雇员自身不需要缴纳公积金，或者只按很低的比例缴纳，这相当于帮助低薪工人获得更高的实得工资。

新加坡于 2007 年推出了就业入息补助计划（WIS），为那些年满 30 岁、含奖金津贴在内的平均月总收入为 500~2500 新加坡元的低收入者提供政府补贴；如果是符合条件的残疾者，即使月总收入低于 500 新加坡元也可获得该项补贴；年纪越大，获得的补贴金额越高，60 岁以上的老人每年可获得

4200新加坡元。发放的WIS补贴中只有40%以现金的形式发放，剩下的60%存入CPF账户。

为了鼓励就业，新加坡政府推出了各种就业技能补助计划，如就业技能计划（WSS），符合条件的低收入员工可获得一笔培训津贴，完成指定培训认证并达到某些条件后，还可获得一笔"坚持受训奖"。2020年，新加坡政府向所有年满25岁的公民提供500新加坡元的补助金，年满40~60岁的公民还可以再获得500新加坡元，也就是总共1000新加坡元的补助金，这笔补助金用于持续教育与培训中心的指定课程，有效期至2025年。

2016年新加坡针对老年人推出乐龄补贴计划（SS），为那些年满65岁、终身工资低、从工作直至年满55岁公积金总缴款额不足14万新加坡元、缺乏家庭支持的老年人提供现金补贴。该补贴不需要申请，由中央公积金局审查会员资格后对符合条件者自动按季度发放。补贴金额因家庭平均每人每月收入情况以及居住的房屋类型而不同，每年可获得720~3600新加坡元。

对于那些因生病、老龄或残障而永久失去工作能力，没有固定收入，又缺乏家人支持和照顾的人，新加坡政府推出了不同类型的社区援助计划，包括社区关怀紧急援助基金、社区关怀中短期援助计划、社区关怀长期援助计划，资助金额视家庭状况而定。

## 小结

养老和储蓄之所以是个全球性的问题，是因为它牵扯到人性的薄弱点：由于人的短视，人们往往只顾现在的享乐或生活压力，而忘记了要为越来越近的老年生活储蓄足够的资产；而看到没有足够储蓄老人的贫穷生活，出于同情心和政治压力，社会又往往走上福利社会状态，即通过对年轻人征税来补贴老人。越理想化的社会，这种补贴的力度就越大，直到人们意识到这种挖东墙补西墙的做法实际上无法再持续——等年轻人老了，将来的年轻人又不多，谁来补贴将来的老人呢？

新加坡之所以能很好地解决养老储蓄的问题是因为它清醒地认识到了人性的这些弱点，像一个医生一样，用手术刀把这些社会痼疾不带感情色彩地一一处理掉。有人把新加坡政府看成一位极其理性的严父，其实不无道理。但反过来我们可以问：除了用理性的方式解决问题，难道还有其他更好的办法吗？

# 第 11 章

# 如何做到"居者有其屋"

　　作为一个城市国家，新加坡面临着人口密集和土地有限的问题。20 世纪 60 年代新加坡政府开始实施"居者有其屋"计划，旨在为新加坡人提供负担得起的高品质住房，至今已取得卓越的成绩：住房自有率高、人均居住面积大、房价收入比低、居住质量好、人民满意度高。这是非常了不起的成就，是一个值得深入研究讨论的样本，新加坡是如何做到这一点的？

> 在60年代,建设一个"居者有其屋"的社会,只不过是我的一丝梦想,今天,我们庆祝第36周年国庆,这个梦想已经实现了。①
>
> ——李光耀

新加坡建国前的住房问题很严峻,大量人口住在"棚屋区",居住条件恶劣,环境卫生状况糟糕,常有火灾发生。建国初期李光耀就誓言要大幅改善国民的居住条件:"我们将全力以赴去达到我们的目标:使每一个公民的家庭都拥有自己的家。"②

1960年成立的建屋发展局是实施这一社会工程的主要载体,要为民众提供负担得起的高品质公共住房。可以想见,对于当时的新加坡而言这是一个多么巨大的挑战,发展伊始和过程中遇到了很多困难,如李光耀所说:"当时计划推行得不成功,因为有意买房子的人筹不到相当于售价20%的首期付款。"③

但经过几十年的努力,李光耀当初的梦想和誓言不折不扣地实现了:大部分家庭拥有自有住房(89.3%的公民或永久居民家庭)、人均居住面积大、房价收入比低、居住质量高。新加坡人民对住房的满意度很高(近几年的平均满意度为94%④),横向对比也堪称全球大型城市解决住房问题的一个标杆。可以说,在土地资源极其有限的情况下,新加坡在住房方面真正做到了"居者有其屋",它是新加坡老百姓安居乐业的一个重要组成部分。

---

① 李光耀于2001年庆祝新加坡国庆36周年的讲话。
② [新加坡]李光耀.李光耀40年政论选[M].北京:现代出版社,1996:168.
③ [新加坡]李光耀.风雨独立路:李光耀回忆录[M].北京:外文出版社,1998.
④ Housing & Development Board. Sample household survey 2018: the HDB Living experience [EB/OL]. (2021-02-14) [2023-06-05]. https://www.hdb.gov.sg/cs/infoweb/about-us/news-and-publications/press-releases/14022021_Sample_Household_Survey_2018.

本章将展开介绍新加坡在住房领域的成绩，以及重点分析新加坡是怎样达成这个成绩的。简言之，我们发现新加坡并不是偶然做对了一两件事而侥幸成功，而是首先明确了住房问题在新加坡的定位：住房是民生，不是普通的商品或投资品；其次设计了一套组合、自洽、配套的住房政策，包括土地征用、需求管理、供给策略、公积金配套、补贴办法等。

## 成绩斐然，"居者有其屋"

### 拥房率高，满足多样需求

> 建屋发展局（HDB）因提供亚洲和世界上最环保、最清洁和最具社会意识的住房计划而获奖。半个多世纪以来，HDB容纳了越来越多的人口，并在新加坡的国家建设中发挥了不可或缺的作用……新加坡在考虑社会各阶层的需求方面是全球先驱——开发满足各类人群的住房需求，包括年轻夫妇、老年人或残疾人。[1]
>
> ——2010年联合国人类居住奖

新加坡的住房分成两大类：组屋和私人住宅。组屋是公共住房的定位，由建屋发展局负责规划、建设和管理。组屋是新加坡住房的主体，截至2022年，新加坡78%的居民的住房为组屋，其对新加坡公民的覆盖率较高，占九成[2]（因为新加坡居民包括公民和永久居民，而永居购买组屋的条件相对

---

[1] UN-Habitat. UN-Habitat Scroll of Honour Award [EB/OL]. [2023-06-05]. https://unhabitat.org/scroll-of-honour.

[2] 作者测算，参考新加坡统计局披露，新加坡2022年居民人数为4073239人，公民人数为3553749人，公民约占居民的87%。

严苛，拉低了居民总体的组屋拥有率），有很强的普惠特征。而新加坡整体的国民住房自有率高达89%，高于中国香港的22.1%[①]、日本的55.04%[②]、英国的63%[③]和美国的65.9%[④]。

新加坡建屋发展局制订了不同的组屋计划，以满足不同人群的需求：未婚夫妻计划、单身公民计划、非居民配偶计划、非居民家庭计划、老人计划和孤儿计划等。这些计划的设计使得不同人群在不同的人生阶段都能有针对性地进行选择。例如，年轻家庭可以获得额外的公积金购屋津贴，以帮助他们尽快拥有自己的住房；中年家庭可以通过特别的公积金购屋津贴实现小房换大房；老年家庭可以参加"套现组屋"计划，将所居住的2居室或3居室组屋剩余屋契卖给建屋发展局（屋主可选择要保留的屋契年限），然后以租约形式继续住在同一间组屋或出租额外的房间，得以获取现金养老。

对多样化需求的满足也体现在丰富的户型上。新加坡普通组屋根据房间个数分为五类，分别为1~5居室。截至2022年，3居室、4居室和5居室组屋是供应的主要类型，占比超过90%，能够满足大部分中等收入人群的需求。1居室和2居室组屋合计占比约为9%，主要满足低收入人群和老年人的需求，大部分以出租形式供应。

建屋发展局定期检查组屋的供给结构、面积、设计等，以更好地满足人

---

① 香港财经时报. 香港买楼要不吃不喝20.7年、逾550万港人冇楼！但超过8万人拥3个物业! 揭楼市两极怪现象[EB/OL].（2021-05-07）[2023-06-05]. https://www.businesstimes.com.hk/articles/132830/.
② Statistics Japan. Home ownership [EB/OL]. (2021-10-22) [2023-06-05]. https://stats-japan.com/t/kiji/23131.
③ GOV.UK. Home ownership [EB/OL]. (2020-02-04) [2023-06-05]. https://www.ethnicity-facts-figures.service.gov.uk/housing/owning-and-renting/home-ownership/latest.
④ United States Census [EB/OL]. (2023-04-22) [2023-06-05] .https://www.census.gov/housing/hvs/data/ann14ind.html.

们居住需求。比如20世纪90年代初，执行公寓项目开始推出，以满足日益庞大的中产阶级的需求，提供比传统公共住房更高档、舒适的住宅选择。执行公寓提供了一些私人公寓才有的设施，如健身房、游泳池等，但价格相对较低。2005年，建屋发展局又推出了设计组屋项目。在这个项目中，新加坡政府授权私人开发商设计、建设并销售公共住房。设计组屋的目的是提供更高级的公共住房选择，以满足更高收入群体的需求。随着社会人口结构和家庭规模的变化，建屋发展局不断调整不同居室的供给结构。同时，每一类别组屋的面积、质量都在优化进步。比如，5居室组屋的人均居住面积从20世纪80年代的27平方米增加到2000年后的32平方米，4居室组屋的人均居住面积同期则从23平方米增加到26平方米。此外，在建筑管制条例的允许下，建屋发展局通过改善室内布局来提高组屋的空间利用率。相关内容见表11.1。

表 11.1 新加坡组屋家庭规模占比（%）

| 家庭规模/人 | 2013年 | 2017年 | 2021年 |
| --- | --- | --- | --- |
| 1 | 10 | 13 | 16 |
| 2 | 20 | 22 | 24 |
| 3 | 21 | 21 | 21 |
| 4 | 25 | 22 | 20 |
| 5 | 14 | 13 | 12 |
| 6 | 10 | 9 | 8 |

资料来源：新加坡统计局。

## 价格低，质量高

> 世界上没有任何一个地方，即使是日本也是一样，一对结婚的公民，在登记要建屋发展局房子两三年以后，或者在结婚后一两年，就可以得到一间组屋住，并且毫无痛苦地从他们的公积金扣除15年之后，就可以成为屋主。①
>
> ——李光耀

新加坡居民购买组屋的经济压力比绝大多数可比国家或城市居民的购房压力小得多，这是因为组屋价格是由政府根据新加坡购房者的收入和偿还贷款比率（Mortgage Servicing Ratio，MSR）制定的，而不是将成本和盈利作为衡量标准。具体而言，通常是以90%的首次申请者可负担3居室组屋价格、70%的首次申请者可负担4居室组屋价格为标准。

以此为标准，自然令新加坡的房价收入比很低：新加坡最新组屋的房价收入比是3.4，远低于中国一线城市（如香港为44.9、北京为45.8、上海为46.6），也低于欧美发达国家主要城市（如巴黎为20.2、伦敦为16.0、纽约为10.2）②。从房价收入比设定目标的角度来看，2013年新加坡国家发展部部长马宝山提到"将致力于把组屋价格降为申请家庭年收入中位数的4倍"。

近年来，组屋的价格涨幅低于新加坡居民收入的增速。新加坡政府数据显示，新加坡家庭收入中位数在2012—2022年的增幅达26%，而同期的成熟和非成熟市镇新组屋的平均售价只分别增长了22%和16%。

---

① 李光耀在新加坡国会上的演讲——"解决房屋问题"，1964年7月21日。
② NUMBEO. Property Prices Index by city 2023[DB/OL]. [2023-06-05]. https://www.numbeo.com/property-investment/rankings.jsp.

具体而言，新加坡《公共住房贷款政策手册》规定，购买HDB公共住房的借贷人每月偿还贷款比率（即每月分期摊还贷款）不得超过借贷人每月总收入的30%，避免借贷人负担过重（参考国际准则，亚太经合组织使用住房支出或成本收入比来衡量住房负担能力，并将"可负担"住房定义为家庭住房成本不超过总收入的30%）。2022年，约有90%的家庭只需用不到家庭总收入的25%来支付房贷。对于低收入人群，政府还有额外的购房补贴。同时，因为新加坡几乎全民拥有中央公积金账户，很多组屋购买者的公积金可以覆盖房贷，几乎没有现金支出。

值得注意的是，组屋并没有因价格低廉而质量下降。实际上，组屋为新加坡居民提供了相对高质量的住房。

首先，人均住房面积大。2022年新加坡组屋居民人均居住面积超过30平方米，相较于其他寸土寸金的国际城市，新加坡的人均住房面积较大。从住房面积来看，新加坡的组屋从36平方米到160平方米不等，其中人均居住面积29平方米的4居室组屋约占所有组屋的40%[①]，人均31平方米的5居室组屋约占29%[②]。

其次，地理位置优越和民生配套完善。新加坡的组屋以"镇"的形式划分，目前新加坡建屋发展局管理着24个镇和3个屋苑，坐落在不同的地区。地理位置选在经济发展基础好、交通发达、配套设施完善的地方。每个组屋镇都设有一个镇中心作为主要的商业和活动中心，提供购物中心、大型超市、餐馆、体育场、图书馆和社区俱乐部等娱乐和社会设施。组屋镇的交通基础

---

① 4居室组屋面积中位数约92平方米，新加坡统计局2022年数据显示4居室每户平均居住3.15人。
② 5居室组屋面积中位数约110平方米，新加坡统计局2022年数据显示5居室每户平均居住3.56人。

设施四通八达，包括自行车和行人网络。每个街区都设有巴士站或捷运、轻轨站，方便居民出行。

## 亮眼成绩单背后的"组合拳"

### 按需而建

新加坡的组屋按订单建造（Build-to-Order，BTO），做到按需供给。建屋发展局邀请市民提出组屋申请，预购在拟发展的土地上兴建的组屋。意向买家可以在申请期内申请预购相应的组屋。申请期届满后，建屋发展局会进行计算机抽签，以拟定预购组屋购买资格的人选。在申请期内，只有申请购买的人数达到计划的70%，HDB才会开始建房，否则将会修改计划。根据BTO制度，建屋发展局可以根据实际需求调整建屋计划，买家确定组屋的地点和房间类型，从而获得最大的保障。

组屋的BTO模式不是一蹴而就的，也经历了市场考验和改革。在2002年以前，组屋采用的是"轮候制度"，即一边是建屋发展局造房，一边是众多市民排队等待选购。20世纪90年代中期，最多有15万人轮候等待选购。然而，1997年的亚洲金融风暴导致3万余套建成的组屋无人问津，建屋发展局支付了巨额的维护费用，最终用了5年将这些组屋全部售出。从2002年开始，建屋发展局转变了供应方式，不再根据排队人数来建房，而是需要申请者交纳预付款，以确保组屋稳定供应、资金周转平衡。

组屋在HDB成立之初只能满足约9%的人口需求，在1990年覆盖率达到顶峰（87%），之后随着外籍人口增多，覆盖率有所下降（见图11.1）。2001—2021年，组屋的总数量从85万间增加到110万间，增长了29%（年均复合增长率为 1.2%）。组屋覆盖的居住人口增长了 10%，从 281.2 万增加到 309.1 万[①]。

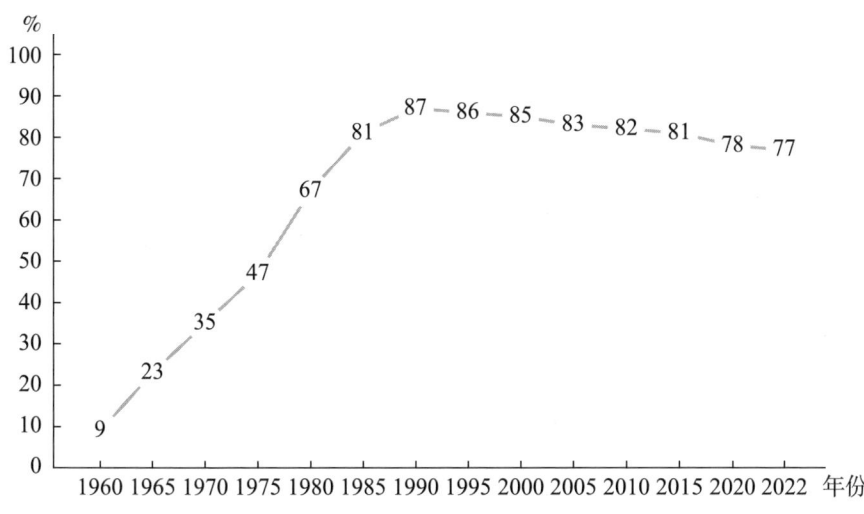

**图 11.1　1960 年以来 HDB 组屋覆盖人口比例**

资料来源：新加坡统计局。

## 筛选购房资格，保障刚需

为了确保新加坡有限的住房资源得到最优利用，新加坡组屋市场对申请者的身份、年龄、家庭收入等情况设置了诸多约束条件（见表 11.2）。概括起来，有几条重要原则：①优先供给新加坡公民，外籍人士不可购买组屋，永久居民无法单独申请购买新组屋；②优先供给结婚家庭，单身人士需要等待至 35 岁且只能申请非成熟地区组屋；③优先供给中低收入人群，如果申请者收入超过对应上限，将无法申请购买新组屋；④只供给没有私人物业的人群，且购买后每个家庭只能拥有一处组屋房产。此外，新加坡政府为长

---

[①] 数据来自新加坡国家发展部，https://www.mnd.gov.sg/。

表 11.2 新加坡组屋申请的约束条件

| 类型 | 标准 | 申请新公寓和转售黄金地段公共住房（PLH）公寓 | 申请转售公寓 |
|---|---|---|---|
| | 住房类型 | 最多 5 居室组屋 | 所有公寓类型（不包括 3 代公寓） |
| | 公民身份 | 新加坡公民/至少 1 个其他 SC 或新加坡永久居民 | SC 或 SPR/至少 1 名 SC 或 SPR（所有核心申请人和核心占用者必须具有至少 3 年的 SPR 身份） |
| 未婚夫妻；有孩子的已婚夫妇和/或父母；多代家庭；孤儿兄弟姐妹（年龄 21 岁以上） | 每月家庭收入上限 | 2 居室：7000 新加坡元；3 居室：7000~14000 新加坡元；4~5 居室：14000 新加坡元（多代家庭：21000 新加坡元） | 无 |
| | 在新加坡或 HDB 公寓以外的海外房产的所有权/权益 | 财产权益：礼物，遗嘱或《无遗嘱继承法》私人住宅物业①；不得拥有任何本地或海外私有财产或拥有任何权益月从 HDB 购买公寓，用公积金住房补助金购买转售公寓，向 HDB 申请住房贷款，至少 15 个月购买非补贴转售公寓②；非住宅物业前 30 个月最多拥有 1 处非住宅财产 | 作为受益人继承、被提名人拥有，获得或处置私人住宅财产或拥有任何权益；在申请前至少 30 个月从 HDB 购买公寓，用公积金住房补助金购买转售公寓，向 HDB 申请住房贷款；在申请前至少 15 个月购买非补贴转售公寓；HFE 信件申请中列出的所有家人在申请前 30 个月最多拥有 1 处非住宅财产 |
| | 应付转售税 | 核心申请人/占用者已获得住房补贴在从 HDB 购买公寓时需要支付各自售税③ | 不适用 |

续表

| 类型 | 标准 | 申请新公寓和转售黄金地段公共住房（PLH）公寓 | 申请转售公寓 |
|---|---|---|---|
| 有非居民的家庭 | 住房类型 | 2居室组屋 | 所有公寓类型（不含3代公寓和PLH） |
| | 公民身份 | 申请人必须是SC；配偶是非居民且申请公寓时必须持有任何有效期的有效访问通行证或工作通行证 | 申请人必须是SC。非居民配偶：①年满21岁或以上，配偶持有自签发之日起至少6个月的有效、长期访问通行证或工作通行证；②年满35岁或以上配偶，任何有效期。非居民家庭成员：至少1名父母/子女拥有访问通行证或工作通行证至少6个月的有效长期访问通行证或工作通行证 |
| | 年龄 | 至少35岁 | 至少21岁 |
| | 每月家庭收入上限 | 2居室：7000新加坡元 | 无 |
| | 应付的额外金额 | 15000美元，包含在预订公寓的价格中 | 不适合 |

注：①私人住宅物业包括但不限于住宅用地分区下的房屋、建筑、土地（包括具有多个土地分区的土地）、行政公寓（EC）单元、私有化的HUDC公寓和混合用途项目。非住宅物业是指非住宅用地分区下的物业，用途不包括居住。

②55岁及以上的新加坡公民（及其配偶）从HDB购买（或长期租赁）从HDB购买的两居室乐龄社区护理公寓或4个房间或更小的无补贴转售公寓无须满足条件。这些老年人必须在公寓购买完成后6个月内处置私人住宅物业。

③任何核心申请人或核心占用者已获得2项住房补贴则没有资格在公寓申请中被列为核心占用者，以从HDB购买公寓或在公开市场上转售PLH公寓。转售税不适用于转售PLH公寓的买家。

资料来源：新加坡建屋发展局官网。

者设定了特殊计划：对于年满 55 岁的长者，提供 2 居室短期灵活公寓的住房方案；对于年满 65 岁的长者，提供社区关爱公寓的住房方案。值得注意的是，组屋市场主要照顾首次购屋的刚需群体，2019 年该群体的比例达到 95%。

为了避免囤房现象的出现，新加坡政府规定，当居民购买下一套组屋时，必须在购买新组屋的半年内出售原有的组屋，以确保居民始终只能持有一套组屋。同时，由于小户型租金回报率相对较高，政府明令禁止出租 1 居室和 2 居室的组屋，因此出租获利的可能性也几乎没有。

**控制土地成本，不搞土地财政**

> 公共基础设施为土地增值带来了大部分升值，应归属于国家，故当政府征地用于公共建设时，赔偿额应基于毫无基础设施的原始未开发土地价值。
>
> ——李光耀

土地稀缺的新加坡寸土寸金，如果高涨的土地成本传导到组屋价格，民众将无法承担。

建国之始，新加坡政府就意识到了这一点。1960 年时新加坡国有土地占比只有 44%，为了开发组屋，HDB 需要征用土地，因此政府于 1966 年修改并发布了《土地征收法》，将"作为住宅、商业或工业区加以利用"作为土地收归国有的条件之一，赋予政府强制征收土地建设组屋的权力。该部法律阐明了土地征收的一般运作原则：政府的良好土地规划和基础设施发展带来的土地价值增加应该属于社会和政府，而非个别土地拥有人，政府可以通过基础设施和其他公共设施发展，将土地增值所带来的财富重新分配。目前，新加坡的国有土地占据了接近 90%，基本完成了土地的国有化。

《土地征收法》允许政府以低于市场价值的价格收购私人土地并补偿以前的所有者，比较极端的案例，如 2003 年政府因建设地铁站征收川崎公园公寓的部分土地，将近 220 平方米的土地仅作价 1 新加坡元。政府的理由是由于地铁站距离川崎公园公寓很近，所以被征收土地者仍持有的土地会大幅增值，因而政府只给予象征性的补偿。

在土地出让方面，政府不会赚取土地增值的收益，不发展土地财政。早期 HDB 直接负责征地和建房，后来征地的责任转交给土地管理局（SLA），SLA 将土地以平价出让给 HDB 建造组屋。

**控制销售价格，杜绝炒作**

新加坡组屋销售价格由政府制定，从新建组屋的价格水平来看，无论是哪种户型价格都极为稳定，基本维持在固定区间。2022 年，新建组屋 2 居室、3 居室、4 居室和 5 居室平均价格分别是 6.4 万新加坡元、15.4 万新加坡元、28.8 万新加坡元和 39 万新加坡元（见图 11.2）。从房价增长速度来看，近 5 年 5 居室增速最低，5 年来平均减少 1.86%，2 居室增速最高，符合新加坡人口结构的变化趋势。

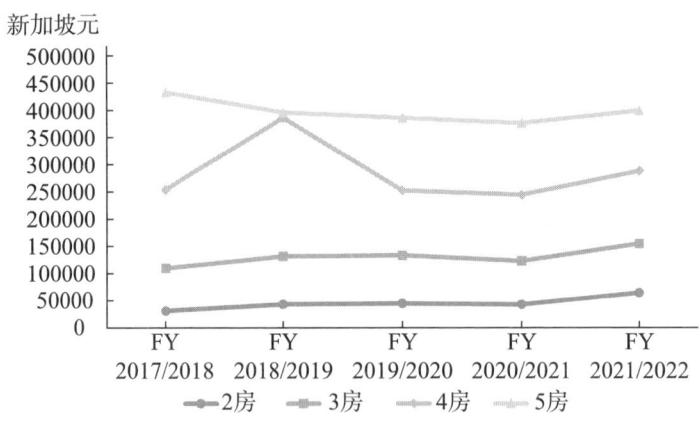

**图 11.2　不同户型 HDB 组屋平均价格**

注：HDB 年报只给出了各年各类型组屋各个地区的价格区间，这里的平均价是各年各类型组屋各个地区的最高价、最低价求平均的结果。

资料来源：新加坡建屋发展局各年财报。

新加坡政府对组屋的产权和流转进行了限制，使组屋市场有限开放。新加坡政府规定新组屋有 99 年的产权，产权到期后土地重新被国家收回，组屋的所有权则返还给建屋发展局。每个家庭只能拥有一套政府补贴的组屋，并且每个人一生只有两次购买组屋的机会。在购买公共住房后的前 5 年内，居民不得将其转售；如果 5 年之后转售，也必须获得 HDB 的许可，支付一笔高额的转售费用（只能使用现金或出售原住房的收益支付）。另外，新加坡政府对出售组屋在最低占用公寓时间段、种族融合政策、永久居民配额等方面设置了严格的资格条件（见表 11.3）。种种政策使得人们在进入或退出新组屋市场时非常谨慎，有效遏制了房屋炒作。因此，每年公共转售市场的交易量仅为现有公共房屋存量的 3%。

表 11.3 出售组屋资格条件

| 类型 | 分类 | 具体要求 |
| --- | --- | --- |
| 最低占用公寓时间段（MOP）。从领取公寓钥匙之日起计算，不包括不占用公寓的任何时期（如租赁）。主要取决于购买方式、房屋类型及应用日期 | 从 HDB 购买的公寓 | 5 年 [ 黄金地段公共住房（PLH）公寓的 MOP 为 10 年 ] |
| | 根据设计、建造和销售计划（DBSS）从房地产开发商处购买的公寓 | 5 年 |
| | 根据选择性联合重建计划（SERS）购买的公寓 | 2022 年 4 月 7 日之前：以较早者为准选替换公寓日起 7 年和从领取钥匙之日起 5 年。便携式重新安置：领取钥匙日起 5 年。2022 年 4 月 7 日之后：领取钥匙日起 5 年 |
| | 从公开市场购买的转售公寓 | 5 年（PLH 公寓的 MOP 为 10 年） |
| | 根据新起点住房计划购买的公寓 | 20 年 |
| 种族融合政策（EIP） | 出售 HDB 公寓 | 种族群体的户数仍保持在街区和邻里限制内；与公寓买家是同一个种族群体和家庭公民身份（购房时已选择种族分类） |
| 永久居民（SPR）配额 | 马来西亚与非马来西亚人的 SPR 家庭 | SPR 家庭的数量在 SPR 配额范围内；申请购买 HDB 转售公寓的非 SPR 家庭需要在街区（8%）和邻里（5%）的 SPR 配额范围内 |
| 破产 | 公寓业主不是新加坡公民 | 出售公寓之前获得官方受让人的同意 |
| 离婚 | — | 需要出示法院命令以及以下文件之一：司法分离令状、临时判决和最终临时判决证书或离婚证书（适用于穆斯林） |

资料来源：新加坡建屋发展局官网。

## 公积金、低息贷款及各类补贴共同降低购房门槛

> 假如我们是依靠自愿性的储蓄，有40万人民不会成为屋主。①
>
> ——李光耀

新加坡的公积金制度是整个住房制度设计中的重要一环，公积金制度拥有强制储蓄和全民参与的属性。只要新加坡公民及永久居民员工的工资超过50新加坡元，就需要缴付公积金，每月必须按比例扣除公积金；同时雇主必须按雇员月工资的一定比例缴纳公积金，二者共同存入雇员的中央公积金账户。2022年底，新加坡中央公积金会员约420万，几乎覆盖了所有新加坡公民和新加坡永久居民。

中央公积金最初是养老储蓄，建国之初国民贫穷，吃饭住房都成问题。为了使国民有能力拥有自己的房子，1968年新加坡修改了中央公积金法令，允许国民利用累积的公积金储蓄为HDB组屋缴付20%的首付，且可以利用公积金按揭付款20年。现在每个公积金账户下都分设普通账户、特殊账户和医疗账户3个子账户。此外，在会员达到55岁退休年龄时，还会自动生成第4个退休账户。中央公积金局对每个公积金子账户的资金提取都限定了特定用途，只有普通账户可用来支付住房支出，会员可以提取普通账户中的公积金存款和每月新的缴存款，支付购买组屋或私人房产的全部或部分房款，偿还每月房贷，支付印花税、律师费和其他相关费用等。

与其他领域一样，新加坡政府在管理使用公积金购房方面采用精细化管理，针对不同需求匹配资源。首先，根据购买房屋的剩余租期，以及申请者

---

① [新加坡]李光耀.经济腾飞路：李光耀回忆录（1965—2000）[M].北京：外文出版社，2001：89.

年龄的不同，可使用公积金普通账户存款用于住房支出的比例也存在差异。其次，根据购买的组屋类型、购买方式和贷款方式的不同，会员使用公积金普通账户存款用于住房支出的数额上限也有所差异。总体来讲，公积金可以最高支付 HDB 组屋 10% 的首付，且覆盖房屋贷款月供的大部分金额（见表 11.4 和表 11.5）。

表 11.4  会员可申请用于住房支出的公积金比例

| | | 申请使用公积金的最小年龄 | | | |
|---|---|---|---|---|---|
| | | 25 岁 | 35 岁 | 45 岁 | 55 岁 |
| 住房剩余产权 | ≥ 70 年 | 100% | | | |
| | 60 年 | 80% | 100% | | |
| | 50 年 | 60% | 75% | 100% | |
| | 40 年 | 40% | 50% | 67% | 100% |
| | < 20 年 | 0 | | | |

资料来源：新加坡中央公积金局。

表 11.5  会员购买组屋可使用的公积金上限

| 房屋类型 | 购买方式 | 贷款方式 | 贷款利率 | 可使用的公积金上限 |
|---|---|---|---|---|
| 建屋发展局建造的组屋 | 直接从建屋发展局购买 | 无贷款 | | 以购买价格或建屋发展局要求的金额为限 |
| | | 建屋发展局贷款 | 利率固定为普通账户存款利率上调 0.1%，允许每月调整 | 以购买价格或房屋贷款的金额为限 |
| 建屋发展局建造的组屋或地产商设计建造的组屋 | 转售购买 | 建屋发展局贷款 | 利率固定为普通账户存款利率上调 0.1%，允许每月调整 | 若未留足基本存款，以房屋评估价格为上限；若留足基本存款，最多可贷房屋价格的 90% |

续表

| 房屋类型 | 购买方式 | 贷款方式 | 贷款利率 | 可使用的公积金上限 |
| --- | --- | --- | --- | --- |
| 建屋发展局建造的组屋或地产商设计建造的组屋 | 直接从建屋发展局购买/转售购买 | 银行贷款 | 浮动利率，视市场而定 | 若未留足基本存款，以房屋评估价格为上限；若留足基本存款，最多可贷房屋价格的80% |

资料来源：新加坡中央公积金局。

要说明的是，新加坡中央公积金局并不发放个人购房贷款，购房贷款的发放由建屋发展局、邮政储蓄银行或商业银行提供。利率方面，HDB 贷款为优惠贷款，以公积金普通账户保底利率为基础再加 0.1%[①]，1999—2023 年维持在 2.6%，购房时 HDB 贷款占购房价款的比例最高可达 90%。新加坡中央公积金制度和 HDB 贷款配合，可以引导人们向公共住房市场消费倾斜。因为人们购买组屋比购买私人物业在公积金和贷款方面享受更多优惠政策。若购买组屋，可使用 HDB 贷款，首付比例为 10% 且可以用公积金普通账户中的储蓄支付而不需要现金支付；购买私人物业则只能使用银行贷款，首付比例为 25%，其中 5% 必须通过现金支付，剩下的 20% 可利用公积金储蓄。

在此基础上，建屋发展局通过各类津贴向弱势群体倾斜，津贴并不会以现金形式发放，而是会存进公积金普通账户用以抵扣购房价款。另外，为了保障成员及其家人在死亡、绝症或永久伤残的情况下，不会失去自有房屋，中央公积金局还为 65 岁以下的成员提供了一份房屋保险供选择，旨在保障成员及其家人在死亡、绝症或永久伤残的情况下，无须偿还剩余的组屋贷款，家属也不会因此失去住所。为了更好地支持有需要的房主，建屋发展局还为

---

① 1999—2023 年公积金普通账户保底利率为 2.5%，特别保健储蓄账户保底利率为 4%，退休账户保底利率为 4%（来源于中央公积金局）。

拖欠抵押贷款和升级费用的房主提供了经济援助，如暂停支付滞纳金。

政府会区分购房者的经济收入水平，并严格按照不同层次确定购房者的购房补贴的级别，不同级别的购房补贴在首付款、还款金额以及还款方式等方面均有差异。新加坡统计局公布了每个类型家庭的补贴数额，其中包括住房补贴，我们可以推测住房补贴总体对低收入群体补贴力度更大（见图11.3）。

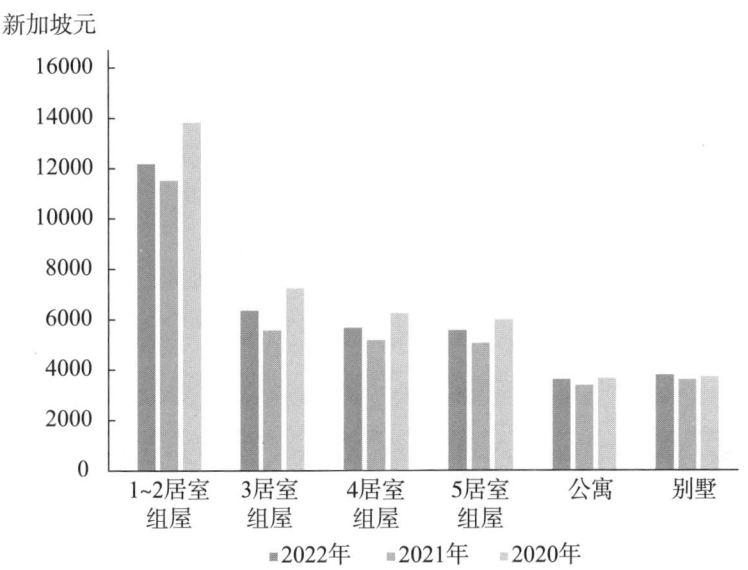

图 11.3　新加坡每个家庭获得政府补贴数额

资料来源：新加坡统计局。

## 保障组屋质量，提升资产价值

为了确保组屋区保持良好的生活环境，并缩小新组屋社区和老组屋社区的差距，提升国民的资产价值，新加坡政府为组屋提供了一系列的维护和翻新计划，其中包括改善组屋的质量设计（1974年）、组屋翻新计划（1992

年)、电梯升级计划(2001年)、邻里更新计划(2007年)、住房升级计划(2017年)等,旨在通过修缮和升级来提升整个社区的品质,并且政府通过补贴政策承担大部分费用。例如,邻里更新计划由政府提供全部资金,住房升级计划由政府为符合条件的家庭提供高达87.5%~95%的补贴。针对低收入家庭,新加坡政府还有一项服务与保养费援助,每年提供1.5~3.5个月的服务费和保养费折扣,减轻这些家庭在支付组屋服务与保养费(物业费)方面的负担。

## 形成闭环体系必备的配套措施

从前面讨论的新加坡政府在组屋领域的"组合拳"可以看出,新加坡政府把大多数老百姓的居住需求定位为民生问题,政府深度介入并致力于为民众提供低价格、高覆盖、高质量的组屋。但问题在于愿望是美好的,"甘蔗没有两头甜",这个目标组合本身是有内部冲突的,怎样才能实现这一目标组合,并且打造一个可持续运转的体系?

一个重要的做法是前文提到的"控制土地成本,不搞土地财政",通过这一方式压低体系运转的成本,但这还不够。另一个重要的做法实际上是政府持续进行高额补贴。新加坡政府为何有底气持续进行补贴?

### 政府补贴支持建屋发展局运营

我们致力于保持公共住房的可负担性和可及性,以满足新加坡人的住房愿望,并帮助新加坡人拥有自己的房屋。这是国家的一项重点工作,为我们养家、养育孩子、建设强大社区奠定了基础。这就是为什么我们继续以低于市场的价格建造和销售新的组屋，在此期间增加我们的市场补贴以保持 BTO 价格相对稳定，并为符合条件的新组屋和转售组屋买家提供住房补助金。

——新加坡 HDB 官网

为了确保"居者有其屋"，建屋发展局实际上在低于成本价出售组屋。根据 HDB 财报披露的数据，2016—2021 年建屋发展局出售组屋收入仅覆盖建设成本的 83%，平均每年毛利亏损 10.33 亿新加坡元，加上运营、财务等费用和购房补贴，亏损进一步扩大至每年平均 23.78 亿新加坡元。而其能常年正常运营的原因是依靠国家发展部大量预算补贴，几乎每年的政府补贴额度约等于其税前收益（为负数），从而使其盈亏平衡。例如，2016—2021 年政府平均每年的补贴约为 24.45 亿新加坡元，补贴后建屋发展局平均每年盈余约 6676 万新加坡元，净利率仅约 1%，与商业房地产商有本质区别。相关内容见表 11.6。

表 11.6　2016—2021 年建屋发展局营收情况及政府补贴

| 年份 | 销售收入/亿新加坡元 | 收入/成本/% | 政府补贴前税前收益/亿新加坡元 | 政府补贴/亿新加坡元 | 政府补贴后税后收益/亿新加坡元 |
|---|---|---|---|---|---|
| 2021 | 48.30 | 88 | -43.67 | 44.01 | 0.34 |
| 2020 | 27.73 | 89 | -23.46 | 23.45 | 0.00 |
| 2019 | 34.50 | 83 | -26.65 | 26.92 | 0.27 |
| 2018 | 46.62 | 78 | -19.86 | 20.33 | 0.46 |
| 2017 | 80.30 | 80 | -17.17 | 20.05 | 2.89 |
| 2016 | 73.41 | 86 | -11.89 | 11.94 | 0.05 |

资料来源：新加坡建屋发展局各年财报。

从建屋发展局的财报中可以看出，20%以上的建设成本分摊进国家预算补贴，在此基础上，受新冠疫情对建筑业的冲击导致建设成本上涨等因素的影响（HDB公布数据，2021年较2019年建筑成本涨了约三成），为了使新组屋维持在负担得起的价位，建屋发展局发放的公积金购房津贴、低息贷款等成本逐年上涨。总体来看，为使得建屋发展局盈亏平衡，国家补贴额度占其两大进项（组屋销售收入、国家补贴额度）的比例增加到2021年度的几乎一半（48%），绝对值达44亿新加坡元（见图11.4）。

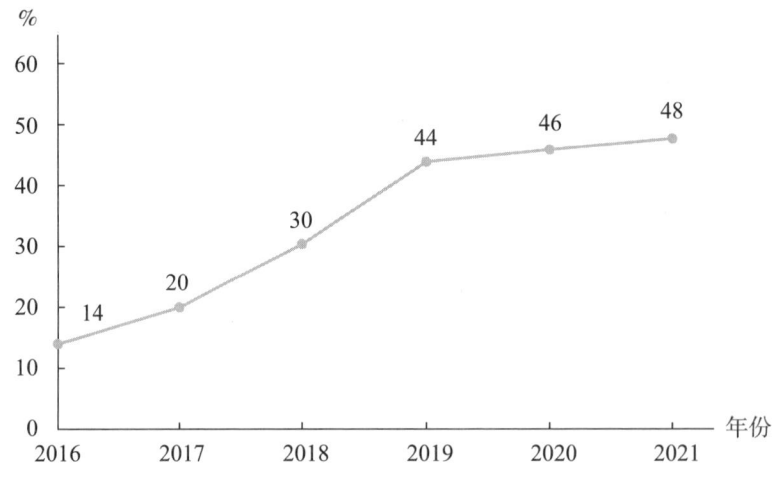

图11.4　HDB政府拨款占（销售收入+政府拨款）的比重

资料来源：新加坡建屋发展局各年财报。

值得一提的是，新加坡庞大的政府工程并非全部由建屋发展局自身完成，而是通过市场化的方式和各类建筑公司合作。承接新加坡组屋建设需要在新加坡建屋发展局注册，并参加投标。新加坡将各类供应商分成若干等级，其中电力工程系统分成7个类别，每个类别又分成6~7级。根据财务实力、技术水平和过往诚信记录，每个等级的供应商承接不同限额和类型的项目。新加坡政府的廉洁举世闻名，招标程序又公开，很难有舞弊空间。例如，工盖有限公司是一家港股上市、承揽新加坡组屋工程的公司，这家公司的财务数据显示，在严密的管控之下，承接政府工程的供应商，利润并不丰厚（2021年毛利率约为 10.6%）①。

**底气是强大的国企盈利**

> 尽管政府部门总经常收入增长不足以应付开支增加，但因"国家储备净投资回报贡献"带来更大贡献，整体财政赤字预计将减少至 30 亿新加坡元（约为 22.16 亿美元），占国内生产总值的 0.5%。
>
> ——新加坡现任总理、财政部前部长黄循财《2022 财政年度预算案》

新加坡政府需要常年持续对组屋建设、运营进行补贴，加上其他补助金（如每年拨给中央公积金局的补贴）、经济援助等，保障居民住房支出对新加坡政府来说是不小的负担。2023 年政府部门总开支预估达 1042 亿新加坡元，其中负责居民住房和其他基础设施建设的国家发展部支出占 8.4%②。可想而知，既要解决居民住房等社会发展问题，又要保持政府正常运作，必然对政府收入提出较高要求。然而，本书前文提到，新加坡的经济战略是利用全球化、采取低税率的策略来吸引外资（如企业所得税方面，新加坡为17%），财政收入端的税收占比较低。并且为了避免地价上涨传导到最终组屋价格，政府严格控制土地，没有土地财政收入。

但是，从结果来看，新加坡政府并没有明显的赤字问题。根据声明，新加坡 2023 财年整体赤字预计可缩小至 4 亿新加坡元，相当于 GDP 的 0.1%，

---

① 数据来自 2021 年工盖有限公司财务报告。
② Singapore Ministry of Finance. Maintaining sound public finances and balanced budgets over the Medium-Term [EB/OL]. (2023-02-08) [2023-06-05]. https://www.mof.gov.sg/news-publications/press-releases/maintaining-sound-public-finances-and-balanced-budgets-over-the-medium-term.

而在过往某些年份如 2010—2014 年，政府财政呈现盈余状态。究其原因，这些都离不开新加坡的"国家储备净投资回报贡献"（Net Investment Returns Contribution, NIRC）。新加坡总财政收入是经常收入（90% 是税收）与 NIRC 总和，现任总理、财政部前部长黄循财在 2022 财年预算案中强调，尽管政府部门经常收入增长不足以应对开支增加，但因 NIRC 带来更大贡献，整体财政赤字比 2021 年明显减少。2016—2022 年即使某些年份新加坡财政的经常收入出现负增长，NIRC 金额依然在逐年增加，平均占总财政收入的 19.0%，资助约 1/5 的政府开支[①]（见表 11.7）。国家储备金主要由新加坡金融管理局、GIC 及淡马锡管理。政府将 3 家机构最高可达 50% 的净投资回报纳入"国家储备净投资回报贡献"。因此可以说，资产规模庞大且运营效率高的 3 家国企为新加坡政府解决居民住房等社会发展问题提供了强有力支持。

表 11.7　2016—2022 年新加坡经常收入与 NIRC 的变化

| 年份 | 经常收入/亿新加坡元 | NIRC | NIRC 占财政收入比例/% |
| --- | --- | --- | --- |
| 2022* | 817.5 | 215.6 | 20.9 |
| 2021 | 824.9 | 203.6 | 19.8 |
| 2020 | 673.8 | 182.4 | 21.3 |
| 2019 | 742.7 | 170.3 | 18.7 |
| 2018 | 737.4 | 164.1 | 18.2 |
| 2017 | 758.2 | 147.2 | 16.3 |
| 2016 | 689.6 | 145.8 | 17.5 |

注：*2022 年的数据为官方预测数据，实际数据有待公布。
资料来源：新加坡统计局、新加坡财政部官网。

---

① Singapore Ministry of Finance. Maintaining sound public finances and balanced budgets over the Medium-Term [EB/OL]. (2023-02-08) [2023-06-05]. https://www.mof.gov.sg/news-publications/press-releases/maintaining-sound-public-finances-and-balanced-budgets-over-the-medium-term.

## 强制储蓄的理念也是一个辅助基础

前文提到，新加坡公积金制度推动国民强制储蓄，通过一系列精细化管理力求满足不同居民的购房需求。新加坡不断提高公积金缴存率，应对居民住房、医疗、教育等支出需要①。中央公积金局将员工和雇主缴纳的公积金按一定比例存入公积金的各个子账户。如图11.5所示，员工35岁之前缴纳的公积金62.20%被分配到普通账户（仅普通账户可用于住房）中，具体普通账户分配比例如下。

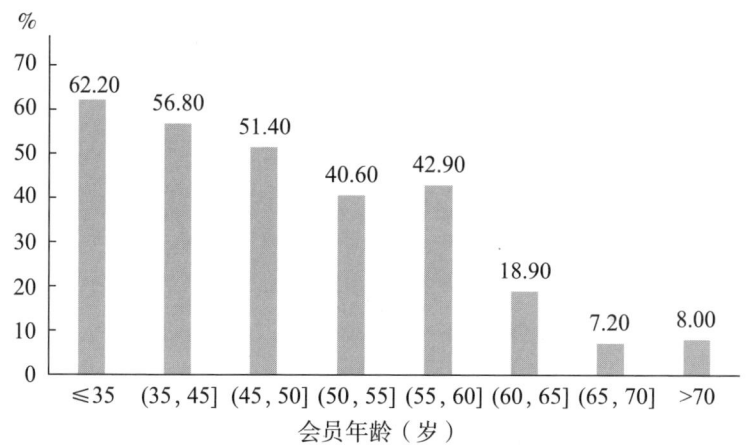

图11.5 新加坡公积金在普通账户的分配

资料来源：新加坡中央公积金局。

大部分公积金被用于投资。约25%的公积金会员将普通账户和特别账户中的资金，在留出规定的金额后（普通账户为4万新加坡元，特别账户为2万新加坡元），通过CPFIS购买200多种经核准的金融产品；其余会员选择将资金留在公积金户头，由政府代为投资。中央公积金局将资金存入新加坡金融管理局，由金融管理局去购买新加坡政府特别债券，政

---

① 更多关于新加坡公积金的内容，读者可参考本书第9章。

府再将这些钱转交给新加坡政府投资公司进行长期投资[①]。2021年公积金年报显示（见表11.8），会员缴纳约420亿新加坡元，支取195亿新加坡元，而当年投资净收益（Net Income from Investments）约186亿新加坡元，能覆盖约95%的会员支取（2017—2021年这个比例平均为78%）。

表11.8　新加坡公积金投资净收益

| 财年 | 投资净收益/<br>亿新加坡元 | 会员支取/<br>亿新加坡元 | 投资净收益/<br>会员支取/% |
| --- | --- | --- | --- |
| 2021 | 186 | 195 | 95 |
| 2020 | 172 | 207 | 83 |
| 2019 | 158 | 214 | 74 |
| 2018 | 146 | 211 | 69 |
| 2017 | 135 | 199 | 68 |

资料来源：新加坡中央公积金局。

部分公积金收益由政府以专项资金支持计划的形式提供给HDB，相当于公积金（及其产生的收益）间接流入HDB，为建屋发展局建设组屋提供了一定的资金支持。此外，公积金的投资收益还能够支持为购房者提供优惠的贷款利率。前文提到，HDB的贷款利率常年维持在2.6%，这离不开公积金投资收益的补贴（见图11.6）。

需要强调的是，无论是政府的大量补贴还是公积金制度，背后都离不开新加坡金融管理局、新加坡政府投资公司及淡马锡的高效投资做强有力支撑。关于这几家国有企业的高效投资运营分析，读者可详细阅读本书第6章。

---

① CHIA N C. Singapore chronicles: central provident fund[M]. Singapore: Strait Times Press，2016:55.

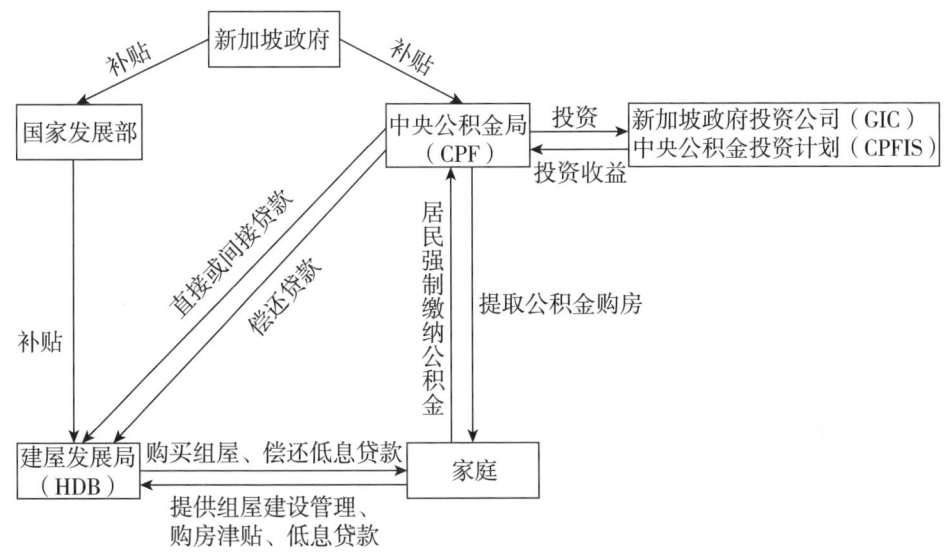

图 11.6 新加坡居民住房资金图示

资料来源：作者自制。

## 新加坡组屋制度还需要承担社会责任

> 这项（公共组屋）政策对我们人民的起居生活，和塑造我们现在享有的凝聚社会方面，有着深远的影响。①
>
> ——李光耀

李光耀多次提到，政府出面大规模建造房屋，以可承担的价格出售给人民，是基于建立有产社会的理念。组屋是老百姓最大的财产，如果人人都有自己的房子，就会为了自己的利益而捍卫这个国家。"如果国民服役的家庭没有自己的住房的话，那么，他们迟早会得出结论：他们所捍卫的是有钱人的

---

① 韩昕余. 小红点·大格局：新加坡建国之路 [M]. 新加坡：宜居城市中心，2016：59.

财产。"①

组屋在维持公共屋邨的各族群之间的良好种族关系、减少各宗教之间的冲突、提升社会的凝聚力等方面起着举足轻重的作用。1989 年，新加坡政府推出了"种族融合政策"，规定每个公共住房区内华人人口比例最高为 87%，马来人人口比例不超过 22%，印度裔和其他族群的人口比例不超过 12%。政府还按照比例抽签分配公共住房，并在买卖公共住房时要求保持该楼宇内华人、马来人和印度裔的人口数量比例稳定。"不管你愿不愿意，你的邻居中一定会有印度人和马来人……上下都是同一部电梯。"自 2010 年起，新加坡永久居民配额规定了一个街区或邻里内非马来西亚籍 SPR 家庭的最高比例。新加坡永久居民配额确保了新加坡永久居民家庭能够融入当地社区，促进社会凝聚力。

组屋也成了新加坡社区管理的基本单元：在全国设立五大社区，组织民众参与教育、社会、文体、娱乐等社区活动以"塑造富有凝聚力、生气蓬勃和优雅的国家"。政府无偿为民众俱乐部和居民委员会提供办公和活动场地。组屋一楼空间全部为架空层，用作公共活动场所，从组屋楼下到公交站点全部建有可遮风雨的长廊。社区组织居民联欢、守望相助、社交聚会、教育性旅游、辅导课程等活动，促进居民交流，提升居民素质。

此外，新加坡政府希望加强居民对亚洲大家庭观念的价值观认同，于 2015 年推出了家庭就近住房补贴，如果在距离父母、子女的居所 4 千米内购买转售组屋可以获得 2 万新加坡元的额外补助，如果购买转售组屋的购房者的共同居住人是其父母、子女，则可以获得 3 万新加坡元的额外补助，在组

---

① [新加坡] 李光耀. 风雨独立路：李光耀回忆录（1965—2000）[M]. 北京：外文出版社，1998：103.

屋分配的过程中也有优先权。

从以上内容可以看出，组屋制度虽然是一条保障新加坡居民的基本住房的途径，但其也承载着新加坡政府想要居民承担的社会责任，即通过强制或奖励的方式来维护社区和平和加强家庭观念，组屋制度是新加坡维持社会和谐稳定并提高社会幸福感的重要途径。

## 私人住房市场作为组屋的补充：民生的归民生，市场的归市场

新加坡的私人住房市场主要由非有地住宅与有地住宅构成，其中，非有地住宅单位包括共管公寓（Condo）和普通公寓（Apartment），有地住宅（Landed House）主要是各类型的别墅与洋房等。新加坡政府将组屋市场与私人住房市场完全隔开，一方面保证组屋市场对新加坡居民的普惠性，防止外籍人士影响组屋市场（外籍人士不可购买组屋与有地住宅）；另一方面将私人地产市场化，用高质量和更个性化的私人住房满足外籍人士和高净值人士的居住或投资需求。

新加坡是全球最重要的商业、经济和创新中心之一，实行开放自由的经济政策，商业环境优越，税负轻，社会环境稳定多元，深受国际大企业的青睐。目前约有1/3的世界500强公司在新加坡设立亚洲总部，有超过7000家跨国公司在新加坡设立运营机构。这些跨国企业必然会为新加坡带来更多的国际人才，根据新加坡政府给出的数据，2010—2022年，新加坡的外籍人士占总人口的比例从25.71%上升到27.74%，并在2019年时达到29.41%，同期非有地住宅单位总量占总住宅市场的比例从15.97%上升到

22.13%①。

新加坡私人住宅品质较高，私人住房的平均建筑面积约为92.9平方米，而组屋的平均建筑面积约为65平方米。新加坡私人住宅主要集中在市中心、核心中央区和其他热门区域。市中心区域的私人住房以高档公寓为主，配备便捷的交通和完善的商业设施；核心中央区和其他热门区域的私人住房则多以别墅和私人洋房等高品质住宅为主，环境优美、私密性强，通常有围墙、保安、私家游泳池、健身房等高档配套设施。

新加坡的私人住宅市场接近完全市场化，价格主要由供需关系调节。由于新加坡土地资源十分有限，超过3/4的可开发土地为国有土地并由土地管理局管理。政府需要满足大部分普通收入居民的住房需求，因此留给私人住宅的用地就会变少，导致土地价格升高，最终传导到私人住宅价格上。因此，由于楼盘品质、地理位置、配套设施、住宅紧缺等因素，私人住宅的价格十分高昂。以2021年为例，新加坡核心中央区私人住宅的平均售价约为每平方米26910新加坡元（约合人民币13.9万元），非核心中央区为每平方米②19375新加坡元（约合人民币10万元），相比之下，组屋市场每平方米的售价仅为约3229新加坡元（约合人民币1.67万元）。

Marina One是新加坡最著名的豪宅之一，由淡马锡和马来西亚国库控股，于2017年建成。它位于滨海湾金融中心，交通便利，距离樟宜机场只需16分钟车程。这个综合开发项目共有1042个住宅单位，包括1~4居室公寓和豪华复式公寓，面积从66平方米到743平方米不等，每个单位都配备

---

① 数据来自新加坡统计局，https://www.singstat.gov.sg/。
② 1平方英尺≈0.09平方米。

了高端的家电和家具。此外，Marina One 拥有超过 6000 平方米的绿化园林式购物中心和 13 米高人工瀑布，以及 4 个草坪、2 个天际花园和 1 个中央公园等公共空间。Marina One 还提供了豪华的社区设施，如私家游泳池、健身房、网球场和烧烤区。总体而言，Marina One 是一个融合了高端住宅、办公、商业和公共空间的综合性开发项目，以生态可持续性为设计理念，为居民提供了绿色舒适的居住和工作环境。

当然，这个项目的住宅单位售价也非常之高，根据官方数据，Marina One 的房价在 2021 年 5 月时，1 居室和 2 居室公寓的平均价格分别为约 240 万新加坡元（约合人民币 1240 万元）和约 330 万新加坡元（约合人民币 1700 万元），而豪华复式公寓的价格则在 1300 万新加坡元（约合人民币 6700 万元）以上，部分单位的价格在人民币 1 亿元以上。

由此可见，新加坡私人地产的目标客户并不是那些想简单解决住房问题的人，而是那些追求高品质住宅和投资价值的人群，例如高净值人士和跨国企业高管，乃至各国富豪。值得强调的是，即使是私人住宅，新加坡的私人住宅房价收入比为 21，不足中国香港的一半，对于跨国企业高管和高净值人士而言具有很大的吸引力。

**对于组屋和私人住宅都鼓励自住，抑制投资**

新加坡政府的宗旨是鼓励持有 1 套房产来自住，其税收政策的实施方法则是从买卖双方入手，尽可能地抑制房地产投机。新加坡有关房产的税收体系包括印花税（交易环节）和财产税（保有环节）。

在交易环节，新加坡政府设立了买家印花税（见表 11.9）和额外买家印花税（见表 11.10），税基都是房产的市场价值或购买价格（以更高金额为准）。首先，买家印花税率并不高，1%~6% 累进。其次，为了应对可能出现的购房投机行为，新加坡政府在买家印花税的基础上设立了额外买家印花税：新加坡公民第一套免征，第二套与第三套及以上的税率分别为 17% 和 25%（2021 年 12 月 16 日后购买，下同）；新加坡永久居民第一套税率为 5%，第二套为 25%，第三套及以上为 30%；外籍人士无论购买第几套房产，其税率都是 30%。对于卖房，新加坡政府也收取较高的卖家印花税，卖家持有房产年限不同则税率不同。持有 1 年出售，税率为 12%；持有 1~2 年出售，税率为 8%；即使持有 3 年出售，也要 4% 的税率，持有年数超过 3 年才能免缴卖家印花税。

表 11.9 新加坡买家印花税

| 购买价格或房产的市场价值<br>（以较高者为准）/ 新加坡元 | 买家印花税率 /% ||
| --- | --- | --- |
| | 自住型 | 非自住型 |
| ≤ 180000 | 1 | 1 |
| (18000, 360000] | 2 | 2 |
| (360000, 1000000] | 3 | 3 |
| (1000000, 1500000] | 4 | 4 |
| (1500000, 3000000] | 5 | 5 |
| >3000000 | 6 | |

注：自 2023 年 2 月 15 日起实施。
资料来源：新加坡税务局。

表 11.10　新加坡额外买家印花税

| 买家类型 | 第一套房产 /% | 第二套房产 /% | 第三套及以上房产 /% |
|---|---|---|---|
| 新加坡公民 | 免征 | 17 | 25 |
| 新加坡永久居民 | 5 | 25 | 30 |
| 外籍人士 | 30 | 30 | 30 |
| 法人实体（非房企） | 35 | 35 | 35 |
| 法人实体（房企） | 40 | 40 | 40 |
| 受托人 | 35 | 35 | 35 |

注：自 2022 年 5 月 9 日起，任何住宅物业转让到生前信托的行为将适用 35% 的 ABSD 税率。
资料来源：新加坡税务局。

在保有环节，新加坡政府针对自住型房屋与非自住型房屋设置了不同等级的税率（见表 11.11 和表 11.12），税基为房产的年值（指该房产过去一个年度的市场租金水平，由新加坡税务局估算），税率以累进制计算。简单来说，只有自己住的房子才适用低税率，其他用途的房屋或物业（如出租或空置的组屋、公寓及其他物业）都适用更高的税率。

表 11.11　新加坡自住型房屋财产税

| 年值 / 新加坡元 | 税率 /% |
|---|---|
| ≤ 8000 | 0 |
| (8000, 30000] | 4 |
| (30000, 40000] | 5 |
| (40000, 55000] | 7 |
| (55000, 70000] | 10 |
| (70000, 85000] | 14 |
| (85000, 100000] | 18 |
| >100000 | 23 |

注：自 2023 年 1 月 1 日起实施。
资料来源：新加坡税务局。

表 11.12　新加坡非自住型房屋财产税

| 年值 / 新加坡元 | 税率 /% |
| --- | --- |
| ≤ 30000 | 11 |
| (30000，45000] | 16 |
| (45000，60000] | 21 |
| >60000 | 27 |

注：自 2023 年 1 月 1 日起实施。
资料来源：新加坡税务局。

## 专题：新加坡和中国香港的房屋市场对比

　　新加坡和中国香港过去几十年是东亚和东南亚地区交相辉映的两颗明珠，两个明星城市有很多相似之处：都是世界著名的金融中心、贸易中心，都用低税率环境和完善的法制、优秀的社会服务、开放的金融市场等营商环境吸引外资、打造总部经济，也有着相近的人口密度（中国香港为 6577 人 / 平方千米[①]，新加坡为 7688 人 / 平方千米）。

　　尽管中国香港的总面积为 1106 平方千米，是新加坡总面积的 1.53 倍，但是其可利用土地面积仅有 269 平方千米，仅约为新加坡可利用土地面积的 40%。造成中国香港可利用土地面积较小的原因有很多，除自然禀赋外，也有人为的因素：中国香港特区政府手里有大量土地，但受限于依然生效的 1976 年《郊野公园条例》和 1996 年《海洋公园及海岸保护条例》，超过 415 平方千米的土地无法进行开发，这占到整个中国香港面积的 37%。中国香港特区政府也曾在 20 世纪 80 年代至 21 世纪初进行填海造地，截至 2022 年 1

---
① 1 平方千米 =1000000 平方米。

月底，中国香港填海面积超过 69 平方千米，占已开发城市土地面积的 25%，但 2005 年以后因环保团体的激烈反对填海近乎停滞。在这些因素的合力下，中国香港的土地供应面临严重不足的情况也就不足为奇，2012 年时有一份政府简报披露当时全港未经批租的、可用于住宅建设的土地仅剩 3.9 平方千米，这种人为制造的土地紧张可见一斑。

同样面对土地资源的制约，中国香港和新加坡在保障民众住房方面的表现大相径庭。

首先，和新加坡可以轻易地以"公共利益"和"土地增值的外部性"为依据低价强制征收土地完全不同，中国香港没有和新加坡类似的强制土地征收法律。我国的《香港基本法》允许政府以市场价征用土地，《收回土地条例》允许政府征用私人土地用作"公共用途"。但同时《香港基本法》第六条及第一百零五条中保障私人土地财产的条文又使得在法律层面对于征收私人土地问题存在冲突。

中国香港的土地情况是除部分新界原居民拥有私人土地外，其余土地归政府所有，特区政府负责管理、使用和开发，收入归特区政府支配。开发商等土地使用方以批租的形式从特区政府手中获得土地的使用权。在中国香港，特区政府要把已批租的土地收回并重新开发是非常困难的，以开发公营房屋为目的征地，虽然可以依照 1997 年通过的《收回土地条例》，由政府向土地使用者协商征地，若无法达成协议，则交给土地审裁处裁定。但在实际操作中，政府缺乏足够的办法有效率地达成协议。如"新界东北发展项目"计划将新界一块农地开发成 5.4 万个住宅（其中 60% 为公屋），2008 年立项后，经历了当地村民反对收地、环保人士认为破坏生态农业、有团体以项目涉嫌利益输送和浪费财政为由反对等波折，直到 2014 年项目的前期工程拨款才获得立法会通过。

其次，中国香港特区政府发展土地财政，土地收入成为对土地有批租权力的中国香港特区政府的重要收入来源。在过去的10年中，中国香港特区政府每年都会有几百亿港元到千余亿港元的财政盈余，除了2019/2020财年和2020/2021财年受到新冠疫情影响而出现了财政赤字，分别为105.8亿港元和2325.4亿港元[1]（见表11.13）。同时，土地收入在过去的10年里是除所得税以外中国香港特区政府的主要收入来源，过去10年土地收入平均占财政收入的19.4%。

表11.13 中国香港的财政统计数字与土地收入

| 财年 | 财政收入/亿港元 | 财政盈余/赤字/亿港元 | 土地收入/亿港元 | 土地收入占比/% |
|---|---|---|---|---|
| 2021/2022 | 6935.8 | 293.7 | 1430.4 | 20.6 |
| 2020/2021 | 5642.3 | -2325.4 | 887.1 | 15.7 |
| 2019/2020 | 5909.3 | -105.8 | 1417.3 | 24.0 |
| 2018/2019 | 5997.7 | 679.5 | 1168.1 | 19.5 |
| 2017/2018 | 6198.4 | 1489.7 | 1648.1 | 26.6 |
| 2016/2017 | 5731.2 | 1110.7 | 1279.7 | 22.3 |
| 2015/2016 | 4500.1 | 143.7 | 608.9 | 13.5 |
| 2014/2015 | 4786.7 | 728.0 | 778.0 | 16.3 |
| 2013/2014 | 4553.5 | 218.0 | 842.6 | 18.5 |
| 2012/2013 | 4221.5 | 648.3 | 695.6 | 16.5 |

资料来源：中国香港财经事务与库务局。

---

[1] 中国香港财经事务与库务局. 公共财政管理[EB/OL]. [2023-06-05]. https://www.fstb.gov.hk/sc/treasury/pub_finance/docs/2022-23%20Financial%20statistics%20-%20chi.pdf.

中国香港人均住房面积约为 15 平方米，约是新加坡人均住房面积的 50%；2022 年中国香港住房自有率约为 51.5%，而新加坡住房自有率高达 89.3%。如果从房价收入比维度考察房价水平，中国香港房价收入比为 42.6，远高于新加坡组屋的房价收入比（3.4），即便是主要针对非新加坡公民的私人住宅市场的房价收入比（21），也不到中国香港房价收入比的一半。

与新加坡组屋相对比的是中国香港的公屋（香港特区政府为低收入家庭提供的廉租房屋，是中国香港公共住房体系中的主要部分），户型面积从 12 平方米到 60 平方米不等，其中，30~39.9 平方米的公屋占比最高（47.1%），公屋每户平均居住人数为 2.7 人。可以看出，中国香港公屋的面积整体上要远小于新加坡的组屋，公屋人均居住面积中位数仅为 16 平方米，约为新加坡人均组屋面积的一半。

另外，前文提到新加坡建屋发展局提供了相对充足的组屋数量以满足新加坡公民的基本住房需求。与之相对比的中国香港公屋市场：中国香港仅有 85.1 万套公屋，约占整个中国香港住房市场的 29%，只有约 216 万人（约占人口的 30%）居住在中国香港特区政府提供的公屋内，即使将 40 多万套居屋（即资助出售房屋，是价格相对较低的政府补贴住房，是中国香港公共住房体系的另一部分）考虑在内，总共也仅有约 45.7% 的人住在政府提供的公共住房内。相关内容见表 11.14。

表 11.14　新加坡组屋和中国香港公屋的相关数据

| | 人口／万人 | 组屋／公屋／万套 | 住宅总量／万套 | 组屋／公屋占住房市场比例／% | 覆盖率*/% |
|---|---|---|---|---|---|
| 新加坡 | 563.7 | 110.2 | 151.5 | 72.7 | 77.9 |
| 中国香港 | 734.6 | 85.1 | 294.9 | 28.9 | 30.0 |

注：*覆盖率指住在组屋／公屋的人口与总人口的比值。
资料来源：新加坡统计局、中国香港统计局、中国香港房屋委员会。

但土地财政的做法对于中国香港社会而言是饮鸩止渴，高额的住房相关支出挤压了民众的其他消费，高昂的土地成本使制造业难以为继，相对于区域内可比城市的竞争力下降。2000 年，新加坡的人均 GDP 为 2.39 万美元，中国香港为 2.58 万美元，领先新加坡约 8%；2022 年，新加坡人均 GDP 约为 8.28 万美元，中国香港约为 4.91 万美元，已落后新加坡约 40%。可以说，中国香港盲目地把房地产看成另一个发展经济的商品市场，最后造成房价畸高，严重影响了民生、社会安定和持久的竞争力。

## 小结

新加坡的住房制度设计展现了超级理性主义对住房问题的冷静判断。首先，由于新加坡土地资源极其贫乏，住房不同于普通商品或投资品，它属于民生问题。因此，住房问题不能像欧美国家那样完全基于市场机制治理。政府必须介入，对社会底层人群必须提供补贴，以满足大多数老百姓的住房需求。对于高收入人群或外籍人士的住房需求，采用市场机制，引入私人住宅最有效率，以实现稀缺资源的价值最大化。

其次，随着经济的发展，土地的市场价值随之增长。但这种价值增长的来源是政府和社会建设投入的外部性，应该由政府和全民所有，而非某些特定群体。新加坡政府由此控制住了土地成本，同时通过平价转给 HDB 的方式压缩从征地到建房的全流程成本。

在土地资源极其有限的情况下，新加坡把住房看成民生、基本公民权。新加坡通过应需而建、充足供应来满足新加坡人对住房的需求，通过补贴把住房价格维持在一个居民容易接受的水平。原土地所有者、房地产开发者和政府都不得从中发财，这样才达成了一个高覆盖、高质量、低价格的民生住房体系。而中国香港的土地财政造就了一小撮囤积土地的房地产富豪、一批早入房市的富裕阶层，以及另一批望楼兴叹的生活在城市夹缝中的贫民。哪一种政策更符合社会的整体利益？用超级理性主义来分析，答案就会非常清晰。

# 第 12 章

# 新加坡经验的借鉴意义

新加坡和中国有很多相似之处：都是华人为主的亚洲国家，文化传统同生一根，人均自然资源的占有都没有任何竞争优势，都有占比很高的国有企业，经济发展的起点都非常低，都曾经一穷二白。正是由于这些相似性，新加坡在国家发展上的成功对中国具有重要的借鉴意义。从国土面积和人口数量来看，新加坡和中国一个非常小，一个非常大，中国的人口规模是新加坡的200多倍。那么，对于新加坡成功经验的借鉴，核心问题是"哪些经验可以直接放大200多倍来使用？哪些经验放大以后就不再适用？"

从 1965 年建国到现在，新加坡从一个极端贫穷落后的第三世界国家发展成了人均 GDP 名列世界前茅的发达国家。作为一个人口才 500 多万的城市国家，新加坡在国际政治、经济、舆论中的影响力超过了很多比它大 10 倍的国家。新加坡的惊人成就离不开李光耀和他主导的"新加坡模式"。作为本书的最后一章，我们想分析一下"新加坡模式"里有哪些东西是我们可以借鉴的，哪些则不然。

如果对全球治理体系做比较，不难看出，新加坡的超级理性主义并不独特，实际上非常朴素。用通俗的语言来讲，超级理性主义就是"科学方法""一切从实际出发""实践是检验真理的唯一标准""不管白猫黑猫，抓住老鼠就是好猫"。但新加坡版本的超级理性主义的特殊之处在于它运用的根本性和普遍性。在全球其他国家和地区，理性思维多多少少都有应用，但很难成为绝对主流。

从社会科学的角度来讲，超级理性主义实际上和现代经济学的本质高度一致：如何在资源有限的情况下追求最大化的社会福祉。那么，具体怎样操作才能使社会的福祉最大化？有的社会强调市场和自由竞争，有的社会强调政府和社会协调。这两种做法都有其理论基础。但最终的辩论必须由实践的结果来判定。哪怕是粗略地对全球过去 200 年的经济史进行分析，也不难看出，市场和政府在经济和社会中都可以起到积极作用，但也有其内在的弊病。因此在把经济理论运用到实践的过程中，如果我们只是从理论出发，过于教条，走极端，在很多问题上自然就会出现偏差，而且有时候会非常严重。

新加坡超级理性主义的诀窍是不教条，不被任何一种固定思维牵着鼻子走，回归事物的本质，一事一议，重新审视现实世界中限制条件的多样性和复杂性，然后追求社会福祉的最大化。其结果是廉洁的政府、富裕的社会、高质量的国有企业和高效的交通、教育、医疗、社保体系。新加坡的土地资源并不比中国香港更丰富，但能做到"居者有其屋"，而中国香港的房价却一直居高不下。由于新加坡将近 80% 的居民是海外华人，中华文化对新加坡的影响根深蒂固。但是，在自豪地坚持自己传统文化的同时，新加坡毫无保留地拥抱全球化、现代化，其政治、司法体系模仿英国，英语和汉语同时被选作官方语言（因此可以同时和中国、西方进行无缝对接），跨国公司，而不是本土企业，在经济中起到"挑大梁"的主导作用。博采众长，有容乃大，把传统的和现代的、东方的和西方的各种优点都为我所用，说起来简单，实则极其困难。阻碍因素包括认知的局限、既得利益、政治的僵化、执行力的缺失等。新加坡能冲破这些阻碍是因为它的底层思维是极其理性的，而且能够做到知行合一。

新加坡政府的高效和廉洁全球闻名，但其成功的一个关键点恰恰是认识到了政府的能力边界，而市场机制具有第一性地位。市场之所以在大多数情况下是分配资源最有效的方式，是因为社会存在巨量的不完全信息和不对称信息，即使是最高效的政府也不可能用行政手段解决这些信息问题。因此，如果政府事事用行政的手段来解决，就不可避免地常常犯些小错误，时不时会犯些大错误，让社会和人民遭受损失。市场的优点是供给和需求都来自企业和老百姓的自由选择，而在做这些选择的过程中，全社会所有的私域信息都有机会在价格中得到体现，而商品价格能告诉大家供需关系的整体状态。意识到了这一点，新加坡做事的出发点永远是市场，如果市场不灵，才由政府用行政手段来解决问题。新加坡有强大的政府，但其官员的薪酬和激励是完全和市场接轨的，这在全球是唯一的特例；新加坡的国企在经济中起到重要的作用，但其治理结构、人员招聘、激励机制也都是市场化的，和私企没有本质的不同；新加坡政府在交通、医疗、教育、住房中都起着主导性的作用，但政府在操作的过程中也尽量运用市场化的手段，并且在满足民生、刚需的情况下，把其中的高端服务划分出来，完全市场化。

新加坡在政府和官员体系中的市场化设计使得其政府体系能吸引最优秀的人才并激励他们努力工作。再加上严厉的反腐机制和透明、健全的司法体系，使新加坡的政府不仅高效而且廉洁。高效来自激励机制，廉洁来自高压反腐。世界上大多数政府不能同时做到这两点。最常见的做法是忽视官员也是人，有个人利益的追求。然而在人性的强大作用力下，如果没有合理的激励机制，政府体系就吸引不了最优秀的人才，官员就没有能力和动力把事情做好，于是政府就失去了效率。

为了降低低效政府对经济的负面影响，有的国家试图最大限度地缩小政府权力的覆盖面，尽量扩大市场的覆盖面，因此带来公共产品的供应不足，导致贫富分化严重、社会流动性降低、阶层矛盾加剧、城市治安能力差等。有的国家为了提高政府的效率，加快发展的速度，就网开一面，允许政府官员用灰色收入作为激励机制的替代。但灰色收入会造成权钱交易、索贿行贿等危及整个政府合法性的系统性腐败，对法治社会造成根本性的冲击。而新加坡的选择可能是打造一个既清廉又高效的政府体系的最优解：既要高压反腐又要有市场化的激励机制，既有"胡萝卜"也有"大棒"，两者缺一不可。

虽然市场是第一性的，但新加坡并不迷信市场，政府在市场失灵时会果断出手。第一种市场失灵的情况是基于经济教科书中所说的外部性和公共产品，即当某种产品的个人成本和社会成本有巨大差异时，政府必须介入，用监管的手段控制社会成本。最简单的例子是污染，政府之所以一定要介入管理，是因为环境污染者在社会埋单的情况下是有巨大私人利益的，因此青山绿水的好环境必须有政府的介入才能得到。从这一点上讲，新加坡和其他国家并没有两样，政府在国防、教育、交通中都起到了重要作用，提供社会需要的公共产品。

第二种市场失灵的情况是发展中国家特有的。新加坡的发展虽然杰出，但其遵循的规律和其他成功地从发展中国家过渡到发达国家的国家和地区非常相似。这些国家都是利用了二战后全球化的机遇，向西方学习科技和管理，嵌入全球产业链，通过学习逐步向产业链的高端攀升。但在发展的过程中，如果想提速，发展得更快些，明显的短板是基础差、底子薄、基础建设严重不足。所以新加坡国有企业的建立是为了"集中力量办大事"，解决在基础建设中市场失灵的问题。这种情形在发达国家只有在特定情况下才会出现，如二战后的英国；但在发展中国家实际非常普遍，如20世纪六七十年代的日本和韩国。但是，在经济发展到了一定程度后，学习必须由创新来替代。国有企业由于治理结构带来的低效率就成了不得不解决的问题。英国的解决方式是完全私有化，新加坡的解决方式是国有股减持和全面引入市场机制。

第三种市场失灵的情况实际在全球范围内非常普遍，就是市场经济带来的巨大贫富差距问题，穷的很穷，几乎没法过日子，而社会的幸运儿可以过上物质极其丰富的生活。在很多资本主义国家，由于意识形态的局限，对贫富分化往往采取了听之任之、放任自流的态度，认为只要维持一个法治、公平的体制，市场自己就可以纠错。但新加坡认为市场纠错机制来得太慢，而且会使问题激化，因此政府在维持公民基本生活水准、基本做到共同富裕上是大有可为的。在交通、教育、医疗等领域，新加坡都把基础的服务看作民生、刚需，由政府补贴后以极其低廉的价格来提供，而只把其中高端的部分拿出来市场化。在住房问题上，新加坡走得更远，政府负责了80%居民的廉价住房，而只有20%的住宅是商品化的。在世界上像新加坡这样极高人口密度的大都市，能做到这一点实属不易。没有冷静的判断、超常的定力，很难在助推市场经济的同时，真正做到社会共同富裕。

第四种市场失灵的情况来自经济学里的"理性人"假说，即所有人都是理性的，可以完全有效地利用所有可获得的信息，因此个人的选择应该得到最大的尊重，政府和监管应该越少越好。但现实生活告诉我们，人们做到完全理性实际上非常困难，社会中的很多人，在很多事情上，既无法获得有效信息，也没有能力完全理解所获信息。这一点在近 30 年的行为经济学的研究中得到了充分的证明。但新加坡比学术界走得更远，在实践中充分考虑了公民理性的局限性。最能说明这点的是新加坡对公民的强制社保储蓄，以及由政府来代替民众对社保储蓄的投资做判断。其底层逻辑是很多老百姓没有为晚年进行储蓄的先见之明，而且即使进行了储蓄，也没有投资的能力。事实证明，这一举措是非常明智的。

从前面的分析中不难看出，新加坡跳出教条思维框架后对经济分析中限制条件的冷静观察使它能够更好地实现市场和政府的辩证统一，在该用市场的时候用市场，该用政府的时候用政府。这种判断能力和新加坡的精英治国的理念有紧密的联系。不是一流人才的官员，就不可能有这样的认知能力；而没有市场化的激励机制，又不可能吸引一流的人才进入官员体系。可惜的是，在官员体系里引入市场化的激励机制在大多数国家都由于政治原因无法实施。那么，当二流、三流的人才是官员体系的主要成员时，在全球范围内低效、腐败的政府极其普遍就不足为奇了。

新加坡的超级理性主义非常值得我们学习。然而，在向新加坡学习时，我们要意识到中国和新加坡的国情有着本质的不同，超级理性主义必须结合中国的实际情况才能取得正果。中国和新加坡最大的区别是在国家规模上，中国 14 亿人，新加坡才 500 多万人。新加坡能成为全球排名前列的富有的国家，和它独特的地理位置、全球化定位，以及"税收洼地"策略有着密不可分的联系。然而，这些策略通常只适用于小型国家。大型和巨型国家有它独特的发展逻辑。

如果我们把全球人均GDP最高的50个国家和地区拿来做比较，只有3种类型。第一种是如新加坡、瑞士、爱尔兰这样小规模的经济体，采取了全球化、"税收洼地"的策略；第二种是如挪威、卡塔尔、阿联酋、澳大利亚、新西兰、科威特、沙特阿拉伯，这些国家主要靠变卖自己的自然资源，其他资源禀赋匮乏的国家无法复制。如果把上述两种类型的国家都去掉，剩下的清一色是市场经济极为发达的创新型国家和地区，如美国、加拿大、欧洲、日本、韩国、以色列等。从这些数据中可以看出，新加坡有些经验能学，但基本的商业模式学不来，因为基本情况和中国太不一样。作为一个巨型国家，中国继续发展的道路离不开创新，而新加坡的创新主要靠给其GDP贡献40%的跨国公司。中国太大，我们的创新虽然可以借鉴国际经验，但主力军必须是本土的企业、大学和社会机构。从国际经验来看，市场经济的体制环境是创新的最重要保障。

在国有企业的治理上，新加坡也有其独到之处。我们知道，企业的效率主要来自在体制上是否能做到：①找到合适的企业管理者；②对企业管理者给出合理的激励。从世界范围来看，国有企业的效率低往往是因为不能同时满足这两个先决条件。

国企效率低的原因是国企人才体系机制不完全以追求效率为主。由于国企的实际控制人是政府，国企高管和政府官员往往可以在一套人事体系内自由流动，甚至有一套相互匹配的级别系统；国企高管的激励机制和政府官员的激励机制可以略为不同，但一般无较大区别。显然，政府的人才体系和市场的人才体系遵循的是完全不同的机制，政府官员的激励机制在绝大多数国家都不是为追求效率而设计的。为什么国企高管和政府官员的激励差别不可能很大？原因又回到了两者出自同样一个人事体系这一事实。从提高效率的角度来看，国企的激励机制下的激励力度一般是远远不足的。

国企效率低的现象并非没有特例。在某一时间段，某个领域，某家企业当然可能有例外。但从更大角度和更长远的角度来看，有着极强的一致性。

新加坡的国企为什么能同时满足提高效率的两个前提条件？最重要的原因是新加坡可能是世界上唯一一个用管理企业的方式来管理政府的国家。新加坡的国企效率高，其政府的效率如果横向比较在全球范围内更是首屈一指。一个人口仅有500多万的小国，其国家首脑、政府官员的收入在全球范围内名列前茅，远超大型国家的同类官员，是和市场中优秀的私营企业管理者的收入对标的。同样新加坡政府官员的激励完全是透明化的，几乎没有灰色（如贪污受贿）或隐性（如各种房屋、汽车、医疗、教育、退休方面的补贴）的成分。

前面分析过，政府和国企的人才和激励同属一个体系。新加坡因为有一个高效的政府，所以就能建立一个高效的国企群体。新加坡的案例告诉人们，破解国企低效率是有方法的，前提是建立一个超级高效的政府。然而，政府的职责是复杂多元的，发展经济只是其中一个方面，并非全部。所以这条路是否能走要看各国自己政治格局的具体情况。

如果政府不能做到像新加坡一样高效，那么可以通过混改让国企间接获得民企市场化机制的好处。即使没有混改，我们也要意识到政府实际上在所有企业中都已经通过税收，正在分享企业经营带来的现金流和利润，是以类似优先股和普通股的形式存在的。政府对股权的财务投资只是增大了其分成额度，并没有改变政府参股的性质。

概言之，新加坡模式的精髓是其完完全全的超级理性主义。新加坡的经验告诉我们，一切从实际出发，最美好的时代在未来。